◆ 高等院校会展专业教材
◆ 南开大学出版社

◆王起静　高凌江　编著◆

展览会
策划与管理

图书在版编目(CIP)数据

展览会策划与管理 / 王起静，高凌江编著. 一 天津：南开大学出版社，2011.11

高等院校会展专业教材

ISBN 978-7-310-03792-6

Ⅰ. ①展… Ⅱ. ①王… ②高… Ⅲ. ①展览会－策划－高等学校－教材②展览会－管理－高等学校－教材 Ⅳ. ①G245

中国版本图书馆 CIP 数据核字(2011)第 210131 号

南开大学出版社出版发行

出版人:孙克强

地址:天津市南开区卫津路 94 号　　邮政编码:300071

营销部电话:(022)23508339　23500755

营销部传真:(022)23508542　　邮购部电话:(022)23502200

*

天津午阳印刷有限公司印刷

全国各地新华书店经销

*

2011 年 11 月第 1 版　　2011 年 11 月第 1 次印刷

787×960 毫米　16 开本　15 印张　275 千字

定价:30.00 元

如遇图书印装质量问题,请与本社营销部联系调换,电话:(022)23507125

前　言

展览会是企业营销的重要手段和工具，其核心功能就是为参展商和观众提供一个互相交流、交易的平台。展览会具有其特殊的特点和运作规律，其策划者、组织者应该具有较高的策划和管理水平。展览业界迫切需要具有较高理论水平和实践指导意义的书籍。另一方面，目前由教育部批准设立会展经济与管理本科专业的院校已达到45所，而设立会展经济与管理专业的专科院校更是达到了几百所；另外还有很多院校虽然没有正式设立会展经济与管理专业，但也在开设会展相关课程。其中，很多院校都专门开设有展览会策划与管理的课程，对专门讲述展览会的特点、运作规律、策划、组织与管理的书籍存在大量需求。本书可作为会展经济与管理专业本科教材使用，也可用于组展商和策展人的培训。

目前书市上有很多会展方面的书籍，但专门写展览会的书籍还比较少，而能够完整系统地介绍展览会策划与管理及长期发展战略的书籍就更少。大部分书籍都不分会议、展览和大型活动，统一以“会展管理”、“会展策划与管理”、“会展组织与管理”命名。

与现有书籍相比，本书有以下三个主要特点：第一，主题突出。本书紧紧围绕着“展览会”的特点和运作规律来设计和撰写，虽然书中也涉及了“会议”、“论坛”和“活动”的策划问题，但主要是讲的展览会中附设的“会议”、“论坛”和“活动”。第二，系统完整。展览会一次完整的运作流程主要包括：一是展览会立项，展览会立项要经过信息收集、展览策划、可行性分析、展览会启动四个程序；二是展览会管理，主要包括进度计划管理、人力资源管理、财务管理、营销管理、风险管理、供应商管理、现场管理、评估与总结。但从长期发展来看，展览会管理还应该包括品牌管理和并购管理。本书不仅介绍了单次展览会从策划到管理的全过程，而且从更长远的角度介绍了展览会品牌管理和并购管理。第三，结构清晰。本书分为四个部分：第一部分，展览会基本知识，即第一章绪论；第二部分，展览会策划，包括第二至四章；第三部分，展览会管理，包括第五至十二章；第四部分，展览会发展，包括第十三、十四章。

本书受到“北京第二外国语学院会展与商务旅游科技创新团队”和“科研

基地——科技创新平台——中国旅游产业发展前沿与趋势研究”项目资助。在写作过程中得到了北京第二外国语学院旅游管理学院会展管理系各位同仁的大力支持和帮助，刘大可博士、许忠伟博士、陈刚老师、程艳老师和王馨欣老师都给本书提供了宝贵的意见和建议。没有他们的支持和帮助，我们不可能在短时间内完成书稿的编著工作。同时，也非常感谢南开大学出版社彭海英老师的大力支持，彭海英老师在本书的策划和出版过程中付出了大量辛勤的劳动，确保本书得以顺利出版。

本书是由王起静博士和高凌江博士共同完成的，分工如下：其中第一至七章、第十四章是由王起静博士完成的；第八至十三章是由高凌江博士完成的。书中不当之处，还请各位专家和读者批评指正。

王起静

2011年5月31日

目 录

第一章

绪论

主要内容

本章首先介绍了展览会的概念和分类、展览会产品、展览会市场、展览会运作规律等，最后给出本书基本内容和框架。

第一节 展览会的概念和分类

一、展览会的概念

在实际应用中，展览会名称相当繁杂，英语国家中有 exhibition、exposition、show、fair 等。在英文中，fair 是指传统形式的展览会，也就是集市与庙会。fair 的含义比较“泛”，参加者有商人也有消费者，展品有农产品也有工业品。集市和庙会发展到近代，分支出了贸易性质的、专业的展览，被称作“exhibition”。exhibition 是被最广泛使用的名称，通常作为各种形式的展览会的总称。exposition 起源于法国。在近代史上，法国政府第一个举办了以展示、宣传国家工业实力为目的的展览会，由于这种展览会不做贸易，主要是为了宣传，因此，exposition 便有了“宣传性质的展览会”的含义。由于其他国家也纷纷举办宣传性质的展览会，而且法语对世界一些地区有较大影响，同时世界两大展览会组织（国际博览会联盟和国际展览会局）的总部均在法国，因此，除了在法语国家，在北美等英语地区 exposition 也被广泛地使用。show 在英文中的原意是“展示”，但在美国、加拿大等国家，show 已替代 exhibition。在这些国家中，贸易展览会大多称作“show”，而宣传展览会被称作“exhibition”。

在中文里，展览会名称有博览会、展览会、展览、展销会、博览展销会、看样定货会、展览交流会、交易会、贸易洽谈会、展示会、展评会、样品陈列、庙会、集市、墟、场等。

目前，关于展览会并没有被广泛认可的定义。美国《大百科全书》则把展览（会）定义为：一种具有一定规模，定期在固定场所里举办的，来自不同地区的，有组织的商人聚会。有的学者从系统的角度认为现代展览是由若干相互联系的要素有机构成的一个系统，在这个展览系统中存在着五大基本要素：一是展览会的主体，即展览会的服务对象——参展厂商；二是展览会的经营部门或机构，即专业行业协会和展览公司；三是展览会的客体，即展览会的展示场所——展览馆或展览中心；四是展览市场，即参展厂商获取信息和宣传企业形象的渠道；五是参观展览的观众，即最终的用户和消费者。

不同主体对展览理解的重点是各不相同的。对展览主办者来说，展览就是按照社会需求，通过物品（展品）在一定时间、空间条件下的直观展示来传递和交流信息，使观者作出购销决定、进行投资决策，或者从中学习、受到教育的社会服务活动。对参展商而言，他们主要是通过物品的展示，吸引观众，与观众进行交流，以实现交易或教育的目的。对观众来讲，他们主要是通过展览所传达的各种信息，实现购买或接受教育的目的。

为了便于会展产业专业人士的交流和沟通，会议产业委员会（CIC，Convention Industry Council）作为会展行业中的重要协会组织，集中了大量的会展项目利益相关者，制定了会展行业惯例 APEX（The Accepted Practices Exchange）。APEX 可以节省时间和成本，便于沟通和数据共享，提高消费者服务水平，精简系统和程序以提高效率，减少重复性劳动和运营效率，便于培训和专业人才的培养。APEX 中有许多行业术语，表 1-1 中列出了部分相关术语的定义。

表 1-1　APEX 专业术语一览表

专业术语（APEX industry glossary）	英文解释	中文解释
展览会/博览会（Exhibition/Exposition）	(1) An event at which products and services are displayed. The primary activity of attendees is visiting exhibits on the show floor. These events focus primarily on business-to-business (B2B) relationships. (2) Display of products or promotional material for the purposes of public relations, sales and /or marketing	（1）展出产品和服务的活动，观众的主要活动是在现场参观展台。这些活动主要着重于商业往来关系；（2）产品或以公共关系、销售和/或营销为目的的资料的展示

续表

专业术语（APEX industry glossary）	英文解释	中文解释
专业展（Trade Show）	An exhibition of products and/or services held for members of a common or related industry. Not open to the general public	为一般或相关产业的企业举办的产品和/或服务的展览，不向公众开放
消费展（Consumer Show/Public Show/Gate Show）	Exhibition open to the public usually requiring an entrance fee	向公众开放的展览，通常需要入场费

二、展览会的分类

展览会按照不同的标准可以有很多种分类，这里主要介绍以下几种分类。

1. 根据展览的目的，展览会可分为宣传展、贸易展

宣传展是以宣传、教育、鼓动为目的的一种展览形式，如反法轮功邪教展、反腐败成果展、改革开放成就展、先进模范人物事迹展等，通常不以赢利为目的。宣传展不是本书介绍重点。

贸易展是以促进交易为目的的一种展览形式，如商品交易方面的广交会，科技项目交易方面的高交会，招商引资方面的中国投资贸易洽谈会、哈洽会、乌洽会等。

2. 按展览内容分，国际展览联盟（UFI）把展览会分为综合展、专业展和消费展

综合展中展览的内容包括人类一切文明进步的成果，涉及工业制造、自然地理、人文历史等各个方面。如上海工博会、杭州西湖博览会等。世界上规模最大、范围最广的综合展是世界博览会。综合展既可以面向专业观众，也可以面向普通观众，或者同时向专业观众和普通观众开放。

中国会展业首个行业标准《专业性展览会等级的划分及评定》对专业性展览会的定义是："在固定或规定的日期和期限内，由主办者组织、若干参展商参与的通过展示促进产品、服务的推广和信息、技术交流的社会活动。"专业展览会具有鲜明的主题，主要展出某一行业或同类型的产品，如汽车展、食品展等。一般来说，专业展比综合展的规模要小，直接面向专业观众。目前，专业展有取代综合展的趋势，越来越多的综合展按照展品的不同拆分成不同行业的专业展。比如德国著名的计算机通讯网络展（CeBIT）就是从汉诺威工业展览会这个综合类展会中分离出来的。

消费展是直接面向普通观众的展览会。主要目的是直接销售产品与服务等，

如美国国际消费电子展、国内各类展销会等。

国际展览联盟（UFI）关于展览会的具体分类如下：

A 综合性展览会

A1：技术与消费品展览会

A2：技术展览会

A3：消费品博览会

B 专业性展会

B1：农业、林业、葡萄业及设备展会

B2：食品、餐馆和旅馆生意、烹调及设备展会

B3：纺织品、服装、鞋、皮制品、首饰及设备展会

B4：公共工程、建筑、装饰、扩建及设备展会

B5：装饰品、家庭用品、装修及设备展会

B6：健康、卫生、环境安全及设备展会

B7：交通、运输及设备展会

B8：信息、通讯、办公管理及设备展会

B9：运动、娱乐、休闲及设备展会

B10：工业、贸易、服务、技术及设备展会

C 消费展览会

C1：艺术品及古董展览会

C2：综合地方展览会

3. 根据参展商是否全部来自一国，展览可分为单国展和国际展

单国展是指参展商和观众全部来自一个国家，或者即使有一些参展商或观众来自国外，但还没有达到国际展对外国参展商和观众所占比例的要求的展览。国际博览会联盟（UFI）规定具备以下条件之一的就可称“国际展览会”：（1）20%以上的参展商来自国外；（2）20%以上的观众来自国外；（3）20%以上的广告宣传费使用在国外。国际展览局（BIE）在其公约中规定，有两个以上国家参加的展览会都可以称作“国际展览会”，没有具体规定国外参展商和观众的比例。本书中的国际展览会采用国际博览会联盟的定义。

4. 根据行业的不同，展览会可以划分为轻工行业展、石化行业展、纺织行业展、建材行业展、房地产行业展及服务、医疗、能源环保、机电、体育等各行各业的专业展览会。

5. 根据展览方式的不同，可以把展览分为实体展览会和网络展览会

伴随着实物展览的快速发展，网络展览会的发展速度也越来越快。一方面，实体展总是在一定的时间、一定的地点举办，参展商和观众会受到时间、空间距离的制约。各地同类型展览越来越多，要到各地参展，在人力、物力、财力等方面都有越来越强的约束。而参加网络展览则可以相应地节省参展和观展的成本。网络展览可以使全球各地的潜在买家随时随地参观展品、了解厂商、传递订购意愿，打破了传统展览会在时间、地点上的局限，开辟了面向全球市场的渠道，拓展了目标市场。另一方面，传统实体展览会除了解产品和信息的功能之外，还有人际交流功能、交易功能、洽谈功能，同时观众还可以直接触摸展品，这些功能是网络展览所无法代替的。由此可见，实体展和网络展各有利弊，将在未来互相补充发展。

中国网络展览会的发展要追溯到 2003 年。2003 年，由于 SARS 疫情使得人群聚集的实体展览会受到剧烈冲击，网络展会悄然兴起，多数大型展会纷纷搭建了网络平台。比如：网上广交会打破时空界限，为不能参加现场广交会的企业提供网上参与广交会的机会；中国国际高新技术成果交易会以永不落幕的网上展会形式架起专业观众、买家与参展商之间信息交流的平台。在传统实体展会网络化的同时，买家卖家资源已集聚充分的网络展会也开始向实体迈进。阿里巴巴网交会于 2009 年 5 月、9 月和 12 月以及 2010 年 5 月分别在广州、杭州、成都、广州连续举办 4 届，是展览由线上向线下、从网络向实体发展的典范。

第二节　展览会产品

产品是指能够提供给市场，被人们使用和消费，并能满足人们某种需求的任何东西，包括有形的物品、无形的服务、组织、观念或它们的组合。产品一般可以分为三个层次，即核心产品、形式产品、延伸产品。核心产品是指整体产品提供给购买者的直接利益和效用；形式产品是指产品在市场上出现的物质实体外形，包括产品的品质、特征、造型、商标和包装等；延伸产品是指整体产品提供给顾客的一系列附加利益，如运送、安装、维修等。对于展览会来说，产品三个层次有不同的内容。（见图 1-1）

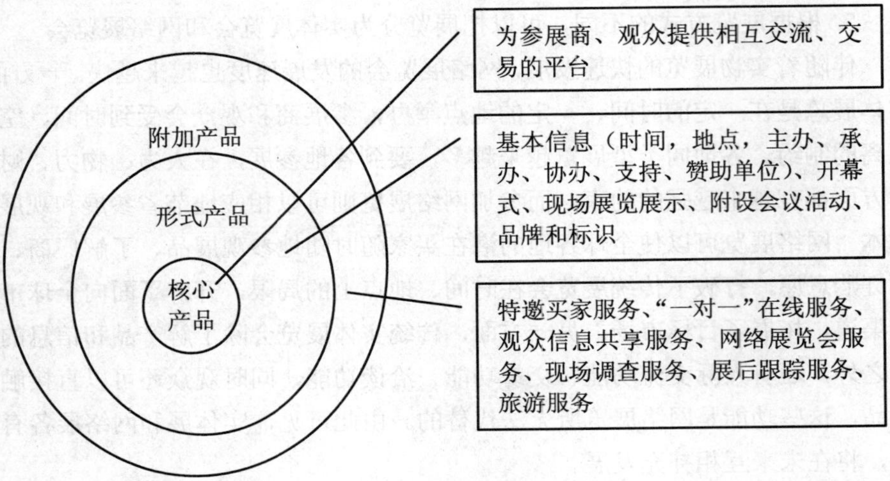

图 1-1　展览会产品结构图

一、核心产品

展览会的核心产品就是为消费者（参展商和观众）提供一个互相交流、交易的平台。构成展览会最主要的要素是参展商、观众和展览平台，参展商和观众则在展览平台上实现了交流、沟通、交易的目的。参展商和观众作为展览会的两类消费者，存在互为需求对象的关系。参展商需求展会主要是为了获得更多的观众或客户商，而观众需求展会是为了看到更多的参展产品或参展商。可以说，没有观众就没有参展商，没有参展商也就没有观众。参展商需求会展产品主要出于以下几个动机：销售产品，树立、维护形象，调查、了解市场，推出新产品或新服务，建立并巩固客户关系。观众对于展览会的需求主要出于以下动机：购买，了解新产品、新服务，欣赏。观众分为专业观众和普通观众。专业观众是展览的重要消费者，他们参加展览更主要的目的是购买，是参展商更加关注的观众。

二、形式产品

展览会形式产品主要包括以下几个方面：

1. 展览会基本信息

（1）时间。

展览会是在一段时间内、在特定的地点举办的展览展示活动。展会的规模不同，持续时间也会不同，小型展会一般持续 1～3 天（一般在周末举办）；中型展会一般持续5～7天，如中国北京国际科技产业博览会历时一周[①]，北京国际汽车展历时5天；大型展会一般持续10～15天，如广交会持续15天。注册类世博会享有“经济、科技、文化领域内的奥林匹克盛会”的美誉，每5年举办一次，每届持续时间在半年左右。

（2）地点。

展览必须在一定的地点举办，地点也有广义与狭义之分。广义的地点是指举办展览会的国家、城市；狭义的地点是指举办展览会的具体场所，主要是指举办展览的会展中心等。一般来说，一个展会会在一个城市的一个会展中心举办，这样有助于展览现场的管理和展览效果的提高。但有时受限于展览场馆的容量，一些大型的展会也在同一个城市的两个或两个以上的场馆同时举办。如2004年北京国际汽车展就分别在中国国际展览中心和北京展览馆同时举办，这在一定程度上影响了展览的效果。科博会的展览部分一般在中国国际展览中心举办，但它还有很多会议、论坛部分占用了北京很多会议中心、宾馆和酒店的会议室。

（3）主办单位。

展会的主办者也是展会的所有权者，展会由谁来主办，展会的所有权就归谁所有。从理论上来讲，任何主体（包括自然人和法人）都可以成为举办展会的主体，但在这里我们只讨论法人作为展会主办主体的情况。展会的主办主体一般有政府、行业协会、高校、科研院所、一般性企业、会展公司等，其中最主要的主体是政府、行业协会和会展公司。

（4）承办单位。

虽然每个展会都有主办主体，但是很多主办主体都不直接参与展会实际的组织、安排和管理工作，而是委托一定的单位来承办。[②]承办单位主要是接受主办方的委托，负责整个展览的组织、安排和管理工作。也就是说，承办单位是实际运作、经营和管理展会的一方。主办方和承办方的关系就像一个企业的股东和经理的关系一样，股东出资成立企业生产产品，但却不实际经营管理企业的生产，经理虽然实际管理企业，但却不是企业的所有者。当然，会展的承办方虽然负责整个展会的管理工作，但这并不意味着展会上的每一项工作或每一项活动都要由承办方来完成。承办方可以将展会上某些活动或项目承包给具有一定资质的企业来完成，这些企业将成为承办方的合作主体或协作单位。

① 在不同的年份，科博会的持续时间略有不同，有时7天，有时6天，有时5天，但都在一周之内，这也是科博会又被称为“国际周”的原因。

② 主办单位和承办单位也可合二为一，但随着会展产业市场化程度的提高以及分工的深化，主办单位和承办单位的分离是会展产业运营的趋势。

（5）协办、支持单位。

还有一些单位并不是展会的主办方，也不实际参与展会的运作，仅仅表示对展览会的支持和协助，如相关政府部门、行业协会、相关媒体等。

（6）赞助单位。

赞助收入是展览会的收入来源之一。赞助单位可以是参展商，可以是其他相关企业，也可以是相关组织或机构。

资料 1-1：第六届 APEC 中小企业技术交流暨展览会组织机构

主办单位：工业和信息化部

支持单位：外交部、科技部、商务部、福建省人民政府

承办单位：福州市人民政府、工业和信息化部中小企业对外合作协调中心、中国中小企业国际合作协会

协办单位：智利生产力促进协会、中国香港生产力促进局、日中经济贸易中心、韩国中小企业振兴公团、马来西亚中小型工业公会、墨西哥投资贸易局、俄罗斯全俄中小企业联合会、美国纽约州中小企业发展中心总署

2. 开幕式

开幕式并不是展览会必不可少的要素，尤其是对于专业性展会来说，有些时候甚至不举办开幕式。但大多数情况下，主办单位还是要通过举办开幕式来宣布展览会的正式开始，烘托展览会的气氛。在条件具备时，主办方还会邀请相关政府部门的领导出席开幕式，以提高展览会的档次，并显示政府对展览会的支持，提高展览会的信誉。同时开幕式还会邀请众多媒体参与报道，是展览会提高展览效果、进行展览营销的好机会。

3. 现场展览展示

如何提高参展和观展效果？其中现场展览展示非常重要。现场展览展示包括几个层面：一是展位划分，二是展厅装修装饰整体效果，三是现场标识系统，四是展台展示效果。除了展台展示效果之外，其他三项都是由组展商协同会展场馆完成的，而其中展位划分是最重要的因素。

4. 附设会议、大型活动

会议、展览、大型活动等不同会展活动形式有不同的功能，可以相互融合、互相补充。展览可能会附设相关会议，附设会议的功能主要是拓展展会功能、丰富展会内容、促进合作交流；展览中也常会附设相关大型活动，附设大型活动也可以拓展展会功能、丰富展会内容，同时还具有活跃展会气氛、提高展会人气等其他功能。

5. 品牌和标识

展览会作为一种产品，经过多年的培育和市场开拓，将有可能形成一定的品牌。品牌是一种名称、标识、符号和设计，或是它们的组合，其作用是使消费者识别某个销售者或某群销售者的产品和劳务，并使之同竞争对手的产品和劳务区别开来。展览最初举办时只是具有名称、标识，还未形成品牌。只有展览会得到市场认可并具有广泛的知名度后，才有可能真正形成品牌。

三、附加产品

为了提高为参展商和观众服务的水平，主办方还会为消费者提供更多的附加服务或附加产品，主要包括以下几个方面：

1. 特邀买家服务

特邀买家是专业观众，其实力雄厚，具有强大的采购能力，对于参展商具有重要意义。因此，为了吸引更多的参展商并提高参展效果，主办者通常会为参展商邀请特邀买家。而为了吸引特邀买家，主办方不但不会收取特邀买家任何费用，还会视特邀买家的重要程度为其支付相关的费用，如住宿、餐饮、交通等费用。

2. “一对一”在线服务

对于专业性展览会，参展商的目标市场虽大体相同，但也会有所差别，因此每个参展商关注的买家可能是不一样的。为了提高为参展商服务的水平，主办者可能会为参展商提供“一对一”在线服务。“一对一”在线服务就是在展会举办前，主办者根据已掌握的参展商和专业观众的数据，为参展商有针对性地提供专业观众的信息，为参展商和专业观众提前搭建网络联络平台。参展商和专业观众可以在展前就实现信息沟通、了解产品功能和企业状况，达成初步合作意向，这样在展览现场就有可能实现真正的签约和交易。

“一对一”在线服务把对参展商的服务提前了一段时间，因此也会帮助参展商提前实现参展目标。

3. 观众信息共享服务

组展商为观众办理注册手续时会采集观众信息，并用观众入场证上的条形码记录观众的所有信息。当观众参观展台时，参展商可以用读卡器获得观众的全部信息，甚至组展商可以向参展商提供所有的观众信息。即使有些观众在现场没有时间参观某些参展商的展台，参展商也可以在展览会后利用所掌握的信息与观众联系。

4. 网络展览会服务

目前，大多数展览会都已提供了网络展览会服务，可以更好地宣传展览会，同时也可使专业观众更早、更好地了解参展商的情况，提前搭建展览平台。同时，网络展览会还可以不受时间和空间的限制，实现永不落幕。

5. 现场调查服务

组展商一般会在现场作调查以获得所需信息，如参展商和观众满意度、参展目标实现度、再参展的可能性等。而这些信息对于组展商了解参展商和观众参展效果，进而提高服务水平具有重要意义。

6. 展后跟踪服务

在展会结束之后，组展商会在一定时间后对参展商、专业观众作跟踪调查，以了解二者交易的实现程度，以及二者的特定需要，以便于下一届展会时为其提供更好的服务。

7. 旅游服务

大多数参展商和观众在参展期间都有旅游需求。旅行社是组展商的重要供应商，主办方一般在招展、招商时就会提供为本次展览会服务的旅行社的名单和联系方式等相关信息，同时也会在现场安排旅游服务。

第三节 展览会市场

市场是由供给方、需求方和产品组成的。展览会市场的供给方主要有政府、行业协会和会展公司，展览会市场的需求方包括参展商和观众。（见图 1-2）

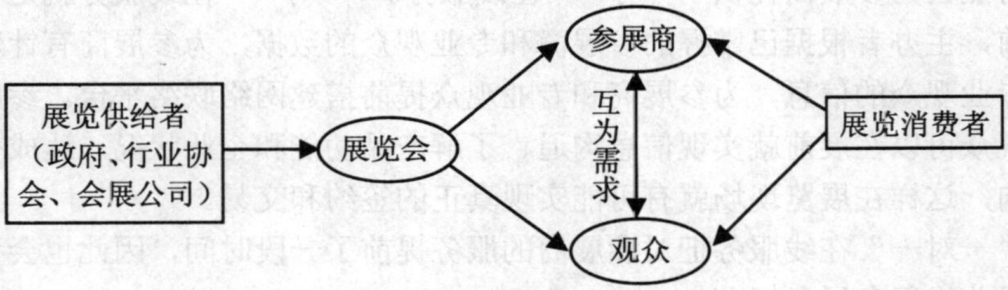

图 1-2 展览会市场

一、市场的供给方

前面提到过，任何组织和个人都有可能成为展览会的主办主体，但其中最主要的主体是政府、行业协会和会展公司，这三类主体主办展览会各有优势和劣势。

政府作为主办单位具有的优势是：第一，具有丰富的资源和可靠的信誉，可以获得参展商的信任，尤其是在会展业尚处于初级阶段、恶性竞争严重的情况下，在同等条件下，政府主办的展会可能会有更多的参展商和观众参加；第二，政府主导型展会可以获得政府其他部门的支持，使展会可以顺利举办。

政府作为主办单位具有的劣势是：第一，我国展览会的审批权掌握在政府手中，政府在其主办的展会中既当裁判员又当运动员，会造成不公平竞争。第二，展会运营中的委托代理关系为寻租提供了制度空间。政府主导型展会的主办主体是政府，而其具体运营单位通常是各种会展公司。由于政府主导型展会是一个巨大的市场，因此也是各个会展公司争夺的对象。政府在寻找具体的承办单位时一般通过直接委托或公开招标的方式，而无论是直接委托还是公开招标方式都为政府寻租提供了广阔的制度空间。第三，政府主导型展会存在所有者缺位现象。所有者缺位问题使政府主导型展会缺乏真正的所有者，缺乏可持续发展的制度保证。第四，预算软约束，效率低下。政府主导型展会一般由政府财政预算拨款，虽然在政府主导型展会中也有市场化的运作，但政府财政拨款具有预算软约束的特点，必然会导致展会运作的效率低下。

会展公司管理水平较高，对市场有敏锐的观察和反应，但相比于政府来说财力、物质资源相对缺乏。而行业协会作为政府和企业之间的桥梁，行业会员众多，具有参展商和专业观众基础，而且了解企业的需求和行业发展的热点，有利于产品开发，但应避免成为政府管理的延伸。

二、展览的需求方

从理论上讲，一般认为展览的需求者有两类：一类是参展商，另一类是观众。

1. 参展商

参展商是指在展览会、博览会等会展活动中，提供产品、技术、图片等在一定展会上进行展示的参展主体。参展商之所以参加展览，是因为通过展览可以展示自己的产品，可以宣传自己的企业，可以促进交易的实现等，因此参展商对展览是有需求的。从作为展览需求者的这个角度来讲，参展商是独立于展览之外的。

但从观众的角度来讲，观众参观的不是展览本身，而是在展览现场展示的参展产品。没有参展商的参与，展览也就不能称其为展览。因此，从观众的角度来看，参展商就构成了展览必不可少的要素。而且参展商的数量和质量决定了一个展览的质量，比如说一个展会的参展商众多，有很高比例的参展商来自举办地以外甚至是国外，而且参展商大都是行业内的知名企业，展出的产品也是知名品牌或新推出、新研制出的产品，这就决定了这个展会应该是一个高质量、高层次的展会。这说明，参展商作为展览的一个重要的构成要素，决定了展览的质量。而高质量的展会必定可以吸引到高质量的买家（尤其是专业性的观众），从而使参展商的参展目的尽可能地实现。

2. 观众

观众是展览的又一重要消费者，有专业观众和普通观众之分。有些展会只对专业观众开放，而不对普通观众开放，如广交会；有些展会对专业观众和一般观众进行开放时在时间上会有所区别，比如北京国际汽车展持续5天，一般在前三天对专业观众开放，而在后两天对普通观众开放。如果单纯地把观众作为展览的需求者来看，观众应该是独立于展览之外的，不能成为构成展览的要素。

但从参展商的角度来看，参展商之所以参加展览，是因为在展会上可以接触到许多买家，这些买家可能是企业原来的老客户，也有可能是企业潜在的客户，因此展会就为参展商提供了一个巩固老客户、结识新客户的平台。从这个层面来看，参展商作为需求者对于展览的需求也不是展览本身，而是观众，因此相对于参展商来说，观众也是展览必不可少的构成要素，因为如果没有观众的参观、购买或欣赏，参展商参加会展就没有任何意义，也就不会对展览产生需求。而且观众的数量和质量也在一定程度上决定了展览的质量。如果一个展会上的观众数量众多，尤其是专业观众所占的比例很高，而且专业观众都是一些大的采购商，专业观众代表在所在单位或机构的职位都较高或较特殊，对采购具有很大的决策权或很强的影响力，那么这个展会应该可以吸引到更多的参展商，这个展会也应该是一个成功的展会。

3. 参展商和观众的关系

可以看出，参展商作为展览的构成要素是相对于观众来说的，而观众作为展览的构成要素是相对于参展商来说的。参展商和观众同是展览的需求者，又在一定条件下成为展览的构成要素，可见参展商和观众对于展览的需求的实质应该是二者之间的互相需求。

三、展览市场的本质

1. 展览市场是典型的双边市场

双边市场是一种现实或虚拟空间，该空间可以导致或促成双方或多方客户之间的交易。现实中有很多双边市场的例子，如银行卡，它为商家和消费者提供了交易的平台。除此之外，双边市场还包括许多其他产业，如电信业、互联网站、购物中心、媒体广告等，它们涵盖了经济中最重要的产业。展览也是一种非常重要的双边市场，具备双边市场的一般性质和运作规律，它为参展商和观众提供了交易和交流的平台。

要创建一个双边市场，必须解决“鸡与蛋”的动态博弈问题：要说服买家采用某个平台，就必须说服一部分卖家，而且使他们相信一定会有买家参与市场，反之亦然。大多数双边市场的理论研究都假定市场处于一种理性的预期均衡，双边用户同时进入，从而回避了“鸡与蛋”谁先谁后的问题。但事实上，大多数双边市场中一方比另一方更早介入市场，如在展览市场上，有时参展商比观众更早进入，因此展览运营的一个根本性问题是能否有能力影响参展商对于未来交易量和外部性的预期；但有时观众尤其是专业观众会更早进入，专业观众的进入会直接影响到参展商进入的数量和质量。

2. 展览市场的网络外部性

双边市场是具有某种网络外部性的市场，当在某一特定市场上一个消费者的效用（通常是正向的）依赖于相同产品或服务的消费者总量时，就存在网络外部性。从某种意义上来说，一般的双边市场的网络外部性并不取决于相同客户群体的消费状况，而是取决于相异但又相容、处于市场另一方客户群体的消费状况。双方（或多方）在一个平台上互动，这种互动受到特定的网络外部性的影响，其突出表现在：平台上卖方越多，对买方的吸引力越大；同样，卖方在考虑是否使用这个平台的时候，平台上的买方越多，对卖方的吸引力也越大。

展览平台作为典型的双边市场也具有显著的外部性，但与一般的双边市场所不同的是，这种外部性表现为：展览平台上的一方的效用不仅取决于相同客户群体的消费状况，而且取决于相异但又相容、处于市场另一方客户群体的消费状况；同时展览平台上的一方的效用不仅取决于双边消费者的数量，还取决于双边消费者的质量。也就是说，在展览这个特殊的双边市场中，消费者在作是否参加展览的决策时，同边消费者和另一边消费者的数量和质量都将成为参展决策的影响参数。正是因为展览具有这样的网络外部性，参展商在作参展决策时一般要考虑几个非常重要的因素：一是参展商的数量；二是参展商的质量，衡量参展商质量的指标主要有国外参展商比例、国内其他地区参展商比例、行业内知名企业参展商的比例；三是观众的数量，即展览平台对参展商的承诺，可以吸引到多少观众；四是观众的质量，衡量观众质量的指标主要有专业观众的比例、采购商的购买能力、作为采购商代表的专业观众在所在企业中的职位和影响力、普通观众的收入水平等。

第四节 展览会运作流程

对于展览会一次性运作，完整的流程主要包括两个部分：一是展览会立项。展览会立项要经过信息收集、展览策划、可行性分析、展览会启动四个程序。二是展览会管理。主要包括：进度计划管理、人力资源管理、财务管理、营销管理、风险管理、客户关系管理、供应商管理、现场管理、评估与总结。但从长期发展来看，展览会管理还应该包括品牌管理和并购管理。（见图 1-3）

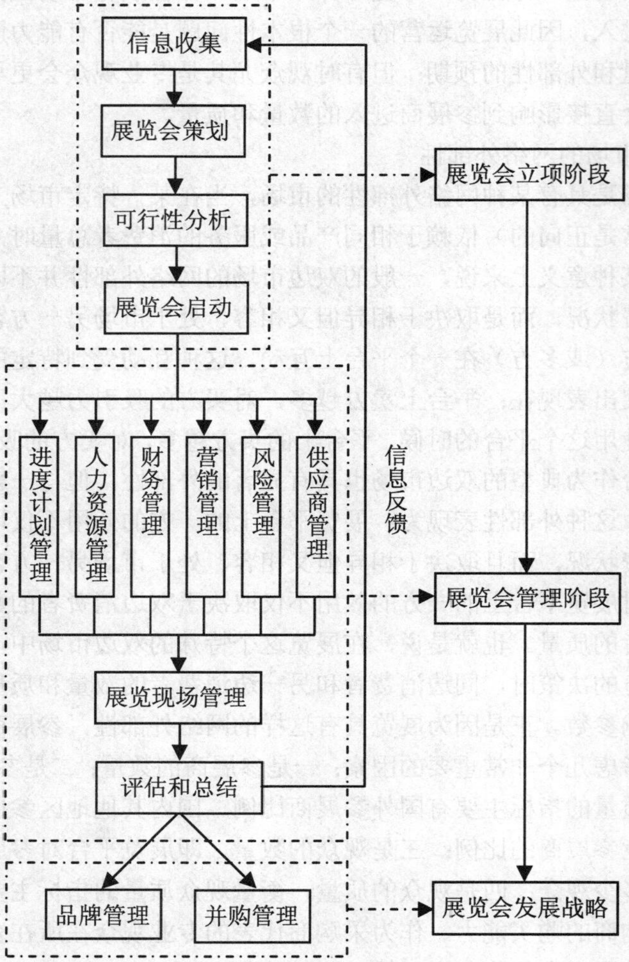

图 1-3 展览会运作流程

一、展览会立项

1. 信息收集

信息收集是展览策划的基础，同时也是可行性分析的需要。所收集的信息内容主要包括：与行业相关的全国性或地区性宏观经济资料；产业内部的供给和需求情况，即从参展商和观众两个角度分析；竞争对手的分析；项目管理小组内部资源。

2. 展览会策划

展览会策划是确定展览会的主题、目标、内容，体现一定的利益性、可行性、创造性、时效性和灵活性的策划活动。展览会策划主要包括展览会主题策划和展览会产品的策划。主题策划是项目启动的前提和必经程序，并需要经过可行性分析。展览会产品策划主要是指展览会形式和内容策划。

3. 可行性分析

可行性分析的主要任务是通过对项目进行投资方案规划、技术论证、经济效益的预测和分析，经过多个方案的比较和评价，为项目决策提供可靠的依据和可行的建议，并应该明确回答项目是否应该投资和怎样投资。因此，项目可行性研究是保证项目一定的投资耗费取得最佳经济效果的科学手段。

4. 展览会启动

通过可行性分析的展览会项目，需要报批相关部门审批。审批通过之后，展览会就可以立项，正式启动。

二、展览会管理

1. 进度计划管理

进度计划就是根据策划所选定的展览会主题，确定展览会所要完成的目标，并制定实现这些目标的时间计划。进度计划有利于项目团队对目标有更清楚的认识和理解，提高展览会管理的运行效率，还可以为项目控制提供依据。另外，从展览会策划、立项到实际举办有一段时间，在此期间会发生很多意外或风险性事件，进度计划可以最大程度减少不确定性，而且还可事先对风险性事件进行预测，并能够事先制定预防性措施。

2. 人力资源管理

人力资源管理就是预测展览会人力资源需求并作出人力需求计划、招聘选择人员并进行有效组织、考核绩效支付报酬并进行有效激励、结合组织与个人需要进行有效开发以便实现最优展览绩效的全过程，是以人为本思想在展览管理中的具体运用。

人力资源管理是对组织内人力资源的管理，但近年来由于组织形式的发展，特别是虚拟组织的出现，使组织边界变得模糊，以往被认为是组织外的人力资源也被纳入组织内部进行管理，使人力资源管理的对象扩大。如对志愿者的管理，对参展商和供应商的培训等。

3. 财务管理

财务管理的主要职能就是财务决策、财务计划和财务控制。财务决策是有关资金筹集和使用的决策。财务计划是指针对特定期间的财务规划和财务预算。

财务规划的主要工具是财务预测和本量利分析。预算是以货币表示的预期结果，是以预测为基础而编制的。财务控制和财务计划有密切联系，计划是控制的重要依据，控制是执行计划的手段，它们组成了展览会的财务管理循环。

4. 营销管理

营销管理在展览会管理中居于举足轻重的地位，它决定了参展商的数量和质量以及专业观众的多少，进而决定展会的展出效果。展览会的宣传应该选择有效、适合的宣传方式，做到有针对性、有内容。营销管理主要分为几个部分：一是确定宣传对象，组展者应该根据展出目标和任务、展览会的性质确定参展商和观众的范围；二是准备宣传的内容；三是选择合适的宣传方式。

5. 风险管理

风险管理是对潜在的意外损失进行规划、识别、估计、评价、应对和监控的过程，它是对展览会目标的主动控制。风险管理是展览会管理的重要组成部分，贯穿于展览会生命周期的始终。了解和掌握风险的来源、性质和发生规律，强化风险意识，进行有效的风险管理对展览会的成功举办具有重要意义。作为现代会展企业，应该时时具备风险意识，建立风险应急机制。应急机制包括制定紧急情况应急预案，成立专门的风险管理机构，建立信息处理系统，设立风险基金等。

6. 供应商管理

展览会管理是一项复杂的系统工程，会涉及很多专业性极强的工作，如会展场馆、展品运输、展台搭建、饭店、旅行社以及其他各种服务。完全靠组展企业自身资源是无法完成展览会全部工作的。供应商是组展商的重要战略资源，是决定展览会管理水平和效果的重要因素。要保证展览会成功举办，就必须选择合适的供应商，提高供应商管理水平，获得优质的服务。

7. 现场管理

所有前期准备工作都要通过现场管理的形式表现出来，现场管理工作是展会成功的重要保证。现场管理的内容主要有：展台搭建和拆卸、展品运输、观众的入场管理、举行开幕式、现场设备和技术的管理、证件管理、突发事件的处理等。

8. 评估与总结

评估是对展览环境、展览工作及展览效果进行系统的、深入的评价。展览评估是会展整体运作管理中的一个重要环节，通过评估，可以判断该展览会的效益如何，有哪些问题需要加以改进，这对展览会的主办者、参展商及观众都有着重要的意义。展览会评估工作的实际执行是整个展览会管理的最后一个环节，但这一工作却贯穿整个展览会的始终。由于展览会评估需要收集大量相关数据，从展览会启动阶段就应该策划展览会评估工作，为展览会评估作好充分准备。

展后总结的功能和作用是统计整理资料，研究分析已做过的工作，为未来展览推广工作提供数据资料、经验和建议。因此，一份客观公正的展后总结对办好下届展览会有着重要的意义。

三、展览会发展战略

1. 品牌管理

品牌（brand）是一种识别标志、一种精神象征、一种价值理念，是品质优异的核心体现。培育和创造品牌的过程也是不断创新的过程，自身有了创新的力量，才能在激烈的竞争中立于不败之地，继而巩固原有品牌资产，多层次、多角度、多领域地参与竞争。品牌展览会是指具有一定规模，能代表行业发展方向，提供专业的展会服务，对该行业有指导意义并具有较强影响力的展览会。培养一个品牌展会并不容易，必须要有长远眼光，要敢于投资，敢于承担风险，精心呵护，耐心培育。会展企业必须确立长远的品牌发展战略，从短期的价格竞争转向谋取附加值、谋取无形资产的长期竞争，用先进的品牌营销策略与品牌管理技术抢占会展市场的制高点。

2. 管理

并购的内涵非常广泛，一般是指兼并（mrger）和收购（aquisition）。在会展业中，并购的对象可以是单个展览会，也可以是会展公司。通过展览会项目（品牌）的买卖，从而达到整合和兼并的目的。展览会项目并购，是基于对会展资源（品牌）作为无形资产的承认，也是对知识产权的有效保护，这是会展业走向规范化市场运作的必由之路。通过对会展品牌等无形资产的评估、买卖，使各相关方面都获得了利益，也减少了以往对会展项目协调时的种种阻力。随着会展经济的深入发展，这种形式也必将进一步得到发展。

复习思考题

1. 什么是展览会？展览会的基本分类有哪些？
2. 展览产品的三个层次分别指的是什么？每个层次分别包括哪些内容？
3. 展览市场的供给方和需求方分别是什么？
4. 如何理解展览市场是双边市场？
5. 展览会运作流程主要包括哪些程序和内容？

第二章

展览会主题选择

主要内容

本章主要介绍如何选择展览会的主题，指出展览会主题选择包括四层含义——主题、分离主题、合并主题、复制主题，并重点介绍了每一层主题选择的概念、背景，选择及选择的条件、存在的问题。另外，本章还介绍了影响主题选择的因素，以及这些因素是如何影响展会主题选择的。

第一节　展览会主题选择的含义

展览会主题选择是一个展览成功的起点。这里的“主题”是指展览会所在的行业，如是工业展还是农业展，是汽车展还是机械展。主题选择包括以下四层含义：一是选择全新主题；二是分离展会主题；三是合并展会主题；四是复制已有展会主题。（见图 2-1）

展览会主题选择要做到项目具有可行性，尊重客观事实，综合各方面的条件，考虑到各种影响因素，同时还要尽可能做到创新，即“人无我有、人有我新”。

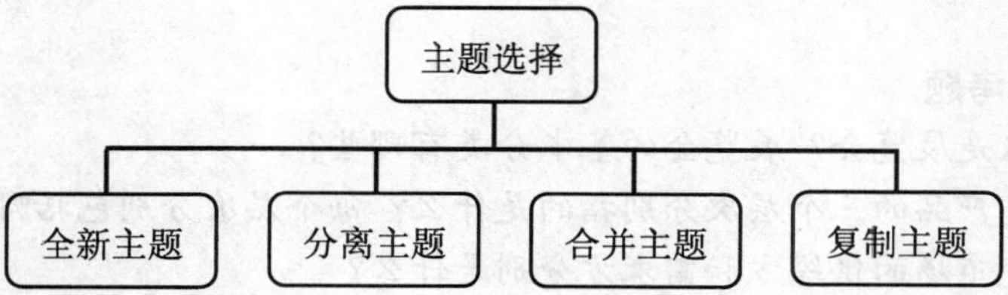

图 2-1　展览会主题选择的四层含义

一、全新主题

1. 含义

在展览会产品日渐成熟，同时展览会所依托的产业又在不断成熟甚至衰退的过程中，由于展览所依托产业和市场的有限性，展览利润空间在不断缩小。同类展览会的产业界限已经非常清晰，展览企业击败竞争对手变得异常艰难。在这种情况下，与其在已有的展览会产品市场与竞争对手殊死搏斗，还不如开发新的市场空间，开发新的展览会产品，创造新的市场需求，获得高利润增长的机会。展览企业要想在竞争日趋激烈的展览产业中立于不败之地，就必须在保持现有展会竞争地位的基础上，不断开发新的展览会产品。

选择全新主题的含义就是，历史上在世界范围内从未有过的展览会，是一种完全意义上的全新展览会。这种全新主题的展览会一定是和新兴的产业联系在一起的。例如，在有机产品兴起和不断发展的情况下，德国纽伦堡展览公司预测到这个市场的发展前景，率先推出“有机产品展”这样一个办展创意，才诞生了 Bio Fach 这样一个成功的展览会（见资料 2-1）。

2. 背景

展览会作为一种特殊的业态形式，既依托于产业的发展，又能促进产业的发展。因此，展览主题的选择和创新将不可避免地与产业的发展和创新联系在一起。一个新产业的萌芽、发展、成熟和衰退的过程将会伴着新的展览会主题出现、发展、成熟和衰退。因此，选择全新主题必须要了解产业发展的历史以及产业演变的规律和趋势。

由美国统计局刊印、实行了半个世纪之久的“标准产业分类体系”（SIC system，即 Standard Industrial Classification system）已经于 1997 年被“北美产业分类标准”（NAICS，即 North America Industry Classification Standard）所代替。新的体系把旧体系所规定的 10 个产业部门扩展到 20 个，以反映产业扩展的事实。比如，旧体系中的服务业这一产业部门，在新体系中已经被扩展成 7 个商业部门，包括信息、医药卫生、社会救助等等。鉴于这些体系本来是为了标准化和延续性而设计的，内容出现这样的变化足以显示出世界范围内的产业在过去的 50 多年发生了深刻的变化。

产业从来就不是静止不动的，它们在不断演化。运营在改善，市场在扩大，企业在变动。历史表明，人们大大低估了创建新产业及再创已有产业的可行空间。100 年前，很多今天的基础产业，如汽车、音乐录制、航空、石油化工、医药卫生、管理咨询等产业，那时都还是闻所未闻或刚刚兴起的事物。有很多现在的人们耳熟能详的产业，如共同基金、移动电话、生物技术、包裹速递、迷你厢车、滑雪板、咖啡吧、家庭影院等，在30年前还无一存在。可以肯定的是，再过20年或是50年，又会出现很多今天还未知的行业；还可以肯定的是，在技术创新不断加快的今天和明天，出现新兴产业的速度要远比过去的20年或50年快得多。这样的产业更新速度为选择和开发全新的展会主题提供了深厚的基础和广阔的空间。

3. 如何选择

判断产业发展趋势是非常困难的事情，那么又该如何开发全新的展会主题呢？作为专业的策展人或展览企业的领导者，关注更多的可能是展览产业以外的宏观经济和产业发展。应该研究产业发展规律，判断产业发展趋势。

（1）研究产业发展规律。

产业发展规律包括两个基本方面：第一，同自然科学规律一样，产业发展有其内在的客观规律性，不以人的主观意志为转移，这集中体现为产业发展的成长规律和价值规律。对这两大规律的理解，有助于我们建立观察产业发展的多方位视角，帮助我们系统化地理解产业发展中的众多表层特征，把握产业发展内在机理。第二，产业发展中存在稳定的可控机理，这集中体现为产业发展的组织规律。对于产业组织规律的理解，有助于我们找到促进产业发展的途径、手段，优化稀缺要素的配置，以产业组织创新为核心来促进产业发展。（如图2-2）

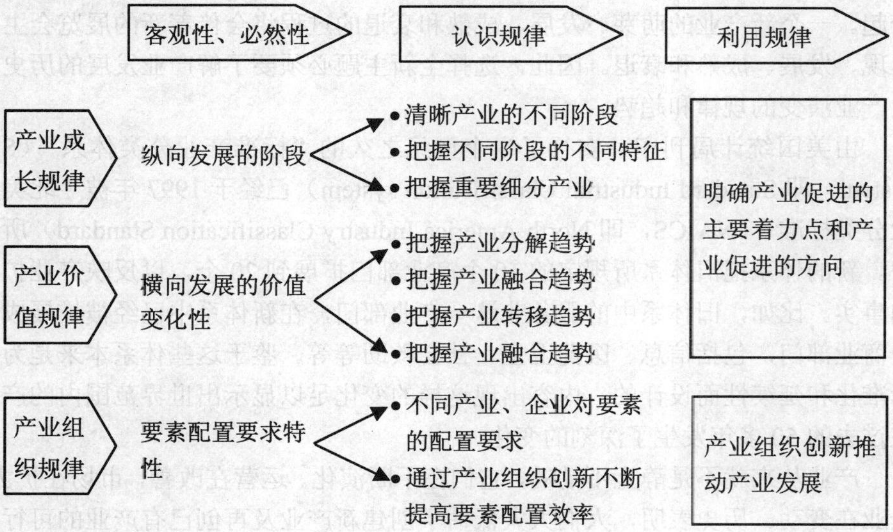

图 2-2

产业成长规律集中反映了产业的纵向发展趋势，即一个产业从萌芽、成长到壮大发展的整个过程，以及在此过程中体现出的特征，尤其是新时期产业成长突出表现出细分产业不断涌现、产业生命周期具有连续性两方面显著特征。充分认识产业成长基本规律，是策展人把握新兴产业和细分产业发展机遇、明确发展什么、决定投资取向和重点的关键。

产业价值规律集中反映了产业的横向发展趋势，即产业发展中的分解、融合、转移和集聚特点。充分认识产业价值规律，是策展人把握发展机遇、促进产业高端发展、推动业态创新、作好产业空间布局的关键。

产业组织规律集中反映了产业运行的可控机理，即不同产业、不同企业在不同的发展阶段以及在不同的价值链位置上，对于资金、技术、市场、人才、服务等产业要素配置的不同需求，以及为满足这些特定需求而出现的以企业为主体的包括政府、大学、科研院所、中介组织等共同推动的产业组织创新的过程。充分认识产业组织规律，是把握产业运行可控机理、进行积极的产业组织创新、提高要素配置效率、促进产业发展的关键。

（2）判断产业发展趋势。

世界经济发展的两个最大的背景就是经济全球化和新经济快速发展。首先，新经济的快速发展，不仅使知识成为产业发展的最稀缺要素，而且以互联网技术为代表的高新技术进步和应用正快速改变着人们的生活方式。也就是说，产业发展的模式和产业发展所依赖的市场都发生着快速变化。经济全球化，则直接对全球产业发展发挥着深刻影响，产业发展的基本特征表现为技术、人才、资本、知识、市场等产业要求的全球配置，突出表现为生产和消费的全球化，即企业不是只在本国而是在世界范围内寻找资源，消费者虽身居本国但消费的却是无国界的产品。

4. 问题

当然，开发全新的展会主题虽然非常有吸引力，但开发和创新的过程却是异常艰难的。在开发和创新过程中，可能会遇到很多问题。

（1）信息渠道不畅。

研究产业发展历史，判断产业发展趋势，分析科技进步影响，关注生活方式转变对产业发展的影响，这些都是十分困难的工作。需要策展人通过各种来源渠道获得各种资料，然而这种信息来源渠道并不通畅。

（2）数据难以获得。

由于是新兴产业，反映产业发展和市场需求的数据资料非常少，很难做到像已有展会的可行性分析那样以大量的数据做论据。有时甚至仅仅靠策展人对新兴市场的观察，或者仅仅依靠定性分析，来论证展览会的可行性。

（3）市场难以判断。

即使企业有通畅的信息渠道，可以获得新兴产业的发展数据，或者可以判断产业的发展趋势，能够开发出来全新的展会主题，但全新展会能否顺利进入市场，还取决于市场的认可程度，尤其是参展商和观众对这个全新展会的需求程度。

（4）风险难以控制。

开发一个全新展览会，其风险远比运作一个已经存在的展览会要大得多。第一，展览企业对于新兴产业不甚了解，不能对市场进行准确定位，很难把握行业发展重点和热点问题。第二，展览企业在办展初期很难准确了解参展商和观众的真正需要，从而影响展览企业的策划、管理和控制工作。第三，财务风险加大。全新展会不仅要获得启动资金，还要在运营过程中不断获得收入现金流，这对于一个刚刚进入市场的全新展会来说是非常困难的。更重要的是，全新展会的营销、招展、招商的支出比一般展会要多，增加了展会的财务压力和财务风险。

资料 2–1：国际有机产品贸易展览会（Bio Fach）——全新展会的成功范例

Bio Fach(World Organic Trade Fair)是由德国纽伦堡展览公司举办的国际有机产品贸易展览会，2004 年第一次举办，之后于每年 2 月举办一届。与在德国举办的其他一些国际知名展览会（如 CeBIT，ANUGA, Ambiente/Tendence）相比，2004 年 Bio Fach 有 1882 家参展公司，28624 平方米净展出面积以及 4 天展期内近 3 万名参观者，实在算不上引人注目。但是这个展览会在有机产品行业中居于全球领先地位，成为纽伦堡展览公司的品牌项目。

办展创意的产生和确定是专业展览会成功的前提，好的展览创意往往是敢为天下先的全新选题。以 Bio Fach 为例，若干年前，有机产品这个概念是一个相对较新的概念，其市场、销售渠道和网络、消费量、消费者的认知程度等各方面都不是很成熟，可以说完全是一个正在起步阶段的年轻产业。

经过多年的发展，在欧洲、北美等一些工业发达、经济实力较强的国家，人们意识到了工业污染、化肥、杀虫剂等对人体的危害。追求自然、无害成为一股潮流，尤其是世界反复遭受疯牛病、禽流感等袭击，更是推动了这一市场的发展。纽伦堡展览公司正是非常成功地预测到了这个市场的发展前景，率先推出有机产品展这样一个办展创意，才诞生了 Bio Fach 这样一个成功的展览会。“新”是一个相对的概念，很多新的展览创意都是随着产品新的潮流、新的功能不断增多而产生的。

二、分离主题

1. 含义

分离主题是指展览会主办机构将已有的展览会的主题作进一步细分，从原有的大题材中分离出更为专业的小题材，并将其举办成独立的展览会的一种主题选择方法。

2. 背景

在产业发展过程中，会出现不平衡发展的现象。产业不平衡发展是指以追求资源配置效率最大化为目标的产业间的非均衡增长，最直观地表现在某些产业超高速增长，某些产业减速增长，某些产业负增长。产业平衡与不平衡发展只能在相同的产业分类内进行分析，比如可以分析第一、二、三产业之间的平衡与不平衡发展，也可以探讨劳动密集型产业、资本密集型产业以及技术密集型产业之间的平衡与不平衡关系，却无法判定第一产业与技术密集型产业之间是否平衡发展。

产业的不平衡发展能带来多种效应，有正面的，也有负面的。这里不讨论产业不平衡发展的效应问题，而需要清楚的是产业不平衡发展是产业发展过程的客观事实，而这种事实势必会影响和产业发展密切相关的展览产业的发展。如果一个综合性展览中所包括的不同产业出现了不平衡发展，而且这种不平衡性比较显著的话，就会使与发展速度较快的产业相关的展览部分具备更广阔的发展空间，也为该展览部分从原来展览中分离出来并成为独立的展览提供了产业基础和市场基础。

3.“母体”和“子体”

在此，把已有的展览会称作“母体”，把分离出来的展览会称作“子体”。“母体”和“子体”应该分别具有一定的特点。

“母体”应该具备以下特点：

（1）“母体”应该是一个综合性展览会，或者说是相对综合的展览会，这是分离展会的基础。如 CeBIT 展览会就是从汉诺威工业博览会中分离出来，而汉诺威工业博览会则是典型的综合性展览会（见资料 2-2）。

（2）“母体”应该具备一定的发展规模，不至于因为展会分离而导致自身规模大幅度缩水。

（3）在“子体”分离之后，“母体”不应该受到影响，而应该在原有的基础上更好地发展。

（4）“母体”的主办机构应该具备相当的实力，可以有能力给分离出来的展览会拨付相当的人员、资金、物质等资源。

(5)“母体”应该具备较好的品牌，能够为“子体”共享。

(6)“母体”应该有熟悉“子体”所依托产业发展状况以及“子体”运作规律的专业人才。

“子体”则应具备以下特点：

(1)“子体”所依托的产业一定是在产业不平衡发展过程中发展速度较快的产业。

(2)“子体”在“母体”中已经具备一定的发展规模，具备分离的基础。

(3)“子体”分离之后，能够利用“母体”的品牌优势，在短期内迅速发展，成为在同类专业展中具有竞争力的展会。

(4)“子体”与“母体”其他展览部分应该具备相对独立性，不至于因为“子体”的分离而影响“母体”其他展览部分的正常发展。

(5)“子体”在从“母体”分离的初期，应尽可能与“母体”在同期同地举办。如果原有展馆不能同时满足“母体”和“子体”的需要，最少也应该在同一个城市举办。同期同地举办不至于因为“子体”的分离而影响参展商和观众的参展计划。当“子体”发展到一定阶段后，举办时间和地点可以根据具体情况来确定。

4. 存在的问题

虽然分离展会可以使主办单位拥有两个产品，但在分离过程中会遇到一些问题。第一，如何掌握分离的时间。产业不平衡发展是一个渐进过程，展会分离得过早，分离展会没有产业依托；分离得过晚，则会错失分离展会发展的机遇。第二，如何界定分离的产业边界。产业不平衡发展中的快速发展产业与母体中的展览部分划分很难一一对应。如果分离出去的展览部分过窄，会失去产业基础；如果过宽，又可能会影响“母体”的发展。第三，如何确保参展商和观众的参展效果不受影响。由于“子体”和“母体”的分离，可能会导致一个参展商同时参加“母体”和“子体”两个展会，这势必会增加参展成本，同时观众（尤其是专业观众）的观展效果也可能会受到影响。

资料 2-2：CeBIT 的起源与发展

20 世纪 50 年代末，当时被称为“办公设备”的产业在汉诺威工业展览会已发展为第三大展团，该展团的重要性在整个 60 年代持续增长。1970 年，举办者德国汉诺威展览公司专门为这一展览类别创造了新的名称，CeBIT（Centre for Office and Information Technology）由此产生。七八十年代，CeBIT 这一展览类别占据了越来越多的展出面积，主导地位不断增强，但展位仍供不应求，候补展商名单变得越来越长，于是在 1986 年 CeBIT 脱离了汉诺威工业展览会，成为独立的展会。

CeBIT 品牌与全球 ICT 行业内的国际买家有着紧密联系，汉诺威遍布全球的 68 个代表处将为参展商邀请到来自美洲、欧洲、澳洲、中东、东南亚的国际买家群体。

三、合并主题

1. 含义

合并主题就是将两个或多个主题相同或有一定联系的展览会合并为一个更大的展览会，或者将两个或多个展览会中彼此相同或有一定联系的主题提炼出来，放到另一个展览会里集中展出。

2. 背景

世界展览业的发展趋势是综合性展览会向专业性展览会发展。综合性展览就是包含多个产业的展览，所覆盖的产业宽泛，展出产品丰富，如农博会、工博会、世博会等；专业化展览则是专注于一个或几个相关产业的展览，所覆盖的产业狭窄，展出产品种类较少，如机械展、化工展等行业展览会。展览的综合性与专业性是相对而言的，也就是说产业的宽窄是相对而言的。相比来看，专业性展览由于参展商和展出产品的专注性，更受观众尤其是专业观众的欢迎。然而展览会越专业化，相应的参展商和观众数量就越少。倘若能在强化展会专业化的同时，注意研究各专业展览会间的内在联系，将相关主题的展会进行整合，则能更大程度地发挥参展商和观众的相互补充作用。

同期同地举办的各个展会的观众可交叉，各专业展会的参展商之间也可能会互为观众，若干同类展览会在一起举办，展会观众的数量会大大增加。参展商因增加观众而增强展出效果，就会增加其继续参展的积极性，主办方组展的连续性和扩张性就增多；同时，如果展会能连续举办，并能实现逐渐扩张，展览馆就会更加受益；对于观众来说，可以同期同地观看更多相关展品，了解更多产品信息并提高观展的质量。可以说整合能使会展业产生更大的效益。

另一方面，会展业在我国尚处于发展初期，产业恶性竞争非常普遍。大量同期同地举办的众多相同或相关的展会往往使参展商和观众无法选择，而同类主题的展会合并不仅通过资源整合产生了最大的经济效益，对防止恶性竞争、促进会展产业健康发展也具有积极作用。

3. 遵循的原则

然而，合并主题对于单个展会是有一定要求的，并不是所有同期同地举办的展览会都适合主题合并。选择合并展会主题时应该遵循一定的原则：

（1）展会主题应该相同或者相似，具备很强的相关性。

（2）展会的参展商和观众具有很强的交叉性，可以通过整合资源达到最大化效用。

（3）展会的举办日期相近，便于组织和协调。

（4）展会举办地点相近，最好在同一个展览场馆，至少也要在同一个城市。

（5）观众（尤其是专业观众）可以通过参加合并主题后的展览实现一站式采购，提高观众的参展效益。

（6）展会应该大体在同一个发展水平上，而且应该处于发展初期或上升阶段。一般来说，具有品牌效应的展会，销售网络畅通，顾客群体稳定，不需要通过合并其他展会来扩大自己的影响。更重要的是，如果展会不在同一个发展水平上，合并发展水平比自己低的展会可能会破坏和降低自己展会的信誉和质量，对品牌培育不利。

（7）展会的主办方具有发展市场、拓宽销售渠道、提高展览效果的主动性。

4. 存在的问题

合并主题是不同展会之间的战略合作，是有利于多方的多赢战略，但在主题合并过程中会遇到很多问题。

（1）这件多方受益的事应该由谁来做？

在中国香港和国外许多地方，这项工作多是由展览馆完成的，也可由会展行业协会或行业服务组织完成。目前我国的会展行业组织及相关机构的服务能力尚弱，而且服务动力也不足，展会的主办、承办单位之间主动协调亦有一定困难。相比来看，展览馆所掌握的信息比主办方和承办方要多，而且展览馆更有开展这项服务的可能和动力。展览馆可对在自己场馆举办的各类展会按照主题或其他逻辑分类，然后将分析研究结果提供给主办方，由其自由组合，促进类似主题的展会合并。合并主题会大大提高展会效果，展馆也能最终受益。

（2）权责和收益的分配。

如果是几家办展单位合并主题，则必须在联合办展之前确定各自的职责和利益分配方案。而如何确定各自的职责和利益分配方案？有什么样的依据？招展工作是分别进行，还是统筹规划？如何避免合作各方在管理过程中的搭便车行为或不作为行为？如何制定奖惩机制？依据是什么？这些问题都可能会成为合并展会主题的最大障碍。

（3）合并展会主题的风险。

合并展会主题对参与合并的各方都会存在很大风险。首先，单个展会对展会的运作难以有效控制，很难预测合并主题后对各自展会的影响。其次，合并主题后每个展会的参展商和观众信息需要共享，而这些单个展会在合并之前往往具有竞争关系。参展商和观众信息往往是展会最重要的资源，一旦公开，对展会的影响是难以估量的。再次，合并展会主题并没有成立独立的组织统一运作，战略合作关系是相对松散的。一旦合作关系破裂，对每个展会的影响也是巨大的。

资料 2–3：汽车配件用品联合主题展

中国出口商品交易会馆 2007 年新春迎来年度最盛大的汽车配件用品联合主题展。本展会由五大专题展组成：第四届广州车用空调及冷藏链技术展览会，第二届广州国际汽车电子及影音改装展览会、第二届广州国际汽车安全技术及装备展览会、第二届广州国际汽车美容展览会和广州国际汽车维修技术、设备展览会。五大展会几乎覆盖了汽车配件、用品相关的所有领域。

作为展示当今中国汽车后市场发展现状的重要平台，五大展会的同时召开，为汽车配件、用品产业发展提供最佳解决方案，创造开展国际贸易的最佳交流平台。

四、复制主题

1. 概念

复制主题就是把已具有品牌价值和广阔客户基础的展览会完全移植或者复制到其他国家或地区举办。严格地说，复制展会主题并不算是选择或策划新的展会，但对于所移植的国家和地区来说，却是全新的展会。而且移植的展览会面对的是全新市场，即使对于原展会也有新的成分。

2. 背景

展览会是促进产业发展、开拓消费市场的重要手段。很多发达国家在开拓其他国家市场的过程中，展览会是非常有力的手段。目前，很多展览业发达国家纷纷将发展成熟的展会移植到中国举办，很重要的目的就是开拓中国的展览市场和产业市场。

3. 复制展会的条件

（1）被移植展会应该具有品牌价值，并有广阔的客户基础，不会因为复制或移植展会而影响其运营和发展。

（2）被移植展会应该是国际性展会，有众多的国际客源。复制或移植展会后可以使部分国际参展商和观众更便于参展。

（3）被移植展会的主办者应该有充足的资源移植展会，尤其是充足的人力资源，负责研究、选择移植国家和地区的条件。

（4）所移植的国家和地区应该是相关产业中心、相关消费中心或者集聚中心。

（5）所移植的国家和地区，尤其是具体的城市应具备其他支持展览会发展的条件，如基础设施、场馆设施、住宿接待设施、餐饮设施等。

（6）移植国家和地区可以找到战略合作伙伴，合作伙伴应该具备相当的能力，尤其是有能力开拓市场，有广泛的参展商和观众资源。

4. 问题

移植展会过程中会发生很多问题：首先，移植展会对原展会的影响很难评估；其次，寻找移植国家或地区的战略合作活动需要长时间的接触、洽谈，时间成本和资金成本巨大；再次，要明确主办方与战略合作伙伴之间的责任和权利，确认双方的利润分成方式。

第二节 影响展览会主题选择的因素

影响展览会主题选择的因素如图 2-3 所示。

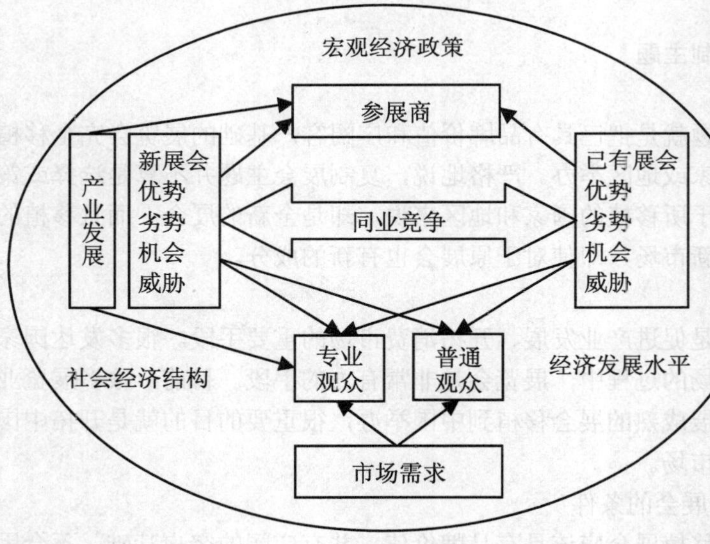

图 2-3 影响展览会主题选择的因素

一、宏观经济环境

展览业是一个涉及面广、综合性强的行业，它对于社会稳定性、经济繁荣程度、目标市场的消费能力和消费欲望，以及其他如饭店、交通、环境、商品零售业等行业都有较强的依赖性。任何展览会在作可行性研究时，都应该根据展览会的特点和主承办单位自身的特点，深入研究并分析判断宏观经济环境变化对展览会的影响。宏观经济环境是指展览会生存和发展的社会经济状况及国家经济政策，是展览会的外部环境，是所有展览会生存与发展所依托的基本相同的宏观条件和影响因素。具体来说，宏观经济环境包括社会经济结构、经济发展水平、宏观经济政策等要素。对于展览会所处的宏观环境分析，首先应该考虑的就是经济环境因素。

1. 社会经济结构

社会经济结构包括产业结构、分配结构、交换结构、消费结构和技术结构，其中最重要的是产业结构。产业结构是指资源在各个产业之间的分配。目前，我国正在积极调整产业结构，大力发展第三产业，这为展览业的发展提供了良好的契机。

2. 经济发展水平

经济发展水平是指一个国家经济发展的规模、速度和已经达到的水准，主要表现为国民生产总值、国民收入、人均收入水平、经济增长速度等。一般来说，经济发展水平越高，物质产品越丰富，企业越愿意通过参加会展活动的方式树立企业品牌形象、建立客户关系，达到销售产品的目的；客户商也愿意通过展会实现大规模的采购。而人均收入水平的上升则提高了普通观众对消费品的需求，也提高了对展览会的需求。我国连续多年保持经济快速增长，是目前世界上最富经济活力的国家之一，快速的经济增长是我国展览业迅速发展的关键因素。

资料 2-4：2009 青岛国际顶级私人用品（奢侈品）展

随着中国经济的快速增长，产生了越来越多的富豪和中产阶层，造就了庞大的顶级奢侈品市场，强烈地吸引着国际著名的顶级奢侈品牌，众多国外顶级品牌运营商先后抢滩中国。据专家预测，中国奢侈品消费每年正以 10%～20% 的速度增长，2015 年中国将超过美国成为继日本之后的世界第二大奢侈品消费大国。

2010 青岛国际顶级私人用品(奢侈品)展由亚洲奢侈品协会、中国国际贸易促进委员会青岛市分会联合《青岛日报》报业集团、高端品牌联盟共同主办，招商国展/招商传媒具体承办，将于 2010 年 6 月 13 日至 15 日在青岛八大关宾馆会议中心隆重举行。

本届展会旨在展示当今国际奢侈品品牌艺术的魅力，充分体现中国本土奢侈品特色与文化，揭示国际奢侈品潮流的精髓；同时此次展会将为国内外顶级时尚品牌搭建一个高贵平台，拉近国内外奢侈品商家与顶级财富人士的距离，为企业品牌的提升和财富增长提供一个良好的契机。

3. 宏观经济政策

宏观经济政策是指国家或政府为了增进整个社会经济福利、改进国民经济的运行状况、达到一定的政策目标而有意识、有计划地运用一定的政策工具制定的解决经济问题的指导原则和措施。宏观经济政策应该同时达到四个目标：充分就业、物价稳定、经济增长、国际收支平衡。宏观经济政策就是短期的调控宏观经济运行的政策，需根据形势的变化而作调整，不宜长期化，因为经济形势是不断变化的。在经济全球化趋势不断发展的今天，一国的经济形势不仅取决于国内的经济走势，还在相当程度上取决于全球经济的走势。宏观经济政策工具是用来达到政策目标的手段。在宏观经济政策工具中，常用的有需求管理、供给管理、国际经济政策。需求管理是要通过对总需求的调节，实现总需求与总供给的平衡，达到既无失业又无通货膨胀的目标。供给管理是通过对总供给的调节，来达到一定的政策目标。国际经济政策就是对国际经济关系的调节。

这些宏观经济政策都可能会影响展览会的选题。比如说进入新世纪以来，我国外贸政策从重视出口逐渐转变为进口和出口并重，这直接影响了广交会的选题，即从第101届广交会开始，“中国出口商品交易会”更名为“中国进出口商品交易会”。

资料2–5：广交会更名，历史性的飞跃

中国出口商品交易会（也称“广交会”）素有“中国第一展”之称，从1957年开始每年举办两届。第100届广交会开幕式上，组委会宣布从第101届起，广交会使用了50年的名字“中国出口商品交易会”将更名为“中国进出口商品交易会”。一字之差，却是一个历史性的飞跃。广交会一直是我国对外贸易的晴雨表，它的更名体现了互利共赢开放战略的精神，是我国外贸政策取向从重视出口创汇向追求进出口基本平衡转变的一个标志。

更名将会给广交会带来一系列的变化，其中最为实质而又直接的变化就是增加进口功能。进口是广交会50年来几乎没有触及的领域。过去50年来，广交会一直是我国外贸出口的窗口，参会人员主要是国内的参展商和境外的采购商。更名之后，在广交会这个平台上，中外企业之间的竞争将在家门口面对面地展开，这种直面对手的竞争必然推动产品结构调整加速。

资料2–6：北京国际科技产业博览会的策划

世纪之交，信息化、知识化已成为社会发展的主流。利用高科技劳动资料创造价值与财富的崭新经济形态——知识经济发展迅猛，越来越占有主导地位，这是时代的潮流。顺应这一历史发展的必然趋势，既是国家制定路线、方针、政策的依据，也是策划北京国际科技产业博览会（也称“科博会”或“国际周”）

的根本出发点。

国际周的策划顺应历史潮流和时代发展需要，是整个宏观经济发展的必然结果，是贯彻国家经济发展战略的产物。

一是贯彻“科教兴国”战略。教育是立国之本，科技是强国之路，科技日益成为决定各国综合国力的关键因素。然而科技成果必须经过转化和应用。科技成果的转化要求市场更加开放，信息渠道更为通畅，国际周就是要架设科技联系国内外市场的桥梁，是推动高新技术的产业化、商品化、国际化的大型国际交流与合作活动。

二是贯彻“科技兴贸”战略。这一战略包括促进我国高新技术产品出口和用高新技术改造传统出口产品两方面内容。当前，我国已是一个世界贸易大国，并初步实现了以初级产品为主到以工业制成品为主的出口商品结构的转变。但要从一个贸易大国变成一个贸易强国，就必须培育一批国际竞争力强、出口规模大、有自主知识产权的高技术出口企业，大力开发高附加值、高质量的大型设备、成套设备和信息、生物等领域的高技术产品。国际周的主题活动，就是展示当代高科技成果和产业成就，对外全方位介绍中国高新技术产业发展成就和市场潜力。

三是贯彻首都经济发展战略。1997 年，北京市市委、市政府提出了积极推动首都经济的战略目标。首都经济的本质是知识经济，核心是发展高新技术产业，主要特征是对外开放。国际周重点突出北京特别是中关村科技园区高新技术产业发展的整体形象，吸引国内外宾客，促进科技成果的交易，努力为高新技术企业、高等院校、科研院所和相关单位寻找商机制造条件。

总之，国际周既是实施“科教兴国”、“科技兴贸”战略的具体举措，又体现了以高新技术为核心，大力发展首都经济的战略要求。从策划伊始，国际周就把举办以高新技术为主题、全面贯彻国家和首都经济发展战略的大型国际活动为根本立意，赋予了其代表中国高科技领域最高水平、最具影响力的重大标志性国际交流活动的时代特征。

二、所依托的产业发展和市场需求

1. 产业发展

选择展会主题不仅要考虑宏观经济环境，更要深入了解展览会所依托产业的发展和市场需求。

产业发展一方面要看产业规模，只有规模足够大，才能为展览会发展提供产业基础；另一方面，要看产业的发展前景。决定展览会生命力的主要因素是产业发展前景。产业的发展周期可以分为四个阶段：萌芽期、成长期、成熟期和衰退期。与之相对应，展览会的生命周期也同样可分为这四个阶段。只有处于成长期或成熟期的产业，才能使展览会具有生命力。一旦产业进入衰退期，展览会的生命周期也即将结束。

2. 市场需求

市场需求是指在特定的地理范围、特定时期、特定市场营销环境、特定市场营销计划的情况下，特定的消费者群体可能购买的某一产品总量。市场需求越大，专业观众和普通观众越多，越能提高企业参展的积极性，增加对展览会的需求。

资料 2-7：产业发展和市场需求成就了国际有机产品贸易展览会（Bio Fach）

产业发展和市场需求是确保一项展览产品能拥有足够长的生命周期的前提条件。以 Bio Fach 为例，产业发展和市场需求的前景可谓相当光明。首先整个世界有机产品行业发展良好，近年来呈现稳步增长的势头。根据英国营销与咨询公司（the British Marketing and Consulting Company）有机产品监测报告，2003 年有机产品全球销售额达到约 230 亿欧元，增幅为 8%。其中最大的单一市场为美国（120 亿美元），其次为欧盟（106 亿欧元）。欧洲市场的情况，据国际贸易中心（ITC, International Trade Centre）的估测，2003 年德国有机市场销售额为近 30 亿欧元，位于首位。其次为英国（17 亿欧元）、意大利(14 亿欧元)、法国（13 亿欧元）。另外远东的日本市场也有了长足的增长，2003 年有机产品的销售额达 4 亿欧元。这些国际有机产品的传统市场稳步发展与繁荣确保了 Bio Fach 展览会的市场需求与展商来源。

此外新兴市场的发展更使 Bio Fach 这个项目充满了生命力。首先是欧盟 2004 年东扩，东欧国家市场有很大的发展潜力。这一点在 2004 年的 Bio Fach 上体现出来：波兰首次组织了国家馆参展，匈牙利的展出面积较 2003 年增加了 1 倍。另外中国有机产品市场的发展也为 Bio Fach 带来巨大的发展动力，2004 年 Bio Fach 来自中国内地的参展商较 2002 年增长了 3 倍。这样迅猛的市场需求增幅令 Bio Fach 项目组对中国这个潜力巨大的市场充满了期待与信心。

三、同类展会的竞争

如果一个展览会只有一家公司举办，那么就没有与之竞争的对手，该公司处于垄断地位。但一般情况下，每一类展会都有多个公司在举办。为了能够成功举办会展活动，在竞争中脱颖而出，必须深入研究展览会所处的竞争环境。

美国哈佛大学教授迈克尔·波特在其经典巨著《竞争战略》中提出了一个分析产业竞争环境的经典模型。波特认为，一个产业竞争的强度以及产业利润率是由五种竞争作用力共同决定的，包括进入威胁、替代威胁、买方侃价能力、供方侃价能力、现有竞争对手的竞争。这五种力量共同决定产业竞争的强弱和企业所面临的市场竞争环境。

这个模型所反映的事实是，产业的竞争已超越了现有参与者的范围。顾客、供应商、替代品、潜在的进入者均是该产业的竞争对手，市场竞争的激烈程度由此可见一斑。要想在竞争中取胜，就必须认真分析竞争形势，绝不能忽视竞争对手，包括现有的和潜在的竞争对手。掌握竞争信息，针对竞争信息分析竞争形势，并在遵守法律法规和知识产权的前提下确定合理有效的行动计划，这一点尤为重要。分析竞争形势首先是要了解自己的实力，包括本公司的信誉度以及拥有的软硬件配置，如会展场馆、科技手段、员工素质、服务质量和会展活动的创意等。自己能够为展商和参观者提供什么样的产品，会使其如何及在何种程度上获益，展商及参观者将享受哪些便利条件和什么样的服务等，都要做到心中有数。然后，要知道谁是自己的竞争对手。一般来说，举办同类会展活动的公司或其他实体都可以成为自己的竞争对手，尤其是已经或有意在你的计划覆盖范围内举办同类会展活动的公司或实体。同样，对对手的了解也要细致全面：通过各种渠道，对竞争对手的情况进行实地考察、近距离观察；了解对手的办展历史、规模特点、宣传途径及效果、其客户的兴趣点，等等。

市场的进入壁垒是指新厂商进入市场的难易程度。进入壁垒可以分为规模经济进入壁垒、产品差别化进入壁垒和制度性进入壁垒。规模经济是经济学中一个非常重要的概念，指的是在企业规模达到一定程度时成本降到最低点。由于规模经济的作用，单位生产的平均成本随着产量的增加而下降。新进入企业由于在进入产业之后不能快速达到一定的市场份额，不能充分享受到规模经济所带来的经济性，相对于产业内部的在位企业，是在较高的成本基础上经营的，同时也使得进入企业在一种不利的地位上经营。如果市场中同类型展会已举办多次，参展商对已有展会已经相当熟悉，参展商的参展习惯已基本稳定，那么同类型新的展会项目的进入就相对困难，这就造成了产品差别化壁垒。制度性进入壁垒是指除了经济技术之外的人为制定的一些政策和管理办法所造成的制度方面的壁垒。在中国会展业，制度性壁垒主要包括两个方面：一是会展产业的审批制管理办法；二是政府作为会展活动的主办主体对其他展览企业的进入形成了障碍。

四、展览会主办方的资源

1. 人力资源

由于展览业是一门新兴产业，许多成功的展览会都是依靠管理者多年来办会办展的经验，因此，展览会经理和其他工作人员是否有丰富的管理经验是决定展览会目标能否实现的关键因素。另外，项目管理团队的各成员之间的合作也是非常重要的，这是因为项目小组一般是临时组建的，成员之间没有稳定的关系，成员之间融洽合作从而发挥协同作用是实现会展项目目标的关键因素。

2. 财务资源

展览会目标的实现要受资金流的制约。一般来说，财务约束越松，展览目标越容易实现；反之，财务约束越紧，财务目标的实现就会受到诸多限制。

复习思考题

1. 展会主题选择的含义是什么？
2. 什么是全新展会主题？如何选择全新主题？选择全新主题会遇到什么问题？
3. 什么是分离展会主题？被分离的展会和分离出来的展会应该具备什么条件？分离展会可能会遇到什么问题？
4. 什么是合并展会主题？被合并展会应该具备什么条件？合并展会可能会遇到什么问题？
5. 什么是复制展会主题？复制展会应该具备什么条件？复制展会可能会遇到什么问题？
6. 影响展会主题选择的因素有哪些？这些因素又是如何影响展会主题选择的？

第三章

展览会形式和内容策划

主要内容

本章在主题策划的基础上，讲述展览会形式和内容的策划。首先介绍了展览会基本情况策划，包括展览会名称、展出时间、举办地点、参展范围和具体主题的策划；然后介绍了展位划分的策划；最后介绍了展览会开幕式和附设活动的策划。

第一节 展览会基本情况策划

一、展览会名称

展览会名称主要包括四个要素：展出时间、展出地点、展出内容和展览会性质。所有的展览会名称只涉及这四个要素中的一部分，有的展览会名称除了这四个因素之外，还有可能包括其他内容。

1. 展出时间

展出时间要素表示展览会举办的时间，时间表示的方式有以下几种：

（1）“×年”，如“2010年中国国际珠宝展览会”中的“2010年”即表示展览会在2010年举办。

（2）“第×届”，如“第五届中国北京国际文化创意产业博览会”中的“第五届”具有时间性质。

（3）“×第×届”，如“2010第六届北京国际LED展览会”中既包括年份又包括届数。

（4）“×年×季”，如“2010年春季广交会”既包括年份又包括具体的季度。

又如“2010 中国国际纺织面料及辅料（春夏）博览会”，虽然表现形式略有差别，但也是既包括年份又包括具体季度的展览会名称。

（5）“×第×届×季”，如“2010 年第 107 届（春季）广交会”既包括年份，又包括届数，还包括具体季度。

当然，也有的展览会名称里并不包括展出时间，如“中国国际服务贸易展览会”。

2. 展出地点

在展览会名称中所体现出来的展出地点可以很宏观，如所在大洲、所在国家等，也可以很微观，如城市，甚至是具体场馆。

（1）相对宏观的地点，如“世界博览会”、“2010 年亚洲国际品牌体育用品及运动时尚博览会”、“2010 中国国际纺织面料及辅料（春夏）博览会”。

（2）相对微观的地点，如“2010 北京国际旅游博览会暨北方旅游交易会”、“2010 年北京国展人才招聘会”。

（3）相对宏观和相对微观地点相结合，如“中国（北京）第十一届国际照明电器博览会”。

当然，也有的展览会名称中并不出现展出地点要素，如“第十二届国家部委联合人才招聘会暨中国科学院知识创新工程专场招聘会”、“国际教育博览会”等。

3. 展出内容

展出内容是展览会名称中最核心的要素。相对专业的展览会，参展商和观众可以直接通过展览会名称中展出内容要素了解展览会的展出内容，并判断是否和自己有关，如“2010 年中国国际珠宝展览会”表示展出内容是珠宝，“第五届中国北京国际文化创意产业博览会”表示展出内容是文化创意产品；而相对综合的展览会，虽然不能从名称上判断出具体的展出内容，但可以判断出来展出范围，比如“上海工业博览会”说明该展会的展品都属于工业品，“世界博览会”则说明展出内容可以是人类社会一切文明进步的成果，只不过根据不同届世博会具体主题，展出内容的侧重点不同。

4. 展览会性质

常用的表示展览会的名词有“展览会”、“博览会”、“交易会”、“展销会”等。这些名词有一定的区别，所展出的展品涵盖的范围以及展会的性质有所不同。一般来说，展览会是指以贸易洽谈和宣传展示为主要内容的展览会，展览具有较强的专业性，如“2010 年中国国际珠宝展览会”；博览会也以贸易洽谈和宣传展示为主要内容，但相对展览会而言，展览题材更加广泛，一般具有较大规模，而专业化程度相对较低，如“第五届中国北京国际文化创意产业博览会”；交易会主要是指商贸交流，如“2010 北京国际旅游博览会暨北方旅游交易会”；展销会以现场销售为主要特点，如“2010 春季服装展销会”。还有些展览会用“购物节”、“订货会”来表示其性质，这些展览的形式相对灵活。

当两个以上的展览会联合举办时，通过“暨”、“＋”和“及”等字样把展览会名称连接起来表述。如：“第七届中国（北京）国际冶金工业博览会暨第七届中国（北京）国际铸造、锻压、热处理及工业炉展览会”、“第十二届中国国际冶金工业展览会＋第十届中国国际铸造、锻压及工业炉展览会”、“2010 年第十届中国（北京）国际石油石化技术装备展览会及中国国际管道防爆电气自动化展览会”。

除了展出时间、展出地点、展出内容和展览会性质之外，如果展览会是国际展，展览会名称中还会有“国际”二字。有时，展览会名称中还会出现主办单位，如“第十二届国家部委联合人才招聘会暨中国科学院知识创新工程专场招聘会”。

二、展出时间

本书所研究的展览的展出时间是确定的，如广交会每年 5 月和 10 月在广州举办；北京高科技产业博览会每年 5 月最后一个星期举办。根据中国国际展览中心网站 2010 年展览计划的数据（见表 3-1）可知，全国举办展览最多的月份是 4、5、9 月份，其次是 3、6、10 月份，举办展览最少的月份是 12、1、2 月份。由此可看出，展览举办时间具有一定的规律性，集中在某段时间。那么如何来确定展会的举办时间呢？

表 3-1　2010 年中国展览月份分布

月份	1	2	3	4	5	6	7	8	9	10	11	12
数量	70	43	284	323	319	272	146	183	302	249	183	87

展览会是供需交流的平台，观众尤其是专业观众参加展览会的一个主要目的就是为下一时间段的生产和销售进行采购，因此很多展览都是在消费旺季举办的。举例来说，房地产展大都是在房地产消费旺季春秋两季（4、5、9、10 月份）举办的。根据中国国际展览中心网站统计，在 2010 年中国共举办 32 个展览会，其中有 25 个展览会是在 4、5、9、10 月份举办的。

需要说明的是，这里所说的展出时间不单指展览会正式举办的时间，而是包括进馆时间和撤馆日期，如资料 3-1。

资料 3-1：展览的展出时间

名　　称：2010 年中国国际珠宝展览会

举办城市：北京

展　　馆：中国国际展览中心

进馆日期：2010-11-09

撤馆日期：2010-11-15

开幕日期：2010-11-11

闭幕日期：2010-11-15

三、举办地点

与会议不同的是，展览一般都是在固定地点举办的。①选择展览会举办地点一是要选择城市，二是要选择展馆。

1. 选择城市

展览是参展商和观众交流交易的平台，展览举办地应该具备相应的基础：它可以是产业中心，能够具备参展商基础；或者是消费中心，能够具备观众基础；或者是集聚中心，可以集聚大量的参展商和观众，能够同时具备参展商和观众基础。（如图 3-1）

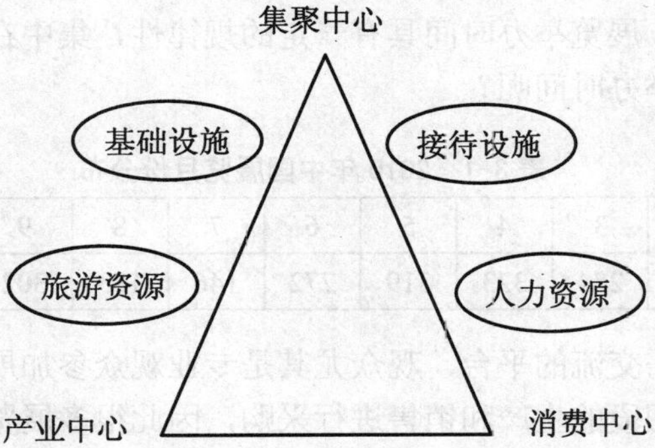

图 3-1　展览城市要素

（1）产业中心。

很多展览会都选择在产业基础发展好的城市举办，如广交会落户广州就是因为广州是中国的制造业中心，广东有很多展览会都是在所在地区的产业的基础上发展起来的。（见表 3-2）

①当然也有一些展览是在多个城市轮流举办的，如中国国际旅游交易会、国内旅游交易会等展览。

表 3-2　广东展览会与产业之间的关系

序号	产业	展览会
1	沙溪服装	服装节
2	古镇灯饰	灯饰节
3	深圳高新技术产业	高交会
4	东莞电脑	电博会
5	虎门服装	服交会
6	顺德家电	家电博览会
7	佛山陶瓷	陶瓷博览会

（2）消费中心。

除了接近参展商之外，接近消费群体也是展览主办方（尤其是消费类展览会或者综合类展览会）选择城市的重要参考因素。比如国际五大汽车展中有三个在欧洲（法兰克福车展、巴黎车展和日内瓦车展）、一个在北美洲（北美车展）、一个在亚洲（东京车展），这五大车展都是在发达国家、发达城市举办的，举办城市的消费能力很强。中国最著名的汽车展是北京国际汽车展和上海国际汽车展，之所以这两个车展能成为中国最著名的车展也是因为北京和上海是中国最主要的汽车消费中心。全球博彩用品展览会落户美国拉斯维加斯，就是因为拉斯维加斯是世界著名的博彩消费中心。

（3）集聚中心。

有的展览城市是集聚中心，是“买全国、卖全国”的市场，典型的例子是中国义乌。义乌市位于浙江省中部，义乌是目前全球最大的小商品集散中心，被联合国、世界银行等国际权威机构确定为世界第一大市场。义乌国际商贸城被国家旅游局授予中国首个“AAAA 级购物旅游区”荣誉称号。“小商品海洋，购物者天堂”已成为繁荣、文明的义乌市的代名词。中国义乌国际小商品博览会就是依托义乌这个“买全国、卖全国”的集聚中心，成为中国最知名的展览会。

资料 3-2：中国义乌国际小商品博览会

以“面向世界、服务全国”为宗旨的中国义乌国际小商品博览会，是经国务院批准的日用消费品类国际性展会，由国家商务部、浙江省人民政府等联合主办，每年 10 月 21 日至 25 日在义乌举行。

义博会设国际标准展位 5000 个，展览面积 12 万平方米，展会规模位居全国日用品类展会第一。涵盖文化办公、体育娱乐、玩具、针织辅料、服装鞋帽、工艺品、日用品、流行首饰、化妆美容、箱包皮具、五金机电、电子电器、汽车用品、服务贸易、水晶及玻璃制品等行业。每年吸引数千家企业参展，到会专业观众12万人以上，外贸成交额占60%以上。境外客商超过18000人，仅次于广交会和华交会，其中欧美等发达国家客商占27%，展会外贸成交额占60%以上。义博会期间举办的国际市场报告会、跨国零售集团采购对接等经贸活动，使得参会客商能获得更多有价值的资讯和更多的商机，已成为客商抢占海内外市场的绿色通道。

2. 选择展馆

展馆是展览会的物质载体，展馆的规模和服务水平决定了展览会的规模和服务水平。选择展馆需要考虑以下几个主要因素：

（1）展馆规模，即展馆规模是否能满足展览需要。有些展览规模过大，只能在特定的展馆举行，如广交会目前只能在琶洲国际会展中心举办，北京国际汽车展只能在北京新国际展览中心举办。

（2）展馆价格。

（3）展馆交通状况，即展馆交通状况是否可以满足人流、物流的要求。

（4）展馆配套设施，即展馆内部是否有会议室、餐厅、银行、商务中心等，展馆周边是否有相应配套设施，如酒店、大型购物中心等。

（5）展馆是否能满足特殊展览的需求。如大型机械展往往需要展厅地面具有较强的承受力，而很多展馆在建设时并未考虑相关的需求。

（6）展馆服务水平。展馆可能会为展览组织者、参展商提供一系列的服务，如展厅整体搭建、水、电等，展馆的服务水平直接决定了展览的质量。

四、参展范围

参展范围是对展览会名称中所体现出来的展出内容的进一步细化。展出内容虽然可以表示参展商和展品的大概范围，但还是不能让参展商和观众特别直观、清晰地了解展出的具体内容。以国际旅游博览会为例，如果单纯从名称来看，我们只知道这是一个和旅游有关的展览会，但具体有哪些类型的企业参展并不是特别清楚，需要通过参展范围进一步明确展出内容。（见表3-3）

表3-3　2007届国际旅游博览会参展范围

序号	参展范围	具体内容
1	旅游机构	旅游局 旅行社 旅游经营者 旅游院校 旅游媒体 旅游金融机构 银行卡
2	旅游景区	世界遗产 自然保护区 名胜古迹 博物馆 文化古迹 影视城主题公园 民俗旅游 红色旅游 精品旅游线路

续表

序号	参展范围	具体内容
3	特色休闲旅游	高尔夫球旅游　度假村　邮轮　漂流　登山　潜水　滑翔　沙滩　滑雪场　温泉　康乐　健身
4	会议与奖励旅游	展览场馆　会议中心　体育场馆　豪华酒店　文化广场　特色饭店　会展服务公司
5	旅游资源开发	规划中的旅游开发区　新开发旅游项目　旅游房地产　分时度假　旅游投融资公司
6	旅游工具设施	航空公司　旅游巴士　房车　剧院　酒店　餐厅　酒吧及娱乐场所　SPA 水疗　旅游车船公司　游艇　游轮　高科技或节能型旅游设施设备
7	旅游用品	休闲服装　户外旅游用品　特色旅游产品　酒店用品

明确参展范围的作用在于：第一，可以使组展者明确参展商范围，有利于营销工作的开展；第二，可以使参展商明确是否适合参展；第三，是展位划分的依据；第四，是进一步明确展品的依据。

五、具体主题

根据产业发展趋势、热点问题，连续发展的展览会每一届都有具体主题。比如世界博览会，从 1933 年美国芝加哥世博会开始每届世博会都有自己的主题。（见表 3-4）

表 3-4　1933 年以来历届世博会主题

年份	国家	举办地	主题
1933	美国	芝加哥	一个世纪的进步
1935	比利时	布鲁塞尔	通过竞争获取和平
1937	法国	巴黎	现代世界的艺术和技术
1939	美国	旧金山	明日新世界
1958	比利时	布鲁塞尔	科学、文明和人性
1962	美国	西雅图	太空时代的人类
1964	美国	纽约	通过理解走向和平
1967	加拿大	蒙特利尔	人类与世界
1968	美国	圣安东尼奥	美洲大陆的文化交流
1970	日本	大阪	人类的进步与和谐
1974	美国	斯波坎	无污染的进步

续表

年份	国家	举办地	主题
1975	日本	冲绳	海洋——充满希望的未来
1982	美国	诺克斯维尔	能源——世界的原动力
1984	美国	新奥尔良	河流的世界——水乃生命之源
1985	日本	筑波	居住与环境——人类家居科技
1986	加拿大	温哥华	交通与运输
1988	澳大利亚	布里斯班	科技时代的休闲生活
1990	日本	大阪	人类与自然
1992	西班牙	塞维利亚	发现的时代
1992	意大利	热那亚	哥伦布——船与海
1993	韩国	大田	新的起飞之路
1998	葡萄牙	里斯本	海洋——未来的财富
1999	中国	云南	人与自然——迈向21世纪
2000	德国	汉诺威	人类—自然—科技—发展
2005	日本	爱知县	超越发展：大自然智慧的再发现
2010	中国	上海	城市，让生活更美好

第二节　展位划分

一、展位及展位类型

1. 展位概念

展位一般是指在展览会上用来展出商品和图片等物品的单位空间，也称作摊位。为了更好地招展宣传，提高展出效果和参观效果，展览组织者一般都会将整个展览场地划分为不同的展位。

2. 展位类型

（1）根据面积和装修风格，分为标准展位和特装展位。

根据面积和装修风格的不同，分为标准展位（或标准摊位，简称标摊）和特装展位。

标准展位是有一定尺寸和配置标准的。一般的标准国际摊位尺寸为3m×3m，提供的标准配置一般包括：一桌两椅两射灯（或日光灯），一个220V5A的插座，一个纸篓，三面围板。

特装展位是由参展商自行或委托专业机构专门设计并特别装修的展览位置及其覆盖的面积，一般为空地。

（2）根据展位的位置和形状，分为“道边型”展台、“墙角型”展台、“半岛型”展台和“岛屿型”展台。

“道边型”展台：也称“单开口”展台，它夹在一排展位中间，观众只能从其面前的过道进入展台内。这种类型的展位租金最低，中小企业在选择这类展台时要注意它的位置，优先挑选位于洗手间、小卖部、快餐厅、咖啡屋附近的展台，这些地方是展会人流最密集的区域，易于参展捕捉商机。

“墙角型”展台：也称“双开口”展台，它位于一排展台的顶端，两面邻过道，观众可以从它前面的通道和垂直于它的过道进入展台。“墙角型”展台与“道边型”展台相比，面积相同，但多出一条观众进入展台的侧面过道，因而观众流量较大，效果相对较好，当然租金也要比“道边型”展台高出 10%～15%。

“半岛型”展台：观众可从三个侧面进入这种类型的展台，其展示效果要比前两种好一些。企业在选择这种展台时，应该配合做好特别装修才能达到满意的效果。

“岛屿型”展台：在四种类型的展台中租金最高，它与其他三种类型的展台不同，观众可以从任意一个侧面进入展台内，因而更能吸引观众的注意力。这类展台适于展示，广告效果好，因而设计起来更为精心，搭建费用相对较高。它是大型企业参加展会之首选。

另外，由于某些展览面积过大，受展览中心面积所限，还有可能在室外设立展位。室外展位是空地。无论室内空地（特装展位），还是室外空地，起租点一般为 36 平方米，不提供任何配置，如有需要可向主场搭建商提前预订或现场租赁。一般企业自行进行特别装修时选用。

二、展位划分的原则

1. 便于定价与销售

价格是展览产品的基本要素之一，为追求展位销售收入和利润最大化，组展商需要制定适当的价格策略。而不同位置的展位价格是不一样的，展位位置是决定展位价格的主要因素，如表 3-5 所示。因此，组展商应合理划分不同类型展位，并根据展位类型制定相应的价格，实现销售目标和财务目标。同时，参展商可以根据自己的预算约束和预期的参展效果，选择合适的展位，因此合理的展位划分便于组展商销售展位。

表 3-5 第十届中国国际摩托车二号馆展位的不同价格

展位类型	国内企业（元）	国际企业（美元）
第一排空地特装展位（空地 54 平方米起租）	800/ m^2	250/ m^2
第二排空地特装展位（空地 100 平方米起租）	750/ m^2	240/ m^2
第三排空地特装展位（空地 36 平方米起租）	650/ m^2	200/ m^2
各厅前部标准展位	8,000/个	2500/个
各厅中部标准展位	7,500/个	2400/个
各厅后部标准展位	6,500/个	2000/个

2. 便于现场管理和服务

组展商针对不同的展位需要提供不同的服务。对于标准展位，组展商需要提供标准展台和标准配置；而对于特装展位，组展商只需要提供空地，由参展商自行搭建展台。特装展位最好能够相对集中，便于参展商搭建展台，同时也便于组展商提供服务和现场管理。

3. 便于厂商参展和观众观展

展览会在有限的时间里集聚了众多展品，具有一定的规模，小到几千平方米，大到几万、十几万甚至几十万平方米。而观众的时间是有限的，而且往往只对特定的企业或展品感兴趣。为了最大限度地实现参展商的参展效果，组展商要设计最合理的展位布局，让具有一定相同特征的企业或展品集聚在一起，让参展商实现参展效果的同时让观众实现其观展效果。

三、展位划分的主要依据

1. 按照展品种类划分

展品种类（或企业所属行业类型）是目前最主要的划分展位的依据。采用此种划分依据便于观众参观，能够最大程度提高参展商的参展效果。但采用此标准划分展位也可能会使一些企业因为参展展品属于不同类型而需要搭建多个展台，而影响其整体品牌的营销。如服装展通常以男装、女装、童装等作为划分展位的方式，但很多企业的展品同时包括这三种类型，按照组展商的展位布局，企业就需要在多个展区布置展台，可能会影响参展企业整体品牌形象的营销。

资料3-3：广交会展位划分

广交会展位分为分配性展位和招展性展位两种，大部分展区还设有保证性展位。分配性展位由交易团、联合交易团分团负责安排，招展性展位由商/协会负责安排。

招展性摊位的分配由有关进出口商会负责。申请具体需提交的资料及方式按照申报广交会招展展位的有关通知的规定执行。

分配性摊位申请。分配性摊位数是交易团根据各地方或系统的出口额来核定的，由各交易团分配给各参展单位。申请广交会分配性摊位的地方企业须先向当地广交会工作主管部门提出书面申请。

保证性摊位主要用于安排外经贸部门重点支持和发展的名牌出口商品以及有发展前途、高科技、高附加值的名优新特展品参展，以扶持优秀企业和提高布展水平。申请条件及需提交资料具体依照广交会保证性品牌类展位侯选企业评审标准的有关资格条件执行。

保证性摊位不列入展位分配基数，根据参展企业的客观需要和展馆条件进行安排。

展览场地	展品类别	展区	摊位性质
旧馆一期	纺织服装类及食品医药类	服装	分配
		家用纺织品	分配
		地毯	招展
		纺织原料面料	招展
		抽纱	分配
		裘革皮及羽绒制品	招展
		食品及茶叶	招展
		医药保健品及医疗器械	招展
新馆一期	工业类	家用电器	招展
		电子及信息产品	招展
		灯具灯饰	分配
		工具	分配
		机械及设备	分配/招展
		小型车辆及配件	招展
		五金制品	分配
		建材	分配
		化工及矿产	招展
		车辆及工程机械（户外）	招展
旧馆二期	礼品类	略	略
新馆二期	日用消费品类	略	略

2. 按参展企业来源地来划分

在一些大型的综合性的国际展览会或博览会上，也可能会按照参展企业所在国家或地区来划分展位，如上海世博会主要是按照参展国家所在的大洲来划分展区的。

3. 按照展品主题来划分

有些展览会还会依据展品和参展商的特点设计出不同的主题，并依据不同的主题来划分展位。例如，德国杜塞尔多夫国际鞋类展览会是世界上著名的三大专业鞋展之一，也是欧洲地区规模最大的鞋类博览会。每年 3 月、9 月在欧洲著名的博览会城市——杜塞尔多夫的国际展览中心举办。2008 年 9 月以前该展览会共设 13 个展馆，统一划分为：Modern、Global Sources、Young 三大主题。博览会主办单位根据参展展品的不同档次和市场定位对参展商进行专业划分，将展会划分为国际基本展区、时尚区、休闲区等 7 个不同展区。

根据主题划分展位虽然是一种划分展位的依据，但并不常见，主要是因为这种划分展位的方式不利于观众观展。

4. 综合考虑各种因素来划分

组展商在划分展位时通常会综合考虑各种因素。有些展览会（尤其是国际性展览会）通常会综合考虑参展企业来源地和展品类别来划分展位。如 2010 年中国国际珠宝展的展位划分中，一号馆一层 A 厅、B 厅，一号馆二层 A 厅，一号馆三层 A 厅、B 厅是按照展品类别划分的，而一号馆二层 B 厅、七号馆、八号馆 8B 厅则是按照参展商来源地划分的（见资料 3-4）。再如德国杜塞尔多夫国际鞋类展览会，为了更好地方便参展商及参观商，扩大展览宣传力度，增强展览效果，自 2008 年 9 月起，该展移至杜塞尔多夫展览中心 8a 馆和 8b 馆。8a 馆严格按照产品类别来分配摊位，把 8a 馆划分为男鞋区、女鞋区及其他鞋类区，这样做的目的是为了使采购商们能够在琳琅满目的产品中更容易找到自己所需要产品的所在摊位。8b 馆则主要是按展商区域性质来划分。有些展览会则是按照参展商来源地和主题来划分展位的，如上海世博会既有各大洲各个国家馆，也有按照主题设计的主题馆。

资料 3-4：2010 年中国国际珠宝展布局及展品区域划分

一号馆一层 A 厅、B 厅：主要是黄金首饰和投资金条的加工企业、珠宝首饰镶嵌的加工、制造企业及零售品牌企业。

一号馆二层 A 厅：主要是珍珠企业。

一号馆二层 B 厅：主要是中国台湾展团、中国香港展团和韩国展团。

一号馆三层 A 厅、B 厅：玉、石展区。

七号馆：云南省宝协组织的云南展团。

八号馆 8A 厅：主要有“2010 天工奖”获奖作品展示区，中国玉石雕刻大师作品展示区等。

八号馆 8B 厅：国际展厅。

第三节　开幕式策划

一、开幕式的构成要素

1. 时间和地点

展览会开幕式的时间一般比较灵活。对于小型的展览会，开幕式一般在展览会当天的早晨举办；对于大型的展览会或博览会，开幕式一般在展览会开始的前一天举办，如第七届东盟博览会于 2010 年 10 月 20 日至 24 日在广西南宁举办，而开幕式是在 10 月 19 日下午 2:00 举办的①；再如上海世博会是在 2010 年 5 月 1 日至 10 月 31 日举办的，而开幕式则在 4 月 30 日晚上 8：10 举办。另外，如果展览会是某项综合性大型活动中的一项，那么整个大型活动会统一举办开幕式，开幕式的时间则可以更加自由灵活地确定。

开幕式地点的选择也相对灵活，可以是室内，也可以是室外；可以是展览场馆附近，也可以是独立于展览场馆的其他地方。对于小型的展览会，开幕式一般会在展览场馆（室内或室外）举办；而对于大型展览会或博览会，可以在展览场馆（室内或室外），也可以在与展览现场相对独立的场地举办。如果展览会与其他相关活动同期举办，开幕式的地点则应综合考虑各个活动的特点和需要。

2. 主题

开幕式一般都会有主题，开幕式的主题应该以烘托展览会主题为主要目的。开幕式的主题策划应该充分考虑展览会主题、时代背景、热点问题以及当年的特殊情况。以中国一东盟博览会为例，其是由中国国务院总理温家宝倡议，由中国和东盟十国经贸主管部门及东盟秘书处共同主办、广西壮族自治区人民政府承办的国家级、国际性经贸交流盛会，每年在广西南宁举办。博览会以“促进中国一东盟自由贸易区建设、共享合作与发展机遇”为宗旨，涵盖商品贸易、投资合作和服务贸易三大内容，是中国与东盟扩大商贸合作的新平台。因此，每届中国一东盟博览会开幕式的主题设计都以烘托中国与东盟十国相互合作为主要原则。（见资料 3-5）

①前几届东盟博览会的开幕式也有在博览会举办当天的上午举办的。

资料 3-5：历届中国－东盟博览会（2004～2010）开幕式主题

第一届（2004）：合作之水

第二届（2005）：聚流成河

第三届（2006）：珠联璧合

第四届（2007）：同舟共进，扬帆远航

第五届（2008）：金桥飞架

第六届（2009）：理想灯塔

第七届（2010）：水润花开，共享硕果

3. 重要嘉宾致辞或宣布展览会开幕

一般情况下，展览会主办方会邀请行业主管部门领导、行业协会主管人员以及其他相关领导、专业人士作为嘉宾参加开幕式。一般来说，展览会的规模越大、层次越高，所邀请的嘉宾级别和层次越高；反过来，展览会邀请到的嘉宾级别和层次越高，越能提升展览会的层次和吸引力。因此，展览会主办方一般都会竭尽所能邀请高层次领导和有影响力、知名度的嘉宾参加展览会开幕式。

另外，重要嘉宾一般会在开幕式上致辞或宣布展览会开幕。如全国政协主席贾庆林出席第七届中国-东盟博览会开幕式并宣布博览会开幕，广西壮族自治区主席马飙致辞。

4. 剪彩

剪彩环节虽不是开幕式必需的环节，但往往是创意空间最大的环节。开幕式能否达到令人难以忘怀的效果，起关键作用的往往是剪彩创意。除了传统的丝绸鲜花剪彩，目前大部分开幕式都会利用科技手段，不断创新剪彩方式。

5. 文艺演出

文艺演出并不是展览会开幕式上的必备要素，是否有文艺演出视展览会和开幕式需要而定。小型的展览会的开幕式一般不会设计文艺演出环节，但很多大型展览会或博览会一般需要借助文艺演出烘托开幕式的热烈氛围和开幕式的主题。如第四届山东省花卉博览会暨 2007 中国（青州）花卉博览交易会的开幕式安排了大型文艺演出，第十三届中国（大理）兰花博览会开幕式安排了专场文艺表演《兰之韵》，等。

除此之外，开幕式还可能会有其他构成要素。一些大型的展览会或博览会会安排升国旗、奏国歌等庄重仪式。还有一些展览会的开幕式与欢迎晚宴同时举办，配以文艺表演，进一部加强活动效应。如 2009 年 6 月 17 日晚北京国际旅游博览会开幕式暨欢迎晚宴在北京饭店金色大厅举行，浓郁的京味表演向嘉宾展示了北京旅游文化资源的迷人魅力。

从低碳环保的角度来说，开幕式不宜哗众取宠，应以服务展览会为主要目的。发达国家有些专业展根本不举办正式隆重的开幕式，只在开馆前有一个十分简短的仪式；展场外除展会标识外，没有任何过剩的装潢以及标语、气球；展场内一切部署都高效务实，一切服务以为展商和专业观众提供方便为目标；馆内安静详和，为参展商和前来参观的买家营造出良好的商贸洽谈氛围。

二、开幕式策划的原则

1. 仅仅围绕主题原则

举办开幕式的主要目的就是突出、烘托展览会的主题，因此策划开幕式所要遵循的第一条原则就是紧紧围绕主题，通过开幕式更好地诠释主题。

开幕式引人注目，重要原因是创意与主题紧密结合。如第四届中国一东盟博览会开幕式的剪彩仪式是剪彩嘉宾站在巨大的海域图前共同推动加速器，象征中国一东盟自由贸易区的巨轮乘风破浪、扬帆前进，十分形象地突出了本届博览会港口合作的主题，贴切地反映出中国与东盟合作的现实。

2. 强调创意原则

开幕式一般具有相同的构成元素和固定的程序，往往会流于俗套，缺乏创意，不能给参与者留下过深印象，对于烘托展览会主题的作用不大。另外，参展商都希望在展览会有限的时间内尽可能地接待更多的观众，而不是参加开幕式。作为组展商来说，就必须通过创意使开幕式令人难忘，从而提高展览会的品牌知名度。

中国一东盟博览会是具有重要的政治、外交、经济意义的国际经贸盛会，开幕式能把这些意义特点在大约半个小时的时间内充分展示出来，给人留下深刻的印象，关键在于不落俗套、富于创意，产生了很好的品牌效应。从“合作之水”、“聚流成河”、“珠联璧合”、“同舟共进，扬帆远航”、“金桥飞架”、“理想灯塔”，到“水润花开，共享硕果”，7 年来，每一届中国一东盟博览会开幕式上极具创意的环节都给中外客商带来一次又一次的意外惊喜。

资料 3-6：七届中国一东盟博览会开幕式对展览会主题的诠释及其精彩创意

【第一届】合作之水

2004 年 11 月 3 日早上，在万众瞩目的第一届中国一东盟博览会开幕式上，当大屏幕上逐一出现各个东盟国家礼仪小姐取水的镜头时，观众席上对应的国家方阵中响起此起彼伏的热烈掌声。随后，各国领导人将采自 11 国母亲河之水汇集一处，11 根巨大水柱随即喷出，并托起一个巨大的水晶球，寓意 11 国力量凝聚在一起所产生的巨大推动力，完美展现了中国—东盟博览会“友谊、合作、发展、繁荣”的主题。

【第二届】聚流成河

2005 年 10 月 19 日的开幕式现场，一枚高近 3 米的“中国—东盟合作之印”身披红色中国结矗立在主席台西侧，中国与东盟各国商协会会长一起走上主席台，共同盖下寓意深刻的合作之印。11 时 28 分，第二届中国—东盟博览会开幕式进入高潮。主席台上的水晶球被按下，一股股“合作之泉”顿时从舞台前方喷涌而出。顿时，主席台两侧两面分别写有“10+1”>“11”的巨型展板分别向主席台中央缓缓移动，在《相聚到永久》的音乐声中，最终在主席台正中合成一体“10+1>11”。广场上，花瓣飞舞，红色气球拉起同样写有“10+1>11”字样的巨型条幅，并在空中慢慢升起。

【第三届】珠联璧合

2006 年 10 月 31 日 9 时 20 分左右，花团锦簇的南宁国际会展中心朱槿花厅，中国和东盟 10 国领导人从 11 位 15 岁少女手中接过珍珠模型，同时放在面前的玉璧上，形成一条珍珠链，寓意着中国、东盟山水相连，水育珠成，珠联璧合。据介绍，11 颗明珠象征中国和东盟国家合作的结晶；美丽的玉璧象征中国—东盟博览会搭建的合作平台；青春焕发的少女象征中国和东盟合作在过去 15 年发展得蓬勃兴旺，未来前途远大光明。

【第四届】同舟共进，扬帆远航

2007 年 10 月 28 日 9 时 40 分，当剪彩嘉宾推动加速器时，无数彩绸喷薄而出，鼓声阵阵，主席台前蓝色丝绸犹如浪花飞舞。身着水手服的少年随着节拍，整齐地打出“同舟共进，扬帆远航”的旗语，表达中国—东盟博览会相聚到永久的美好意愿。接着，一面面船帆从朱槿花厅廊柱上方弹射而出，千帆竞发，两面象征中国与东盟双边合作的巨帆缓缓升起，“合作之舟”扬帆待发。印有“相约年年，共创繁荣”字样的彩巾从空中飘然而落，整个会场洋溢着喜庆的气氛。

【第五届】金桥飞架

2008 年 10 月 22 日 9 时 40 分，在剪彩嘉宾的共同推动下，一座金碧辉煌的弯拱长桥首尾相连，无数水花从桥下喷涌而出。接着，11 道由中国—东盟博览会会徽色彩组成的彩带从主席台上方弹射而出，划空而过，直挂朱槿花厅穹顶。

主席台正前方的廊壁上“10+1＞11”在同一瞬间点亮，主席台LED屏上也闪现出由中国—东盟博览会各国领导人、部长、参展商、企业家名字组成的“10+1＞11”图形，装有博览会信息光盘的水珠与漫天彩花从空中飘然而落，第五届中国—东盟博览会由此正式拉开了帷幕。

【第六届】理想灯塔

2009年10月20日9时30分，在持久、热烈的掌声中，舞台上的红色大幕徐徐升起，海阔天空背景下，一座高耸的灯塔吸引了全场观众的目光。14位剪彩嘉宾将盛满鲜花的花盘放到剪彩装置上，由花瓣构成的风车迎风旋转，花瓣随风飞舞，无数红色的纸风车从天而降。风车转动，产生的能量让巨大的灯塔光芒四射，寓意第六届中国—东盟博览在全球金融危机的困境下会迎难而上，化危机为动力；点亮灯塔，引领人们共克时艰，破浪前行，共同谱写中国—东盟自贸区建设新篇章。

【第七届】水润花开，共享硕果

2010年10月19日下午14时开幕式正式开始。14个晶莹剔透、造型独特的“成果之杯”缓缓升起。“成果之杯”由三层水晶杯堆叠而成。14位剪彩嘉宾手捧象征自贸区成果的果汁，共同倾入主席台前的“成果之杯”，表达中国和东盟11国共享自贸区成果、共庆自贸区丰收的喜悦。金色的花瓣在主席台周围伸展开来，一朵巨大的向日葵在舞台上盛情绽放，与大厅环廊上的数万朵向日葵交相辉映，预示着博览会和自贸区的明天将更加灿烂、更加辉煌。色泽鲜艳的“苹果”从会场上空纷纷扬扬飘落下来，一群身着中国与东盟各国民族服装的少女向现场嘉宾送上印有“博览会让自贸区明天更美好”字样的“苹果”。

3. 低碳经济原则

自2009年12月哥本哈根会议起，低碳经济成为中国未来经济社会发展的新模式。低碳经济是以低污染、低排放为基础的发展模式，是人类社会继农业文明、工业文明之后的又一次重大进步。其实质是能源高效利用、开发清洁能源、追求绿色GDP，核心是能源技术创新、制度创新和人类生存发展观念的根本性转变。低碳经济的发展模式对展览会运作管理的各个环节都提出了新的标准和要求，开幕式也不例外。因此，在策划开幕式时，从形式到内容都应充分体现绿色、环保、低碳的原则。

资料 3-7：上海世博会开幕式的低碳环保原则

上海世博会开幕式追求“简朴而不失精彩，热烈而不求奢华”的定位，从舞美材料选择、节目内容策划到表演场地建设等，严格奉行“一次性投入，可循环使用”的原则，以充分体现“科学办博、勤俭办博”精神。上海世博有一个很简单的开幕式，这里面有一部分是世博会规定的官方仪式，还有一些简短的文艺演出，然后是一些焰火表演。经过了150多年的历史演变，世博会已形成了专属于自己的特色，上海世博会开幕式也将继续延续“仪式为主，辅以表演”的风格。

第四节　附设活动策划

一、附设活动的类型和作用

1. 附设活动的类型

（1）会议。

会议是一个相对比较宽泛的概念，展览会的附设会议可以有多种类型，如论坛、专业研讨会、技术交流会、产品订货会、产品推介会等。

（2）评奖活动。

评奖活动主要有三类：第一，与展览会现场表现有关，如评选最具人气展台、最佳展台设计、最佳参展商等；第二，产品评奖；第三，也可以称为评奖活动的附加活动，即颁奖晚会。

（3）娱乐活动。

娱乐活动包括多种形式，如表演、抽奖、竞赛等。

2. 附设活动的作用

（1）丰富展览会内容。

在会展业中，“会”、“展”和“活动”往往是密不可分的，甚至可以用“活动”统一地概括这三个概念。当今大部分展览会中都或多或少地包括会议、论坛及其他相关活动。策划相关活动可以丰富展览会内容。

（2）拓展展览会功能。

附设活动可以丰富展会的信息功能，扩展展会的展示功能，强化展会的发布功能，使展览会同时具备贸易、展示、技术和信息发布等功能。

（3）提高展览会对参展商和观众的吸引力。

尽管展览活动本身能够在很大程度上反映行业的发展动态和趋势，但不全面、不系统。而相关论坛、活动可以拓展展览会功能，可以对相当一部分参展商和观众产生吸引力。很多时候，专业观众不是被展览而是被论坛、活动吸引来的。附设论坛活动可以对行业发展趋势以及热点、难点问题进行探讨，以帮助业内企业作出明智的决策，促进交流合作。

（4）活跃展览会现场气氛。

展览会是展品的展示，是相对静态的活动。而附设的论坛、活动则加强了参展商、观众之间的交流和互动，提高了参展商和观众的参与程度，活跃了展览会现场气氛。

（5）提升展览会档次，扩大展览会影响。

高级别的论坛和活动可以提升展览会档次、扩大展览会影响。

二、附设活动策划的原则

1. 紧扣展览会主题，精心设计选题

策划附设活动应仅仅围绕展览会主题，对展览会主题进一步的细化和深化，附设活动应从不同角度、不同层次对展览会主题进行诠释。以中国国际工业博览会为例，2010 年中国国际工业博览会论坛作为“中国工博会”重要活动之一，紧扣“科技创新，振兴装备制造业”主题，共设有 70 余项论坛活动，从不同角度对展览会主题进行诠释。

上海世博会也在展览的同时设计了大量的论坛，论坛与世博会主题理念、思想成果有着紧密联系，直接演绎了世博会主题。

资料 3-8：上海世博会会议论坛组合

展示、论坛与活动是 2010 年上海世博会的三大组成部分，三者都围绕“城市，让生活更美好”这一世博会核心主题展开。其中论坛是与世博会主题理念、思想成果有着紧密联系的一个板块，它直接演绎世博会主题，既是世博会精神遗产的集中体现，也是展望世博会未来的重要平台。上海世博会期间举办了 1 个高峰论坛、6 个主题论坛和一系列的公众论坛。

世博会的会议论坛主题

项目	主题
高峰论坛	城市创新与可持续发展
主题论坛	信息化与城市发展
	城市更新与文化传承
	科技创新与城市未来

续表

项目	主题
主题论坛	环境变化与城市责任
	经济转型与城乡互动
	和谐城市与宜居生活
公众论坛	世博青年论坛
	世博省区市专题论坛
	世博上海区县论坛
	世博文化传媒论坛

2. 增强互动性和参与性

活动策划一定要注重受众的参与性及互动性。有的活动策划会把公益性也引入活动中来，能够激发品牌在消费者中的美誉度，使活动本身具有一定的新闻价值，使之能够在第一时间传播出去，引起公众和消费者的注意。

复习思考题

1. 展览会名称中一般包括哪些要素？
2. 应该如何选择展览会的举办地点？要求从城市和展馆两个层面来分析。
3. 展位有哪些类型？划分展位的原则有哪些？
4. 展览会开幕式由哪些要素构成？开幕式策划应遵循哪些原则？
5. 展览会附设活动有哪些类型？附设活动策划应遵循什么原则？

第四章

展览会可行性研究和项目启动

主要内容

本章主要介绍展览会可行性分析以及展览会的立项和审批。主要内容包括：可行性分析的概念和步骤，可行性分析报告的内容，展览会的SWOT分析，各类不同展会的审批规定。

第一节　展览会可行性研究

一、可行性研究

在项目管理中，可行性研究是指在项目投资决策前，调查研究与拟建项目有关的自然、社会、经济、技术资料，分析、比较可能的投资建设方案，预测、评价项目建成后的社会经济效益，并在此基础上，综合论证项目投资建设的必要性、财务的盈利性、经济上的合理性、技术上的先进性和适用性以及建设条件上的可能性和可行性，从而为投资决策提供科学依据的工作。

项目可行性研究的主要任务是通过对项目进行投资方案规划、技术论证、经济效益的预测和分析，经过多个方案的比较和评价，为项目决策提供可靠的依据和可行的建议，并应该明确回答项目是否应该投资和怎样投资。因此，项目可行性研究是保证项目一定的投资耗费取得最佳经济效果的科学手段。

二、展览会可行性研究的步骤

1. 开始阶段

在开始阶段，展览会策划者要详细讨论可行性研究的范围，明确主办者的目标。

2. 调查研究阶段

调查研究阶段是可行性分析的重要步骤，是展览会信息的重要来源。调查的对象和范围主要有：展览会所处的宏观环境，包括经济环境、政治安全环境、社会各界对展览会的关注程度；市场环境，包括市场规模、市场发展前景、市场进入壁垒；竞争环境；会展举办地条件分析，包括经济发展水平和产业体系、基础设施和社会服务体系、自然环境和人文环境、会展中心的规模和服务水平；自身环境，包括项目管理团队、财务约束和以往举办同类展会的情况。

3. 优化和选择方案阶段

将展览会的各个方面进行组合，设计出各种可供选择的方案，然后对备选方案进行详细讨论、比较，要将定性与定量分析相结合，最后推荐一个或几个备选方案，提出各个方案的优缺点，供决策者选择。

4. 详细研究阶段

对选出的最佳方案进行最详细的分析研究工作，明确项目的具体范围，并对项目的经济与财务情况作出评价。同时进行风险分析，表明不确定因素变化对展览会经济效果所产生的影响。在这一阶段必须论证出项目在技术上的可行性、条件上的可达到性、资金的可筹措性和展览会的风险性。

5. 编制可行性研究报告阶段

对于如工业项目、技术改造项目、技术引进和设备进口项目、利用外资项目、新技术产品开发项目等的可行性研究编制内容，都有相关的规定。但对于展览会的可行性研究报告，目前国家并没有统一规定，所以展览会可行性研究报告应该参照一般可行性研究报告的内容和体例，并根据自身的特点来编写。

6. 编制资金筹措计划

展览会的资金筹措在项目方案选优时，已经作过研究，但随着项目实施情况的变化，也会导致资金使用情况的改变，因此需要编制相应的资金筹措计划。

三、展览会可行性研究报告内容

1. 总论

包括有关展览会主题主要的理念、思想和简要的背景资料。

2. 展览会目标和范围

3. 与行业市场有关的全国性和地区性宏观经济资料。

如统计数字、销售额、增长速度、雇员数量等。

4. 行业市场分析

（1）供应（国际、国家/地区）：如市场细分、市场结构、相关的和潜在的展览公司名单。

（2）需求（国际、国家/地区）：如市场细分、市场结构、相关的和潜在的展览公司名单。

（3）市场一销售系统：如市场结构、销售渠道、有关分销商名单。

（4）确定目标群体、利益相关者，并对其进行目标分析。

（5）市场趋势和未来发展，国际、国内和地区行业趋势和发展，技术进步，新需求和日益增长的需求。

5. 竞争

（1）国际竞争，中国国内竞争。

（2）类似的主题、构想。

（3）相同的参展商结构。

（4）顶尖展览会。

6. 展览会的实施

（1）根据预期参展商确定展览地点和规模。

（2）战略合作伙伴（如协会、报刊、主办商、大学）。

（3）组织（如项目小组、可用时间、员工数量）。

（4）营销（如媒体、销售渠道）。

（5）规划（如内容管理、项目管理、时间表）。

7. 财务分析

（1）粗略评估项目的预算（如计算成本和销售额）。

（2）预期利润。

（3）预期收益。

8. 活动预测

（1）最差和最好的典型情境。

（2）风险分析（如影响因素、政治和法律风险）。

（3）项目实施评估（如利用评分模型对项目、标准、展览主题、计划进程、竞争、可利用资源、财务负担/风险进行评估）。

9. 总结和建议

第二节 展览会SWOT分析

一、SWOT分析的概念

SWOT（Strengths-Weaknesses-Opportunities-Threats，优势—劣势—机会—威胁）分析的核心思想是通过对展览会的外部环境和内部条件的分析，明确展览会可资利用的机会和可能面临的风险，并将这些机会和风险与项目的优势和劣势结合起来，形成展览会管理的不同战略措施。见表4-1。

展览会同时受内部因素和外部环境的影响。通常来说，内部因素在一定时期内相对稳定，而外部环境却处于经常变化之中，使外部因素对展览会的影响难以控制，这就需要根据环境变化采取一系列适应性措施。

表4-1 SWOT战略分析表

优势 我们的优势在哪里？ 我们哪些地方做得好？ 在别人眼里我们的优势在哪里？	劣势 哪些地方有待提高？ 哪些地方做得最差？ 应该避免做哪些工作？ 在别人眼里我们的弱点在哪？ 竞争者哪些地方比我们做得好？
机会 我们面临的有利机会是什么？ 技术进步、国内外市场规模的变化、政府政策的变化、生活方式的改变等。	威胁 我们面临的障碍是什么？ 我们的竞争者在做什么？ 技术进步威胁到我们了吗? 我们的财务状况和现金流如何？ 项目所需的要素是否发生变化？

二、SWOT分析的基本步骤

第一，分析项目的内部优势和劣势，关键是找出对展览会具有关键性影响的优势和劣势。

第二，分析项目面临的外部机会和威胁。展览会所处的外部环境不断变化，管理者应该抓住机会，回避风险。

第三，将外部的机会和威胁与项目内部优势和劣势进行匹配，形成可行的备选战略。

三、SWOT分析的不同组合战略

SWOT 分析有四种不同类型的战略组合：SO（优势—机会）组合战略、

WO（劣势—机会）组合战略、ST（优势—威胁）组合战略和 WT（劣势—威胁）组合战略。

1. SO 组合战略

SO 组合战略是一种发挥展览会内部优势与利用外部机会的战略。当展览会内部具有特定方面的优势，而外部环境又为发挥这种优势提供有利机会时，可以采取该策略。如具备类似展览会经验、可利用空间和人力资源，主题新颖，没有竞争者，地区行业支持展览会，同时国家宏观经济发展趋势和产业发展政策有利于展览会发展。

2. WO 组合战略

WO 组合战略是利用外部机会来弥补内部劣势，使展览会改变劣势而获得优势的战略。当外部存在一些机会，而项目目前的状况又限制了它利用这些机会时，可以采取此战略，利用外部机会克服内部弱点。如某展览会管理者没有类似活动的管理经验，项目实施没有足够的场所和人力资源，管理人员没有就此活动接受充分培训，但主题新颖，没有竞争者，地区行业支持展览会。

3. ST 组合战略

ST 组合战略是利用展览会的优势回避或减轻外部威胁的影响。威胁可能来自外部环境的变化，也可能来自竞争对手。如项目具备类似活动经验、可利用空间和人力资源，主题新颖，但外部存在竞争者，行为受到法律限制，此时可以采取 ST 组合战略。

4. WT 组合战略

WT 组合战略是一种旨在减少内部弱点的同时回避外部环境威胁的防御性技术。如没有类似活动经验，项目实施没有足够的场所和人力资源，管理人员没有就此活动接受充分培训；存在竞争者，行为受到法律制约。

第三节　展览会的立项和审批

展览会通过可行性论证后，一般都需要申报到有关部门进行核准后才能启动，这样可以避免重复办展，保证展览会质量。多年来，我国会展业管理体制一直沿用计划经济体制下的审批制，境内举办的各种涉外和非涉外展览会以及到境外举办展览会都要经过审批，而且是多个部门审批。但随着会展经济的不断发展，审批制正逐步向备案制转变。

一、立项申请

立项申请原则上应提前 12 个月向外经贸部或政府审批部门提交。申请时要提供以下材料：主办单位的资格证明（举办国际展览会的单位须取得国家有关部门的资格认定），主办单位和承办单位之间、主办单位之间（有两个或两个以上主办单位的）的职责分工协议，联合或委托办展协议；展览会名称、内容、规模、举办时间、地点。外经贸部《关于在境内举办对外经济技术展览会管理暂行办法》中强调，同类展览，原则上在同一省、自治区、直辖市及副省级市每年不超过 2 个。因此在进行项目选择的时候一定要考虑同类展会在本省、本地区的举办情况和办展计划。规模大、影响大、定期举办、具有行业优势的展览会优先批准。

审批部门或主管部门同意立项后，主办或承办单位应向所在地工商管理局提出办展申请，并进行登记。在申请登记时需出具举办人具备法人资格的证明材料、举办展览会的申请书、当地政府的立项批复、展览会的组织实施方案、场地使用证明等材料。目前我国还没有统一的会展法，有的省市出台了自己的会展法规或规定，主办单位必须遵守展览场地所在省市的规定。如 1996 年，大连制定了《大连市展览管理暂行办法》，对在大连市举办的展览活动进行管理协调，规定在大连市举办的展览会应在每年 1 月底以前向大连市展览工作领导小组办公室提出展览会的立项申请，市展览工作小组办公室于当年 3 月底前制定出下一年度的展览计划。

二、审批

根据展览的涉外程度不同，可将展览分为国内展、来华展和出国展。不同展览的审批部门和审批办法不同，所经历审批体制的变革也不同。

1. 国内展

国内展览先后由商业部、内贸部、国内贸易局归口管理，后来又由国家经贸委行使管理职责，贸促会可以审批其系统举办的国内展。2002 年 11 月，国务院取消了关于全国性非涉外经济贸易展览会的审批制，改为登记制。也就是说，从 2002 年起国内举办全国性非涉外经济贸易展览会已经不再实行审批制，只到有关部门登记就可以了。国内非涉外展率先实现了登记制。

2. 来华展

1988 年，根据国务院《关于加快和深化对外贸易体制改革若干问题的规定》，对外经济贸易部研究制定了《举办来华经济技术展览会等审批管理办法》，明确对来华经济技术展览会实行审批制。随着我国对外开放程度的加深以及会展市场的发展，境内举办的涉外展览会越来越多，各种市场主体争相举办涉外展览，对同类展会也由多个部门审批，市场秩序出现了一定程度的混乱。为加强对境内举办的对外经济技术展览会的管理，规范境内涉外展览市场，保障境内涉外展览业的健康发展，国务院办公厅于 1997 年下发《国务院办公厅关于对在我国境内举办对外经济技术展览会加强管理的通知》(简称《国办通知》)。《国办通知》明确规定：境内举办对外经济技术展览会（包括国际展览会、对外经济贸易洽谈会、出口商品交易会和境外民用经济技术来华展览会等），由外经贸部负责协调和管理。

《国办通知》在八个方面对境内举办对外经济技术展览会作了具体规定：审批部门问题、主办单位问题、办展区域问题、对外经济技术展览会名称问题、对外经济技术展览会的广告宣传问题、参展单位问题、展品验放和违规惩处问题。其中关于审批部门和主办主体的资格问题，带有明显的审批制性质。

关于对外经济技术展览会的审批部门问题，《国办通知》作了明确的规定：首先，对展览面积在 1000 平方米以上的对外经济技术展览会，实行分级审批管理。其中以国务院部门或省级人民政府名义主办的，报国务院审批；国务院部门所属单位及境外机构主办的，报外经贸审批；地方单位主办的，由所在省、自治区、直辖市外经贸主管部门审批，报外经贸部备案；以科研、技术交流、研讨为内容的，由科技部审批；贸促会系统举办的，由贸促会审批并报外经贸部备案。其次，面积在 1000 平方米以下的对外经济技术展览会，可由具有对外经济技术展览会主办资格的单位自行举办，报相应的审批部门备案。另外，举办海峡两岸的经济技术展览会，由外经贸部会同国务院台湾事务办公室审批。

关于对外经济技术展览会的主办主体问题，《国办通知》也作了明确规定：政府部门应加快转变政府职能，尽量减少参与各种办展活动。如果政府作为办展主体，只有国务院部门、省级和副省级市人民政府、省级外经贸主管部门可以主办相应的对外经济技术展览会。而对于政府部门以外的单位举办对外经济技术展览会，必须具有外经贸部批准的对外经济技术展览会主办单位资格。另外，境外机构在华举办对外经济技术展览会，必须联合或委托我国境内有主办资格的单位进行。

2003 年 2 月国务院发布了《国务院关于取消第二批行政审批项目和改变一批行政审批项目管理方式的决定》，决定取消了《国务院办公厅关于对我国境内举办对外经济技术展览会加强管理的通知》（国办发〔1997〕25 号）和《对外贸易经济合作部、国家工商行政管理局关于审核境内举办对外经济技术展览会主办单位资格的通知》（〔1997〕外经贸政发第 711 号）。（参见资料 4-1）

资料 4-1：国务院关于取消第二批行政审批项目和改变一批行政审批项目管理方式的决定

国发[2003]5 号

各省、自治区、直辖市人民政府，国务院各部委、各直属机构：

国务院决定取消第一批行政审批项目后，国务院行政审批制度改革工作领导小组继续对国务院部门其余的行政审批项目进行了严格的审核和论证。经研究，国务院决定第二批取消 406 项行政审批项目，另将 82 项行政审批项目作改变管理方式处理，移交行业组织或社会中介机构管理。各地区、各部门要认真做好行政审批项目取消和调整后有关后续监管和衔接等工作，防止出现管理脱节。要按照社会主义市场经济体制的要求，将行政审批制度改革与政府机构改革、财政管理体制改革、电子政务建设、相对集中行政处罚权和综合行政执法试点等工作紧密结合起来，进一步转变政府职能，深化行政管理体制改革，促进依法行政，加强行政管理，提高行政效能。

国务院

二〇〇三年二月二十七日

3. 出国展

我国出国展览的审批管理体制发生了多次变革。20 世纪 80 年代初，由国务院审批出展计划。后来出展审批一度下放到各地外经贸主管部门。90 年代初，出展审批权收归外经贸部。90 年代中期，形成了由贸促会协调、外经贸部审批的管理格局。2001 年 1 月 1 日，国务院办公厅发布《国务院办公厅关于出国举办经济贸易展览会审批管理工作的有关问题的函》，规定自 2001 年 1 月 1 日起，外经贸部负责出展的宏观管理和出展资格的审核，各地区、各单位举办出国展览一律由中国贸促会审批。2001 年 2 月 15 日，贸促会和外经贸部出台了《出国举办经济贸易展览会审批管理办法》，对出国办展单位、审批和备核的程序、审批的依据和要求、展览团的管理以及处罚措施作了明确的规定。虽然出国展览依然实行审批制，但这与原来由外经贸部审批的行政性审批的性质相比有了很大的改变，在审批的内容和范围方面都比过去有所减少，更加强调审批的工作效率和为组展单位提供服务，是一种协调服务行为。

三、项目启动

根据展览会的性质，主办单位应该向不同的审批部门申报或备案，获得批准之后，便可以启动项目，进入展览会的实际管理运营阶段。

资料 4–2：出国举办经济贸易展览会审批管理办法

贸促展管(2001)3 号

第一章　总则

第一条　根据《国务院办公厅关于出国举办经济贸易展览会审批管理工作有关问题的函》（国办函〔2000〕76 号）的要求，为使出国举办经济贸易展览会工作健康有序地开展，制定本办法。

第二条　本办法所称出国举办经济贸易展览会（以下简称出国办展）包括：

（一）在国外单独举办经贸展览会、友好省市经贸展览会和以商品展览形式举办经贸洽谈会（以下统称举办单独展）；

（二）组织企业参加国外举办的国际贸易展览会和博览会。

第三条　中国国际贸易促进委员会（以下简称贸促会）负责出国办展的审批和管理。

第四条　对外贸易经济合作部（以下简称外经贸部）负责出国办展的宏观管理，对组展单位进行资格审查，对出国办展工作进行监督检查。

第二章　组展单位

第五条　贸促会负责以国家名义组织参加由国际展览局登记或认可的世界博览会，并代表国家出国办展，可邀请国务院各部门、各地方人民政府及组织各地方、各行业企业、经济团体参展。

第六条　全国性进出口商会和贸促会行业分会可出国办展，但不得跨行业组展。

第七条　为配合地方政府间经贸活动，需要以地方政府名义出国办展，由各省、自治区、直辖市、计划单列市（含原计划单列市）及经济特区外经贸主管部门组织实施，但不得跨地区组展。

第八条　各省、自治区、直辖市、计划单列市（含原计划单列市）及经济特区贸促分会可出国办展，但不得跨地区组展。

第九条　经外经贸部批准的外商投资企业协会、专业展览公司和其他有关单位，可按外经贸部核定的组展范围出国办展。

第三章　审批的权限

第十条　贸促会代表国家出国办展计划，经外经贸部、外交部和财政部会签后，报国务院审批，其他出国办展计划一律由贸促会审批。

第四章　审批和备核的程序

第十一条　赴展览会集中举办国和未建交国家（以下简称审批管理国家，名单详见本办法附件）办展，实行审批管理；赴其他国家（以下简称备核管理国家）办展，实行备核管理。

第十二条　赴审批管理国家办展，组展单位应在每季度头两个月且不迟于展览会开幕前6个月向贸促会报送办展计划（计划抄送外经贸部），并填写出国办展申请表。

第十三条　贸促会于每季度最后一个月对组展单位报送的办展计划进行审批（原则上6月份集中审批第二年度上半年计划，9月份集中审批第二年度下半年计划，12月份审批补报的第二年度计划，3月份审批当年补报的计划），并核发出国办展批准件。无特殊情况，不增加审批次数。

第十四条　贸促会审批出国办展计划前，将拟审批同意的计划送外经贸部会签。外经贸部在收到该计划后10个工作日内予以会签。赴未建交国家办展计划同时送外交部会签。

第十五条　赴审批管理国家办展，组展单位还应在展览会开幕前3个月向贸促会报送参展人员复核申请表。贸促会在收到该表后 10 个工作日内予以复核，并核发参展人员复核件。复核件抄送外经贸部。

第十六条　赴备核管理国家办展，组展单位应至少于展览会开幕前3个月向贸促会报送办展计划，并填写出国办展申请表。贸促会在收到该表后10个工作日内予以备核，并核发出国办展备核件。备核件抄送外经贸部。

第十七条　各级外经贸主管部门凭贸促会核发的出国办展批准件或出国办展备核件，核发展品出境有关证件；各地海关、出入境检验检疫机构凭贸促会核发的出国办展批准件或出国办展备核件及展品出境有关证件，对展品实行查验放行；各级外汇管理部门和外汇指定银行凭贸促会核发的出国办展批准件或出国办展备核件办理相关外汇使用及核销手续。

第十八条　各级外经贸、外事、外汇管理部门和外汇指定银行凭贸促会核发的参展人员复核件或出国办展备核件，办理参展人员出国、外汇使用及核销手续。

第五章　审批的依据和要求

第十九条　审批出国办展的依据是：我国外交、外经贸工作需要，赴展国政治、经济情况，赴某一国家或地区办展集中与否，展（博）览会展出效果，组展单位办展情况及企业参展情况，我驻赴展国使领馆意见等。

第二十条　组展单位应制定切实可行的年度出国办展计划，并须征得我驻赴展国使领馆同意。

第二十一条　各省、自治区、直辖市、计划单列市（含原计划单列市）及经济特区外经贸主管部门举办单独展，一年内一般不应超过两个。

第二十二条　展团人员原则上按每个标准摊位（3×3平方米）2人计算，

在外天数按实际展出天数前后最长各加4天计算，不得擅自增加人员和延长天数。

第二十三条 未经批准，任何单位不得组展和出国办展；办展计划一经批准，不得随意更改或取消；如有变动，组展单位须在展览会开幕前3个月通报审批部门和我有关驻外使领馆。

第六章 展览团的管理

第二十四条 组展单位应严格遵守我国的法律、法规，信守承诺，注重服务，合理收费。

第二十五条 组展单位应鼓励企业选择高新技术、高附加值和适销对路的商品参加展出，严禁假冒伪劣、侵犯知识产权的商品参展。

第二十六条 组展单位应注重贸易成交效果，积极组织企业开展市场调研和贸易洽谈。

第二十七条 组展单位应加强对出国人员的管理，组织参展人员进行出国前外事纪律、保密制度、涉外礼仪等方面的学习；严禁借出国办展之机公费旅游。

第二十八条 组展单位应制定严格的展团管理措施，切实加强对展团的领导；组织参展企业做好布展工作，注重展团对外形象；展出期间，参展人员不得擅离展位。

第二十九条 组展单位应接受我驻赴展国使领馆的领导，及时向使领馆汇报办展情况；严格遵守赴展国法律、法规，尊重当地习俗，遵守展（博）览会的各项规定。

第三十条 对参加同一展（博）览会且组展单位多、展出规模大的展览团，贸促会视情况协调有关组展单位制定相应规则予以管理。

第三十一条 组展单位须在展览会结束后1个月内将出国办展情况调查表及总结报贸促会和外经贸部。贸促会会同外经贸部于每年3月底前将上年度出国办展情况报送国务院。

第七章 处罚措施

第三十二条 组展单位有如下行为之一且情节较轻的，贸促会给予通报批评：

（一）未经批准，出国办展；

（二）转让批件；

（三）借出国办展名义公费旅游；

（四）擅自增加展团人数或延长在外天数；

（五）侵犯参展企业利益；

（六）其他较轻的违规行为。

第三十三条　组展单位在筹展过程中出现严重违规行为的，贸促会可中止已批准的出国办展计划。

第三十四条　组展单位有如下行为之一的，贸促会暂停一年受理出国办展计划申请：

（一）未经批准出国办展，造成严重后果；

（二）涂改、倒卖批件或多次转让批件；

（三）严重违反外事和财经纪律，造成不良影响；

（四）侵犯参展企业利益，屡遭投诉；

（五）其他情节较重的违规行为。

第三十五条　组展单位有如下行为之一的，外经贸部给予撤销出国办展资格的行政处罚：

（一）未经批准，多次出国办展；

（二）伪造批件或多次涂改、倒卖批件；

（三）在外严重损害我国对外形象；

（四）两年内多次受到贸促会处罚；

（五）其他严重违规行为。

第三十六条　对在出国办展中触犯法律的有关人员，依法追究法律责任。

第八章　附则

第三十七条　本办法自印发之日起施行。过去施行的出国办展有关规定，与本办法不一致的，一律按本办法执行。

第三十八条　赴香港、澳门特别行政区和台湾省的办展计划，仍由外经贸部审批。

注：出国办展实行审批管理的国家

一、展览会集中举办国：德国、意大利、法国、英国、西班牙、瑞士、俄罗斯、以色列、阿联酋、日本、韩国、泰国、新加坡、埃及、南非、美国、巴西、澳大利亚。

二、未建交国家。

复习思考题

1. 什么叫可行性分析？可行性分析的基本步骤有哪些？

2. 可行性分析报告包括哪些基本内容？

3. 什么叫SWOT分析？如何对一个特定的展览会项目进行SWOT分析？

4. 我国对不同类型展览会的审批规定是什么？

第五章

时间计划管理

主要内容

本章主要讲解如何制定展览会的时间计划。计划管理是展览会管理重要环节，不仅包括时间的计划，还包括财务和人力资源方面的计划，本章主要讲解时间计划。本章首先讲解了什么是展览计划和制定展览计划的程序，然后重点讲解了如何对项目进行工作分解(WBS)，最后讲解了如何制定进度计划。

第一节　展览计划

一、展览计划

展览计划就是根据项目策划所选定的展览会主题，确定展览会所要完成的目标，并制定为实现这些目标的进度计划和预算安排。展览计划不仅有利于项目团队对目标形成更清楚的认识和理解，提高展览会的管理效率，还可以为展览会过程控制提供依据。另外，从展览会策划开始到实际举办有一段时间，在此期间会发生很多意外或风险性事件，展览会计划可以最大程度减少不确定性，而且还可事先对风险性事件进行预测，并能够事先制定预防性措施。总体来看，展览会计划需要解决以下五个问题：

1. 何事（展览会目标）

展览会要实现什么样的目标，是项目经理和项目小组人员在工作过程中必须清楚的。

2. 如何（工作分解结构图）

通过工作分解结构图可以将展览会目标分解为具体的可实现的任务。

3. 何人（人员使用计划）

人员使用计划主要决定何人在何时做何事，并要在工作分解结构图中简单注明人员使用计划。

4. 何时（进度表）

决定展览会的每一项工作在何时实施、需要多长时间、每项工作需要哪些资源。

5. 多少（预算）

这里主要指展览会的财务预算，预测这一项目需要多少经费。

二、制定展览会计划的程序

制定展览会计划一般来说要遵循如下程序：

1. 确定展览会目标

项目目标不仅包括最终目标，也包括为达到最终目标而必须实现的阶段性目标；不仅包括定性目标，还包括定量目标。对展览会应该进行目标管理，目标管理是使管理者工作变被动为主动的一个很好的手段。实施目标管理不但有利于员工更加明确高效地工作，更是为未来的绩效考核制定了目标和考核标准，使考核更加科学化、规范化，更能保证考核的公开、公平与公正。

目标的制定应该符合 SMART 原则，即目标必须是具体的（Specific）、可以衡量的（Measurable）、可达到的（Attainable）、可以证明和观察的（Realistic）、有明确的截止期限（Time-based）。

展览会的一般目标包括经济目标、规模目标和质量目标等几个方面：

（1）经济目标。

① 投资回报率或全部毛利或净收入。

② 吸引的赞助总额。

③ 展会签约额或意向交易额。

（2）规模目标。

① 展览面积（国外、国内）。

② 参展商数量（国外、国内）。

③ 观众数量（国外、国内）。

④ 活动数量。

⑤ 媒体数量（国外、国内）。

（3）质量目标。

① 参展商、赞助商、观众、媒体、志愿者的满意度。

② 参展商的质量。

③ 观众的质量。

④ 媒体的质量。

⑤ 参展商、赞助商、观众、媒体、志愿者的投诉数量。

2. 项目工作分解

确定实现项目目标须做的各项工作，通常使用项目工作分解结构（Work Breakdown Structure，WBS）将整个展览会分解成为便于管理的具体活动（工作）。展览会的基本工作从最初的项目策划和启动工作开始，到前期的计划制定工作，再到前期的招商招展等准备工作，再到现场管理工作，最后是展后评估工作。前期计划制定工作又可分解为制定项目目标，运用 WBS 进行工作分解，制定进度计划、财务计划、人力资源计划等。所要做的各项工作中有些工作必须按照顺序进行，有些则可以同时进行。如制定项目目标应该是项目计划最先做的工作，然后是进行工作分解，然后才是制定各种计划，这个顺序是不能变的；而进度计划、人力资源计划和财务计划是可以同时进行的。

建立逻辑关系。建立逻辑关系是假设资源独立，确定各项任务之间的相互依赖关系。逻辑关系是项目计划安排各项目之间前后关系的前提。

3. 为各项任务确定时间

可以根据经验，也可以向每一项工作的负责人员询问，从而得知完成每一项任务所需的时间。

4. 分配资源

为每项工作分配人力、物力和财力。分配资源应该充分考虑每项工作的性质、工作量的大小、所需人员应该具备的基本素质、所需的物力和财力。

5. 制定最初计划

在调研的基础之上制定出资源分配计划和进度计划。

6. 召开会议以听取各方关于会展计划的意见，并对所作计划进行调整

各个子计划汇总之后可能会出现冲突，这就需要在不同的子计划之间进行协调，并反复征求各方意见，尽量使计划符合客观实际情况，并能有效顺利地实现项目目标。

7. 最终确定计划

最终计划是建立在调研和反复征求各方意见的基础之上的。最终计划应该制成书面文件，并发给会展企业高层管理者和展览会小组的成员，使和项目有关的每个人都能十分清楚计划的内容。

第二节 项目工作分解（WBS）

一、项目工作分解的定义

展览会目标确定之后，要编制出完善的进度计划就要对项目进行分解，即把整个展览会分成便于执行的具体的工作。项目分解得越细，就越能够准确、恰当地确定各项任务所需要的时间，以及所需要的人员和财物资源。项目分解是编制进度计划、实施进度控制的基础。

项目分解所采用的工具就是工作分解结构。工作分解结构就是将整个展览会分解成为便于管理的具体活动（工作）。WBS 按照项目发展的规律，依据一定的原则和规定，进行系统化的、相互关联和协调的层次分解。结构层次越往下层，则项目组成部分的定义越详细，WBS 可以作为组织项目实施的工作依据。

二、项目工作分解过程

1. 根据展览会目标，召开与展览会有关的全体工作人员会议，集体讨论所有主要工作事项。

2. 分解展览会各项工作。

如果以前曾经举办过此项展览，可以套用原来的样板。如果是新开发的展览项目，则应该根据展览会的具体情况启用新的样板。WBS 分解工作的一般步骤是：总项目，子项目或主体工作任务，主要工作任务，次要工作任务，小工作任务或工作元素。

3. 画出相应的树状图和锯齿图，也就是 WBS 结构分解图。

4. 对每个子项目进行描述，并确定每个子项目的生命周期。

5. 将主要子项目分解成更细、更便于管理的任务。

6. 进行反复讨论和严格论证，以验证以上项目工作分解是否正确。是否某些任务还没有被划分成更细的任务，是否有的任务没有必要为其分配独立的人员和其他资源……如果存在这样的情况，还要对所作的项目分解结构作进一步的修改。

7. 在验证分解完全正确之后，建立一套编号系统。

8. 随着其他计划编制活动的进行，对 WBS 作进一步的修改。

遵循上述步骤所形成的工作结构分解图就定义了整个展览会中所有的项目范围。不在 WBS 中包括的工作就不应该是该展览会的工作，而包含在 WBS 中的每一项工作都必须被很好地完成，才能保障整个展览会顺利完成。因此展览会工作分解过程十分重要，它是决定展览会成败的关键。展览会经理和各个职能经理以及项目小组的每个成员都应该十分关心项目分解结构图是否正确，积极参与到项目分解工作中，并对所形成的项目分解结构图提出修改意见，以使其更符合展览会管理的需要。

三、工作分解结构图

1. WBS 工作编码

WBS 编码就是为项目工作分解图中的每一项工作确定一个编码，而且要求每项工作都只有唯一的一个编码。编码可以采用多位数字，具体采用数字的位数视项目的复杂程度而定。一般来说，项目越复杂，采用的编码位数越多。

不论编码采用什么形式，编码应具备以下基本原则：

（1）编码应能反映出任务单元在整个项目中的层次和位置，例如：1.2.3 和 3.4.5 显然是在不同层的不同位置。

（2）当发生任务增加和删减时，整个层次体系不会发生巨大变化，只是在恰当的位置进行增删。

（3）编码应方便进行任务的索引。

（4）编码应方便与其他过程管理相互参照。

2. 大纲式结构图（见图 5-1）

1.0　总工作
　1.1　分工作 A
　　1.1.1　主任务 I
　　　1.1.1.1　子任务 a
　　　1.1.1.2　子任务 b
　　　1.1.1.3　子任务 c
　　1.1.2　主任务 II
　　　1.1.2.1　子任务 a
　　　1.1.2.2　子任务 b
　　　1.1.2.3　子任务 c
　1.2　分工作 B
　　1.2.1　主任务 I
　　　1.2.1.1　子任务 a
　……

图 5-1　锯齿状工作分解结构图

3. 树状结构图（见图 5-2）

在展览会中，一般在第一层次上按展览会的工作流程分解，而第二层次和更低层次则按工作的内容划分。

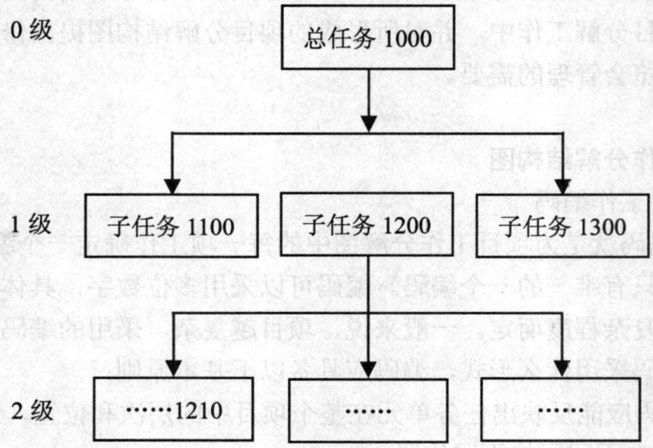

图 5-2 树状工作分解结构图

四、工作分解应注意的问题

工作分解是编制进度计划的前提和基础。只是把整体项目分解成具有可操作性的具体任务或工作，并没有表现出各个任务的前后顺序和具体的时间安排，但却要表示出各项任务之间的逻辑关系和层次关系。在编制 WBS 时应该注意以下问题：

1. 所分解的各项任务应该是相互独立的、便于管理的，而且可以定量目标为依据检查是否完成了此项任务。

2. 应能反映各项任务之间的联系。任务之间的联系包括不同层次任务之间的包含与被包含关系，也包括同一层次不同任务之间的联系。如展览现场工作包括观众人数统计、参展商数量统计、开幕式、现场管理、协调等工作。

3. 不表示顺序关系。WBS 只确定完成整体项目的各个具体的任务，对于各项任务之间的前后顺序并不能在图中反映出来。项目活动的排序需要在项目分解的基础上专门进行，尤其展览会各项工作细小复杂，而且每项任务的进行时间之间存在交叉现象，就更需要对每项任务的前后关系作深入探讨，以保证整个管理过程顺畅。

4. 与工作（任务）描述表一起进行。项目分解工作与任务描述同时进行可以使项目组成员对每一项工作有更清晰的认识，可以帮助其更准确地实施项目分解。

第三节　时间计划

时间计划是表达项目中各项工作的开展顺序、开始及完成时间及相互衔接关系的计划。展览会管理过程中尤其在前期准备中有大量细致的工作，而且各项工作相互交叉，必须对每项工作开始的时间、需要的时间以及完成的时间做出详细的规定。关于展览会的举办时间都有严格的规定，而且具有不可更改性，所以会展计划都要以举办时间为基点，以倒推的方法制定进度计划，以控制各项工作的进度。

展览会时间计划的编制一般包括以下几个步骤：项目描述，项目分解，工作描述，工作先后关系确定，工作时间估计，进度安排。

一、项目描述

项目描述是指用表格的形式列出项目目标、项目的范围、项目如何执行、项目完成计划等内容。项目描述是制作项目计划和绘制工作分解图的依据。项目描述的依据是项目的立项规划书、已经通过的初步设计方案和批准后的可行性报告。

项目描述表格的主要内容有：项目名称、项目目标、交付物、交付物完成准则、工作描述、工作规范、所需资源估计、重大里程碑等。

表 5-1　项目描述表

项目名称： 项目目标： 交付物： 交付物完成准则： 工作描述： 工作规范： 所需资源估计： 重大里程碑： 项目负责人审核意见：

二、项目工作分解（见第二节）

三、工作描述

在对展览会进行分解的基础上，通过对工作进行描述能够更明确地展现出项目包含的各项工作的具体内容和要求。工作描述可以更进一步地表明每项工作的内容，便于项目小组成员加深对每项工作的了解。前面在项目工作分解应注意的问题中已经提到过，工作分解要与工作（任务）描述表一起进行。工作描述的依据是项目工作分解图，其结果是工作描述表及项目工作列表。

1. 工作（任务）描述表（见表 5-2）

表 5-2 工作（任务）描述表

任务名： 任务交付物： 任务描述： 考核标准： 假设条件： 约束： 其他： 负责人：

2. 项目工作列表（见表 5-3）

如果把每项工作（任务）描述表进行汇总，就可以列表的形式表示出所有工作的基本流程。

表 5-3 项目工作列表

工作编码	工作名称	输入	输出	内容	负责单位	协作单位	相关工作

项目工作列表中的每一项的具体含义如下：

（1）工作编码：是指 WBS 编码中为每项工作编的代码，而且是唯一的代码。通过代码可以清楚地看出项目之间的包含与被包含关系。

（2）工作名称：即各项任务的名称。

（3）输入：即完成本项任务的前提条件。如制定展览营销计划的前提条件就是确定展览目标并租用好展览场地。

（4）输出：即完成该任务之后会有什么可交付的成果。输出结果可以是产品，也可以是文件、方案或决议等。

（5）内容：即本项任务需要做的工作，以及具体的流程，也就是在工作描述表“任务描述”栏中填写的内容。

（6）负责单位：即负责本项任务的单位或部门。

（7）协作单位：即完成本工作的协作单位和部门。

（8）相关工作：即与本工作相关的下一层次的工作。

工作（任务）描述表和项目工作列表应该能够清晰地表明每项任务的最终输出结果，表明此项任务开始之前必须具备哪些条件，以及此项工作为下一步骤的工作创造了什么条件。这样就可以使项目小组人员清楚项目工作分解结构图中每项任务之间的前后联系和先后顺序，从而为进度安排作准备。

四、确定工作先后顺序

根据任务描述表或工作列表可以看出，在展览会中很多工作的执行必须有一定的前提条件，依赖于一定工作的完成。也就是说，必须在某些工作完成之后才能进行下一项工作，各项工作之间具有先后的顺序关系。当然，在展览会中，也有很多工作是同时进行的，具有一定的交叉关系，这使得展览会各任务的排序工作显得相对复杂。确定工作先后顺序是制定进度计划的前提，项目管理人员必须知道每项工作的先后顺序，再结合完成每项工作所需要的时间，才能制定具体的进度计划。一般来说，展览会无论大小，其基本的流程或项目工作分解结构基本相同，各项任务的先后顺序也基本一致。

1. 确定展览会各项工作先后顺序的依据

（1）任务描述表或展览会工作列表中的项目，如任务描述、考核标准、假设条件、约束、输入和输出等。

（2）各活动之间的必然联系。

活动之间的必然关系是指各项任务或工作之间按照客观需要所必然出现的前后排列顺序。如组展商在为参展商提供展品运输服务时，必须在确定参展商和相应的参展产品后，才能为其提供展品运输服务。那么确定参展商和参展产品与提供展品运输服务之间就具有前后顺序的必然联系。再比如按照会展活动的整个流程来看，必须先做展前准备工作，才能做现场管理工作，最后做后续工作，这种展会的自然运作流程是不可更改的，同时也决定了这三项工作的前后顺序。这种活动之间的必然联系也被称为项目活动排序的“硬逻辑”关系，是一种不可违背的先后顺序关系，是进行展览会活动排序的重要依据。

（3）展览会活动之间人为的依存关系。

展览会中还有很多活动并没有严格的先后顺序，有些活动可以交叉进行。对于这些活动不同的项目管理者根据不同的展览会可以有不同的顺序安排。因为这种安排带有明显的人为性和主观性，因此也被称为“软逻辑”关系。

（4）展览会活动的约束条件。

展览会的排序工作就是根据以上几方面的条件，通过反复的论证和优化，编排出项目活动之间顺序的一项管理工作。编排各项工作的顺序可以用图形表示，也可以用文字表示。不管以什么方式来表示，在决定以何种顺序安排展览会活动时，都需要针对每一项活动回答三个问题：在该项活动可以开始之前，有哪些项目活动必须已经完成？哪些活动可以与该项活动同时开始？哪些活动只有在该活动完成之后才能开始？在明确了这三个问题之后，就可以合理地安排项目活动顺序并绘制项目顺序图了，从而可以全面描述展览会中各活动之间的相互关系和顺序。

2. 确定活动顺序的方法

（1）顺序图法。

顺序图法也叫节点网络图法（Activity-on-Node, AON），是一种通过编制项目网络图而给出项目活动顺序安排的方法。顺序图法使用节点表示一项项目活动，使用节点之间的箭头表示项目活动之间的相互关系。（见图 5-3）

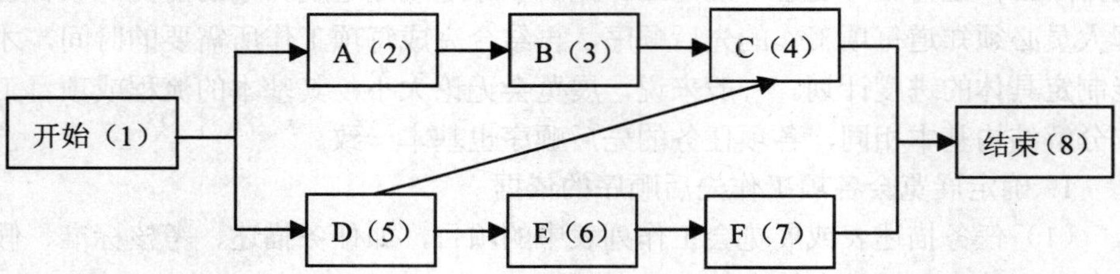

图 5-3　用顺序图法绘制的项目网络图

在用节点表示活动的网络图中，每项活动用一个方框或圆框表示，对项目活动的描述（命名）一般直接写在框内。同时规定每项活动只能使用一个方框或圆框表示，在使用项目活动编号时，每个框只能有一个项目活动编号。项目活动之间关系是用连接这些活动框的箭线表示。活动之间的先后关系是不一样的，有些活动只有在与其联系的全部前序活动都完成以后才能开始；有些活动之间没有先后关系，需要同时进行；有些活动只有在前面几项工作都完成之后才能开始。在实际工作中要分析各项工作的先后顺序。

（2）箭线图法。

箭线图法（Arrow Diagramming Method，ADM）也是一种安排和描述项目活动顺序的网络图方法。这种方法使用箭线代表项目活动，使用节点代表项目活动之间的相互关系。在箭线图中，一个项目活动使用一条箭线表示，有关这一项目活动的描述（或命名）可以写在箭线上方（见图 5-4）。其实，箭线图法与顺序图法的道理相同，只不过表示形式不同。

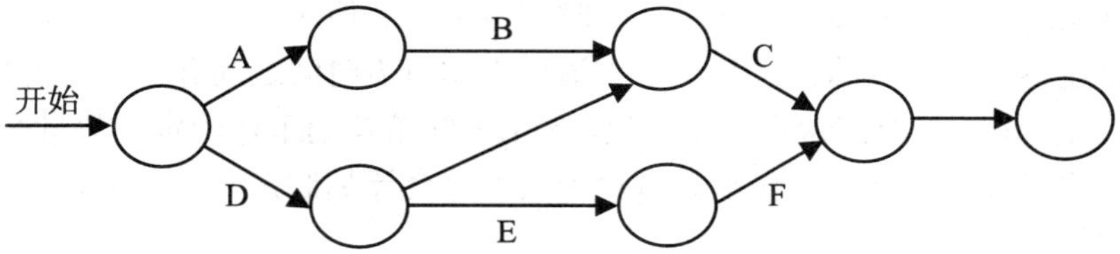

图 5-4　用箭线图法绘制的项目网络图

在展览会中很多任务之间并没有严格的先后顺序，用顺序图法、箭线图法所表示的项目网络图不可能如此清晰和简单。虽然展览会可以被简单地划分为展前、展中和展后三个明显的阶段，但在每一个阶段中的各个任务之间并没有非常清晰的界限，许多工作是交叉进行的，这一点是展览会与其他项目之间的一个非常主要的区别。也正因为这一点，才使得展览会的计划工作具有“软约束”的性质，并给展览会的控制带来了一定的难度。

五、工作时间估计

展览会的工作时间估计是对已确定的项目活动的工作时间的估算工作。某项工作时间是指在一定条件下,直接完成该工作所需时间与必要间歇时间之和。工作时间的估计是展览会计划中非常重要的基础工作，直接关系到各项任务起止时间的确定以及整个项目的完成时间的确定。对于展览会来说，时间是非常重要的资源，也是优先考虑的因素。如果给某项工作分配得时间过少，则可能使项目成员不能保质保量地完成任务，而分配时间过多，则有可能影响整个展览会的顺利举行。

经验在展览会管理中非常重要，所以一般来说，对于展览会工作的工作时间估计都是由展览会负责人或具有丰富的会展组织经验的人员完成。当然也可以通过计算机项目管理信息系统给出估算,再由会展专家审查以确认这种估算。

展览会工作时间估计是建立在以下几方面的资料的基础之上的：

1. 工作列表

工作列表是项目工作分解（WBS）的结果，列举了展览会所需开展的全部活动。

2. 会展工作的约束条件和假设前提

有关约束条件和假设前提在任务描述书中有所表示。

3. 资源数量要求和质量要求

会展工作时间受分配给该项工作的资源的数量和质量的影响。如分配给某项工作的人数越多，那么完成该项工作所需的时间就越少。再如做某项工作的人员素质越高，完成该项工作所需的时间也越少。但对于展览会来说，有些工作所分配得到的资源的数量和质量与该项工作所需时间之间并不一定呈现上述关系。比如说对于展前营销工作来说，无论分配给营销工作的资源数量有多少，人员素质有多高，营销工作都会贯穿于从展览会计划制定到会展活动实际举办的全过程。

4. 历史信息

会展活动的历史信息对于项目工作时间的确定具有很大的参考价值。如果以往同类型展会运作得比较成功，则说明其在工作时间上的安排比较合理，可以借鉴。但需要注意的是，没有两个展会是完全相同的，即使是同一个名称的会议和展览活动，由于在不同的时间举办，所面对的各种约束条件也不一样。因此，展会案例再成功也不能简单地套用其时间安排和进度安排，应该根据目前所管理的展会项目具体情况来估计、安排各项工作的时间。

现实生活中所举办的各类展览多种多样，而且项目管理的总的时间约束也有很大不同。有的常规性展览会有很多规律可循：有以往举办同类展会可资借鉴的管理经验，而且有较充足的准备时间，因此对于此类展会的各项工作的时间的估计和安排一般比较充裕。有些展览会是临时策划的，而且很多时候为了抢占市场，需要尽快推出新策划的展览项目，项目准备时间非常紧张，这样的展会，其各项任务的估计时间就相应少些。

六、进度安排

在把展览会分为各个分任务，并确定各项工作和活动先后顺序和每一项任务的工作时间之后，就可以安排项目的时间进度。项目进度安排是项目控制的重要依据，它是以项目工作分解结构、项目工作先后顺序、项目工作时间为依据，详细安排每项工作的起始终止时间的一种有效的项目管理方法。制定项目进度计划是项目管理者的重要职责，项目各负责人员都应该参加项目进度计划的制定工作。

项目进度安排的结果是项目进度计划，其主要内容是每项工作的计划开始时间和终止时间。编制项目进度计划的主要目的是对展览会进度实施控制。编制项目进度计划的方法主要有以下几种：

1. 甘特图

甘特图是美国学者甘特在20世纪初发明的一种最早的项目工期计划方法，这种方法使用棒图（或叫条形图）表示项目活动及其顺序，并安排和计划项目的工期。甘特图把项目活动按照纵向排列展开，而横向则表示项目活动时间与工期，并将每项活动持续时间的长短用棒图的长短来表示。甘特图法简单、明了、直观、易于编制，至今还在项目管理的进度计划中被普遍使用。图 5-5 就是用甘特图表示的某展览项目的进度安排。

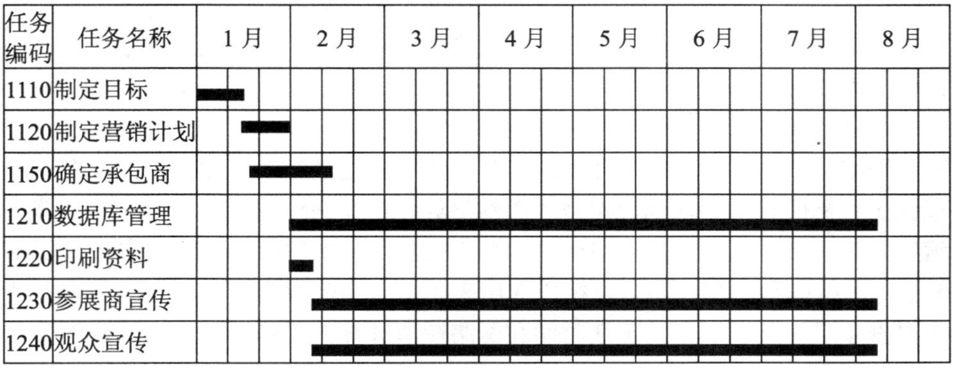

任务编码
任务名称
1 月
2 月
3 月
4 月
5 月
6 月
7 月
8 月
1110 制定目标
1120 制定营销计划
1150 确定承包商
1210 数据库管理
1220 印刷资料
1230 参展商宣传
1240 观众宣传

图 5-5　某展览项目进度安排的甘特图

需要说明的是，由于图 5-5 中关于展览任务的时间估计只是一个举例，所以根据甘特图编制的进度安排表也是一个例子，主要是介绍甘特图在展览会管理中的应用。在实际工作中，需要展览会进度计划的制定人员根据具体的展览会进度计划制定相应的甘特图。

2. 里程碑计划

项目中的里程碑事件是指对整个项目有重大影响、决定项目成功与否，并对其他工作有重要参考价值的重大事件。里程碑计划是以项目中某些重要事件的开始或完成时间作为基准形成的计划，是一个战略计划或项目框架。通过里程碑计划可以对项目进度有宏观上的把握，是编制更细的进度计划的基础。在展览会管理中会有很多里程碑事件，如会展目标的制定、营销计划的制定、参展商和观众的宣传等。表 5-4 是以某展览会中里程碑事件的起始时间为基准制定里程碑计划。

表 5-4　里程碑计划表

里程碑事件	1 月 上中下	2 月 上中下	3 月 上中下	4 月 上中下	5 月 上中下	6 月 上中下	7 月 上中下	8 月 上中下
制定目标	15/1▲							
制定营销计划		1/2▲						
参展商宣传		15/2▲						
观众宣传		15/2▲						

当然也可以以里程碑事件结束时间为依据制作里程碑计划表。但不论是以

开始时间还是以完成时间为依据，里程碑计划表只是对会展进度计划的宏观安排，不能代替更细的包括每一项任务起止时间的进度安排。

一般来说，里程碑事件计划在持续时间较长的展览会中使用得更广泛，比如在世博会的进度计划中首先要做的就是里程碑事件计划，在此基础上再作更细的进度安排。

3. 网络计划

网络计划技术是用网络计划对任务的工作进度进行安排和控制，以保证实现预定目标的科学的计划管理技术。网络计划是在网络图上加注时间参数等而编制的进度计划。因此，网络计划由两部分组成，即网络图和网络参数（如图5-6）。网络图是由箭线和节点组成的用来表示工作流程的网状图形。网络参数是根据项目中各项工作的延续时间和网络图所计算的工作、节点、线路等要素的各种时间参数。

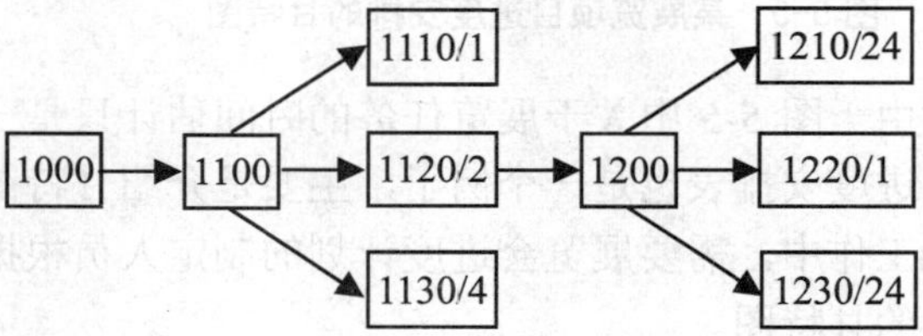

图 5-6 某展览项目进度计划图

4. 项目计划表

项目进度除了用以上几种图形表示之外，还有一种非常主要的方法，就是编制项目计划表（如表 5-5）。项目进度表是关于项目进度的详细安排，表中给出了每项工作的持续时间、开始时间和完成时间。

以上都是编制展览会进度计划的方法，每个展览会都应该根据自身的特性来选择不同的方法编制进度计划。在选择编制进度计划的方法时应该考虑以下几个因素：一是展览会的规模。如果是规模较大的展览会，如世博会等可以采用里程碑计划或网络计划方法；如果是小型展览，则可以采用简单的方法，如甘特图法和项目计划表法。二是展览会的复杂程度。项目的规模并不一定总与项目的复杂程度成正比，但在展览会中，二者之间却存在着明显的正相关关系。因此，复杂的展览会则应该采用网络计划方法和里程碑计划法，而简单的展览会则适合采用甘特图法和项目计划表法。三是展览会的紧急性。如果展览会准备时间较短，可以选择甘特图或里程碑计划法对展览会进行宏观的把握；如果展览会准备时间相对充裕，则应该采用网络计划法或项目计划表法详细地列出各项任务之间的关系和起止时间。四是对展览会细节的掌握程度。如果对展览会的每一项任务非常清楚，则可以采用项目计划表法，以标出每项任务详细的起止时间；如果只对展览会的大概情况有所了解，则应该用甘特图法或里程碑计划法编制进度计划。

表 5-5　项目计划表

WBS 编码	工作名称	工作时间（周）	开始时间	结束时间
1100				
1110				
1120				
1200				
1210				

当然，并不是说编制会展进度计划只允许采用一种方法。事实上，任何一个展览会都是利用多种方法编制进度计划的，因为不同的方法具有不同的特点。一般来说，甘特图清晰、直观；里程碑计划可用于全局控制；网络计划既可以对整个项目有宏观的了解，又能充分表现各项任务之间的关系和每项任务的持续时间；而项目计划表法则能够非常清楚地表示出各项任务的起止时间。作为展览会计划制定者，应根据展览会的情况，采取不同的方法编制进度计划。而且展览会计划制定者往往选择几种方法组合在一起，取长补短，以形成一个清晰、直观并对展览会控制有指导意义的计划。

复习思考题

1. 什么是展览计划？制定展览计划的程序是什么？

2. 什么是项目工作分解（WBS）？试以国际汽车展为例，制定项目工作分解图。

3. 如何制定时间计划？试以国际汽车展为例，制定时间计划。

第六章

人力资源管理

主要内容

本章首先简单介绍了会展企业为什么需要矩阵制组织结构，然后重点讲解了如何制定人力资源计划，如何建设会展项目团队，会展项目经理的责任、权力及应具备的素质和技能等，最后介绍了展览会人力资源的招聘和培训。

第一节　会展企业组织结构

理论上讲，本书是以展览会为主体，讲述展览会的策划与管理。在讲述展览会人力资源管理时，应主要讲解单个展览会项目人力资源构成及项目团队建设问题。但特定展览会的人力资源和项目团队建设无法严格脱离人力资源所依托的组织而单独进行，因此本章在第一节首先简单介绍展览会所依托的会展企业的组织结构。需要指出的是，展览会的组织者除了企业之外，还有行业协会、政府等其他主体，但此处只讲企业组织结构。

了解组织结构的类型，选择符合任务环境的组织结构，招聘项目所需的人才，将招聘来的人整合成一个战斗的团队等问题，是会展企业筹建和管理的首要问题。

一、项目和矩阵组织结构

1. 展览会是典型的项目

一般认为，作为项目应具有两大基本特征：一是主观方面的特征，即项目是作为一定管理主体的被管理对象和管理手段而存在的；二是客观方面的特征，即项目在客观上必须具备单次性任务的属性。基于这一认识，项目可以定义为：

项目是作为系统的被管理对象的单次性任务，是单次性活动的一种组织管理模式。项目的两大基本特征是一个项目存在的充分必要条件。首先从客观特征方面看，只有被管理的对象具有单次性任务这一基本属性时，我们在主观上才有可能把它作为一个项目来管理。其次从主观特征方面看，即使被管理对象在客观上具备了一次性属性，是否要作为一个项目来管理还取决于人们的主观意愿。当某一单次性任务作为一个项目有助于管理者有效地实现任务的目标时，可作为项目来管理，否则不必作为项目来管理。

从客观上看，展览会具有单次性任务的属性，具有项目的一般特征，如相对性、临时性、目标性、寿命周期性、约束性、风险性、系统性和整体性；从主观上看，展览会作为一个项目管理有助于管理者有效地实现其目标，展览会的管理者也大都把展览会作为项目来管理。

2. 项目需要矩阵组织结构

矩阵组织结构把纯职能型组织结构和项目型组织结构的优点结合起来，非常适合于会展企业。一方面，每个项目都代表一个潜在的权力中心，各个会展项目经理直接向总经理负责，而项目经理的职权由总经理直接授予。项目经理对该会展项目的成败负有全部责任。另一方面，职能部门则有责任为会展项目提供最好的技术支持。每个职能单位都由一位部门经理来领导，他的主要职责是确保有一个统一的技术基础而且所有的信息都能在项目之间互相交流。这样的结构在现在会展工作目标日渐复杂、需要大量的资源共享的情况下是有其独特的优越性的。

二、矩阵组织类型

根据组织结构特征，矩阵式组织结构又可分为弱矩阵组织结构、中（平衡）矩阵组织结构和强矩阵组织结构。下面分别介绍一下三种矩阵组织结构的特点，其不同主要体现在项目经理的领导责任和权限上。

1. 弱矩阵组织结构

弱矩阵组织结构如图 6-1。在这种组织结构中，并未明确对项目目标负责的项目经理，即使有项目负责人，其角色也只不过是一个项目协调者或项目监督者，而不是一个管理者或项目经理。项目人员的唯一直接领导仍是各自职能部门的负责人，项目协调还是比较困难，项目实施的组织环境对项目并不十分有利。

2. 中（平衡）矩阵组织结构

中（平衡）矩阵组织结构如图 6-2。中（平衡）矩阵组织结构强化了项目管理，从职能部门参与项目活动的成员中任命一名项目经理，项目经理被赋予一定权力，对项目总体与项目目标负责。但由于此时项目经理只是某一职能部门的下属成员，需要接受本职能部门经理的直接领导，必然会受本职能部门利益的影响，其权力和工作也必然受到限制和影响，项目协调不能充分和完全顺利进行。

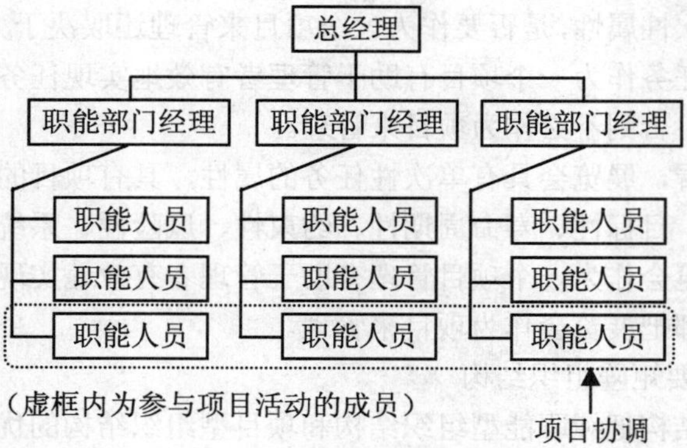

图 6-1 弱矩阵组织结构

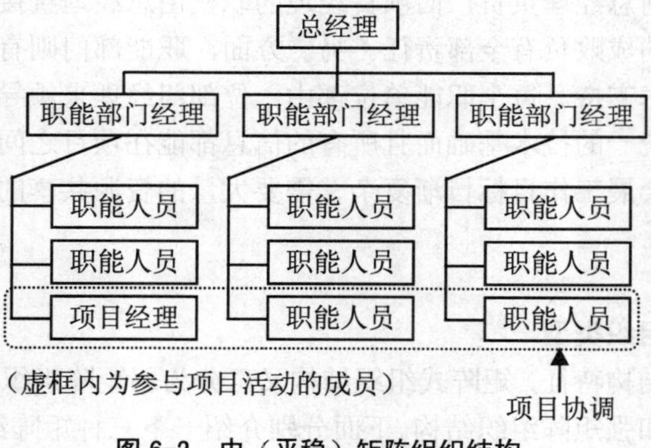

图 6-2 中（平稳）矩阵组织结构

3. 强矩阵组织结构

强矩阵组织结构如图 6-3A 和图 6-3B 所示。在这种组织结构中，由系统的最高领导任命对项目全权负责的项目经理，项目经理直接向最高领导负责。或者，在系统中增设与职能部门同一层次的项目管理部门，直接接受系统最高领导的指令。项目管理部门再按不同的项目，委任相应的项目经理。在这种结构中，项目经理为了实施项目目标，有权联合各个职能部门的力量和协调各部门之间的关系，有效地支配和控制系统的资源，因此这种结构对大型复杂的系统实施项目较为有利。一方面，项目经理对项目总体负责且具有相当的权力；另一方面，项目管理部门实际上又是加在传统职能部门之上的一个管理机构，其目的是为了能更有利于依靠整个系统的力量去完成业务。

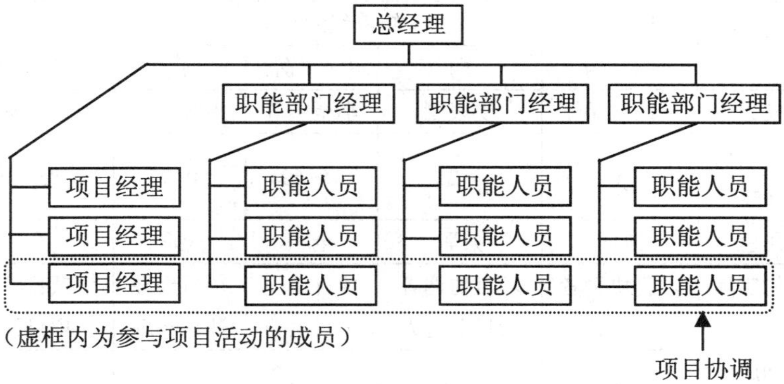

图 6-3A 强矩阵组织结构

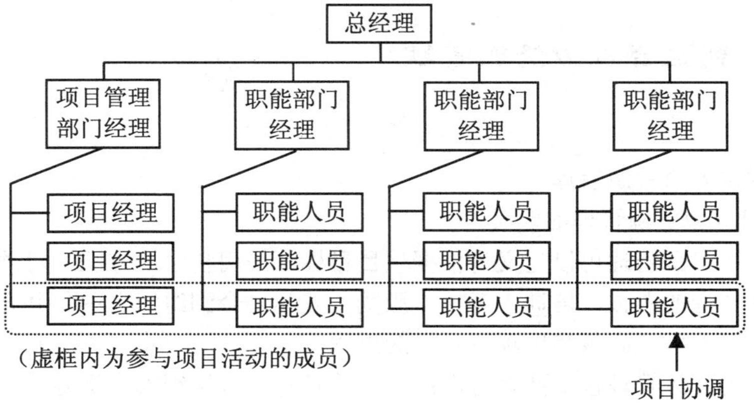

图 6-3B 强矩阵组织结构

会展企业可以根据自己现有的资源和发展规模，有步骤地构建介于中矩阵和强矩阵组织结构之间的项目管理结构。

三、项目组织结构形式对项目的影响

不同的组织结构形式对项目的影响是不同的，主要在以下几个方面产生影响：项目经理的权力、全职参与项目活动成员的比例（%）、项目经理的角色、项目负责人的实际称谓、参与项目活动成员的角色。具体影响见表 6-1。

表 6-1 项目组织结构形式对项目的影响

项目特征	职能组织结构	矩阵组织结构			项目（线性）组织结构
		弱	中（平衡）	强	
项目经理的权力	无或几乎无	受限制	小至中等	中等至大	大至几乎全部
全职参与项目活动成员的比例（%）	无	0~25	15~60	50~95	85~100
项目经理的角色	兼职	兼职	全职	全职	全职
项目负责人的实际称谓	项目协调者 项目负责人	项目协调者 项目负责人	项目经理 项目主管	项目经理 计划经理	项目经理 项目经理
参与项目活动成员的角色	兼职	兼职	兼职	全职	全职

第二节 展览会人力资源管理

一、项目人力资源管理

1. 项目人力资源管理的定义

项目人力资源管理可以定义为根据项目目标，采用科学的方法，对项目组织成员进行合理的选拔、培训、考核，激励，使其融合到组织之中，并充分发挥其潜能，从而保证高效实现项目目标的过程。

项目人力资源管理包括两个方面：一方面是对项目组织人力资源外在因素即量方面的管理。对外在因素进行管理，就是根据项目目标的要求，进行适当的人力资源调配，满足项目组织对人力资源的实际需要，做到不多也不少。另一方面是对项目组织人力资源内在因素即心理和行为等质的方面的管理。对内在因素进行管理，就是通过对人力资源的载体即人的思想、心理和行为的协调和控制充分发挥人的主观能动性，做到人尽其用。

2. 项目人力资源管理的特点

项目人力资源管理与一般的人力资源管理相比较有不同之处，项目人力资源管理的特点有：

（1）强调团队建设。

因为项目工作是以团队的方式来完成的，所以在项目人力资源管理中，建设一个和谐、士气高昂的项目团队是一项重要的任务。人员招聘、培训、考核、激励等工作都应充分考虑项目团队建设的要求。

（2）具有更大的灵活性。

由于项目组织是一个临时性组织，在项目开始时成立，在项目结束后解散。在项目目标实现的过程中，各阶段任务变化大，人员变化也大。因此，项目人力资源管理比一般组织的人力资源管理具有更大的灵活性。

3. 项目人力资源管理的主要工作

（1）人力资源计划。

人力资源计划是项目人力资源管理工作整体的规划和安排，是项目人力资源管理工作的指南。它是根据项目总体目标及战略，制定整个项目实现过程中，人力资源管理工作的目标、政策及预算，并对整个过程中人力资源管理各项任务如招聘、考核、培训、激励等作出安排的工作过程。

（2）人员招聘。

人员招聘工作是根据人员配备计划的安排，进行项目组织所需人员的招募和选择的过程。

（3）人员培训。

人员培训工作是根据培训计划的安排，进行项目组织成员的岗前培训及在岗培训，以保证项目组织成员能胜任所要承担的项目任务，并在项目目标实现过程中不断提高其素质和能力的过程。

（4）人员考核。

人员考核工作是在项目目标实现过程中，对组织成员的工作绩效进行评价，以实现公正客观的人事决策的过程。

（5）人员激励。

人员激励工作是通过采取各种恰当的措施，调动组织成员的积极性，从而使组织成员努力工作的过程。

二、人员配备计划

人员配备计划是人力资源计划中的一项具体的业务计划，它主要是根据人力资源总体规划的要求，制定出在整个项目实施的过程中人力资源配备的规划和安排。一般而言，人员配备计划应具体说明：需要多少岗位；每个岗位具体任务及职责；每个岗位需要的能力、技巧和资格；每个岗位所需人员的获得及配备的具体安排和打算。在人力资源管理中，人员配备计划是首要的工作。在此，我们主要讲述人员配备计划。

1. 工作分析

人员配备计划的首要工作是工作分析，工作分析是通过分析和研究来确定项目组织中角色、任务、职责等内容的一项工作。工作分析的最终成果是形成工作说明书与工作规范。

2. 选配人员

工作分析明确了项目组织中需要的人员数量和质量，选配人员工作则是根据工作说明书和工作规范，对每个岗位所需人员的获得及配备作出具体安排。这里既包括项目组织成立之初，从项目母体组织内部及外部招聘项目组织所需各种人员；也包括在项目实现过程中，根据项目组织运行的需要，对可能产生的空缺岗位加以补充和项目组织人员岗位调整等内容。

3. 制定人员配备计划的方法

（1）责任矩阵。

责任矩阵是一种将项目所需完成的工作落实到项目有关部门或个人，并明确表示出他们在组织中的关系、责任和地位的一种方法和工具。它将人员配备工作与项目工作分解结构相联系，明确表示出工作分解结构中的每个工作单元由谁负责、由谁参与，并表明了每个人或部门在整个项目中的地位。（见表 6-2）

责任分配表可以有多种表现形式，还有用矩阵形式表示的。表示责任人在项目中地位的图例符号（▲—负责 ◆—参与 ●—监督）也可以用字母或数字来表示。但不管用何种形式来表示，基本的格式都是表格或矩阵的列项用 WBS 编码标明分解后的各项任务，横项则列出项目组的各部门或各负责人员，在横项与列项相交的空格内则用图例符号表示任务和各部门或各成员之间的关系。

表 6-2 责任分配表

WBS 编码		任务名称	张新	李亮	王丽	甄真	齐莹	杨洋	爱华
1100	1110	制定目标	▲	◆		◆		◆	●
	1120	租用场地		▲				◆	●
	1130	营销计划	◆	◆		▲		◆	●
1200	1210	数据库		◆		▲			●
	1220	印刷资料	◆	◆	◆	▲		◆	●
	1230	实施宣传		◆		▲			●
……	……								

注：▲—负责 ◆—参与 ●—监督

（2）人力资源需求曲线。

人力资源需求曲线的绘制方法是以时间为横坐标，以人员数量为纵坐标，统计出各时间段内所需的总人数，并用折线表示出来。（见图 6-4）

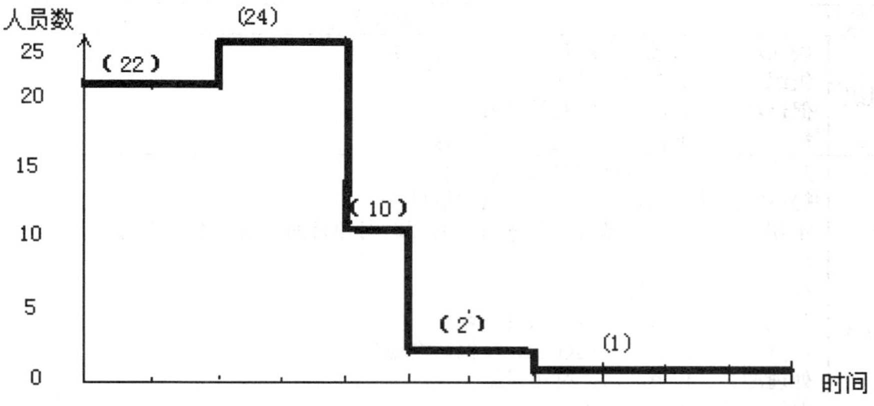

图 6-4　人力资源需求曲线

第三节　展览会项目经理

一、展览会项目经理的职责

项目经理受有关方面委托，对项目实行全面领导和统一指挥，通过严密的组织、详细的计划、有效的沟通、灵活的协调、按部就班的实施，并且对项目资金、进度、质量和其他方面进行及时、准确的控制，实现项目的最终目标。随着信息技术的迅猛发展和经济全球一体化的迅速推进，项目经理往往面临更激烈的竞争，承受更大的压力，介入更广阔的业务。例如，项目经理需要参与项目的战略计划、对项目的可行性进行研究、制定项目管理的流程与制度、制定管理客户关系等。因此，项目经理对项目、对组织都非常关键。项目经理在项目中的职责包括：计划、组织、指导、控制。具体任务见表 6-3。

表 6-3　项目经理的职责

职责	具体任务
计划	确定项目目标 制定项目计划 确定项目所需要的资源 制定项目管理所用的技术、方法、程序与规章 建立项目管理的信息管理系统
组织	开发项目所需人力资源，组建项目小组 建立适当的项目管理组织机构图 对项目各职位进行描述，制定项目管理责任矩阵

续表

职责	具体任务
组织	确保项目小组成员理解和接受他们的职责 组织小组成员制定项目计划 促进项目团队内外部的有效沟通 根据批准的项目计划，配置各种资源
指导	具体指导实施项目计划中的各项活动 提供阶段性的项目进展报告及相关信息 定期对项目的进展情况进行评价，必要时对项目的计划、组织机构及人员进行变动 根据项目计划，评价项目绩效 与项目小组及其主管讨论项目表现 负责与项目内外部门的联系、汇报、沟通与检查； 处理冲突，化解矛盾，减小风险 促进项目小组团队建设 协调解决职能部门与项目小组之间的冲突或问题 随时了解项目的总体进展，及时解决发生的问题和矛盾 确保纠正措施及时实施
控制	确定项目活动的优先级 按照项目变更控制程序的要求，对项目的范围及其他变更进行评价和沟通 对成本、进度和质量进展情况进行监控，及时发现问题并采取整改措施，对分配下去的工作表现进行跟踪，保证这些工作能按要求完成 与项目分承包商保持充分有效的沟通，确保合同条款得到有效履行

二、项目经理的权力

一定的权限是确保项目经理承担相应责任的先决条件，也是项目管理取得成功的保证。为了履行项目经理的职责，必须授予项目经理应有的权限。

项目经理通常具有两个方面的权力：一方面是与职位有关的权力，包括位置权力、资源支配权力、决策权力、工作鉴定权力。与职位有关的权力应用制度和合同的形式具体确定下来，但由于受组织的限制，这种权力有限。另一方面是与职位非相关的权力，包括专长权、个人影响权。由于不受组织限制，这种权力往往能力巨大而且影响久远。（具体见表 6-4）

表 6-4　项目经理的权力

项目经理权力	具体权力	具体含义
与职位有关的权力	位置权力	应该有权雇用或解雇项目组成员，有权决定成员的加薪或者提拔项目组成员到更高的职位发展。不过，由于组织方面的原因，仅有少数项目经理有这样的奖惩权力，或者即便有，也非常有限
	资源支配权力	应该有权控制预算或项目人力资源。资源支配权由于受制于高层的控制，轮到项目经理的手中，往往也大打折扣

续表

项目经理权力	具体权力	具体含义
与职位有关的权力	决策权力	项目经理可以做一些与项目有关的决策活动，如决定何时召开项目会议，怎样分配工作等。同样，这种决策权力也相当有限。
	工作鉴定权力	能对项目组成员的工作表现进行鉴定并发表意见。不过，这一权力是否有效还取决于鉴定的结果能否真正与项目组成员的加薪、提拔挂上钩
与职位非相关的权力	专长权	经验、学识及专业技术带来的权威
	个人影响权	基于道德水准，基于平时对工作、对生活、对他人的态度，包括受人尊敬与称道的热情、诚实、正直、公正、关爱他人等优秀品德，以及敬业、认真负责、勇于承担责任的工作作风。这种权力能量巨大而且影响久远

三、项目经理的素质要求

项目经理的素质高低，直接关系到项目管理的成败。这里，将会展项目经理的素质要求概括为品德素质、能力素质、知识素质和身体素质四个方面，具体见表 6-5。

表 6-5 项目经理的素质要求

素质要求	具体含义
品德素质	具备正直、诚实、诚信、关心他人的道德品质，以及认真负责、遵纪守法、锐意进取、造福社会的责任感
能力素质	创新能力 组织及组建团队的能力 权衡目标的能力 谈判及广泛沟通的能力 应付危机能力 领导才能及管理技能 协调能力 解决冲突的能力 学习能力
知识素质	具有较宽的知识面和较新的知识结构
身体素质	具备强健的身体和充沛的精力

四、项目经理的八大技能

现代项目管理的新技术、新情况，使项目经理面临更严峻的挑战，要求项目经理具备更高的技能，包括八个方面：项目管理技能、人际关系技能、情境领导技能、谈判和沟通技能、客户关系和咨询技能、商业头脑和财务技能、解决问题和处理冲突的技能、创新技能。（具体含义见表 6-6）

表 6-6 项目经理的八大技能

序号	技能	具体含义
1	项目管理技能	项目管理过程中的启动、计划、实施、控制、收尾五个步骤，以及项目范围管理、进度管理、成本管理、质量管理、人力资源管理、风险管理、沟通管理、采购管理等八个方面的内容
2	人际关系技能	与项目的老板、客户、职能部门的经理、项目小组队员、供应商、承包商、政府官员等方方面面交往的技能
3	情境领导技能	管理因人而异，需要针对项目组不同成员不同需求，在不同情境下因需而变
4	谈判和沟通技能	演讲与沟通技巧。无论是与客户还是员工相处，项目经理 85%的时间都在谈判、沟通
5	客户关系和咨询技能	具备聆听和理解客户需要的能力，以及针对客户的需求，量身定制更有价值解决方案的咨询能力
6	商业头脑和财务技能	分析方案能否给组织带来利润和收益，企业目标是通过项目管理实现的，项目经理需要把项目放在整个企业战略中考虑
7	解决问题和处理冲突的技能	应具备较强的应变能力及化解冲突的能力。
8	创新技能	从项目策划到管理，各个环节都需要创新

第四节 团队建设

有一个古老的寓言故事，在非洲的草原上如果见到羚羊在奔跑，那一定是狮子来了；如果见到狮子在躲避，那就是象群发怒了；如果见到成百上千的狮子和大象集体逃命的壮观景象，那是蚂蚁军团来了！

从上面这个寓言故事可以看出团队的强大和团队建设的重要性！

一、团队建设

1. 团队

团队是指由两个或者两个以上的人组成的，通过人们彼此之间的相互影响、相互作用，在行为上有共同规范的一种介于组织与个体之间的组织形态。其重要特点是团队内成员间在心理上有一定联系，工作上彼此之间发生相互影响。狭义的项目团队就是为了实现一个共同目标而协同工作的一组个体的集合，一个迅速形成的、由具备协作精神的成员所构成的临时性组织。项目团队要求其成员主动融入其中，服从领导安排并按时完成分配给自己的任务。团队的工作就是团队成员为实现这一共同目标而进行的协调、配合、沟通等方面的努力。可以说，项目团队的形成有以下标志：

（1）共同认可的明确目标。

（2）合理的分工与协作。

（3）积极的参与。

（4）互相信任。

（5）良好的信息沟通。

（6）高度的凝聚力与民主气氛。

（7）学习是一种经常化的活动。

2. 有效团队协作的基本原则

（1）设定共同目标。

建立团队协作应从定义团队目标并且概括完成目标所要求的各种角色和责任开始。

（2）承认相互依赖和相互尊重。

所有角色及成员间相互依赖的关系都需要被项目成员所认可。而相互尊重是指接受每位团队成员所扮演的角色，尊重他们的能力，特别是超出自己专业范围内的能力。

（3）共同的行为准则。

制定必须遵守的行动准则，并确保每一位成员可以遵守这些行为准则。在设定这些行为准则时要考虑如下方面：客户关系、公司财产的个人使用与保管、出勤率和工作时间、安全、质量标准等。

（4）团队共享奖励。

由所有作出贡献的团队成员共享赞誉往往比奖励他们现金还有意义。当团队成员相信他们的个人表现及团队表现会得到同事和管理层的公认和赏识的时候，他们就会很受鼓舞，从而更好地完成工作并且愿意相互协作。

（5）共同塑造团队精神和活力。

若想在团队中形成团队协作的风气，就要首先去除由于教育背景和商务经验给很多人带来的“自我第一”的竞争意识。让成员在观念上认识到：成员之间应相互依赖，而不是相互独立；将团队需要置于个人需要之上；永远不要让团队成员做你不愿意做的事情；资源共享。

3. 项目团队的发展阶段与领导方式

项目团队的发展会经历四个阶段：形成阶段、疑问阶段、规范阶段、执行阶段。各个阶段都有不同的特征，需要项目经理采取不同的领导风格，具体见表 6-7。

表 6-7　项目团队的发展阶段与项目经理的领导方式

发展阶段	阶段特征	项目经理领导风格	项目经理职责
形成阶段	团队发展进程中的起始步骤，是个体成员转变为项目团队成员的过程。团队成员之间急需相互了解、相互交往来增进彼此的认识，也对团队工作、能否与其他成员和睦相处存在疑虑，渴望表现和展示自己的能力，但工作效率较低	指导型	向团队成员介绍项目背景、目标和团队与组织内各部门的关系，说明成员的岗位职责、承担的角色，指导成员完成项目团队的建立工作，并在团队成员的协助下确定团队内部的行为准则
疑问阶段	项目团队成员之间的冲突与不和谐是此阶段的显著特点。随着项目目标更加明确，每个团队成员所扮演的角色、职责和权限进一步明确，团队开始缓慢地推进工作，同时各方面的问题逐渐暴露出来，如项目任务比预计更艰难、更繁杂，队员之间难以紧密配合、和谐相处等	影响型	对冲突正确认识和妥善引导，促使冲突及时化解，在冲突与合作中寻找理想的平衡
规范阶段	团队目标变得更加清楚，团队成员学会了分享信息，相互理解、关心和友爱以及接受不同观点，努力采取妥协的态度来谋求一致。同时，建立了标准的操作方法和工作规范，逐渐熟悉新的技术和制度，并不断促进新制度的完善	参与型	始终参与团队成员的活动，注意团队文化建设、责任划分及资源配置等问题，并通过一些严密的计划和实际考核系统来试验这些方法，以营造一个鼓励队员发挥特长、为团队本身成长及目标实现而尽职尽责的工作氛围
执行阶段	团队能够集中集体智慧作出正确的决策，解决各种困难和问题；各方面的工作走上正轨，队员为实现项目的目标而共同努力；队员之间真诚、有效、及时沟通，进行有效的分工合作；在和谐、融洽的氛围中，团队成员具有极强的归属感和集体荣誉心	授权型	对团队成员授予充分的权力，鼓励队员发挥自己的主动性、积极性和创造性，在必要时对某些队员的工作任务进行指导

二、项目团队组建方法

1. 角色界定法

贝尔宾（Belbin）提出了划分八个重要角色的方法：协调者、左右大局者、内线人、监测\评估者、实施者、团队工人、资源调查者、实施者。贝尔宾认为，成功的团队是通过不同性格的人结合在一起的方式组成的，另外，成功的团队中必须包括担任不同角色的人。

2. 建立统一的价值观

团队建设的核心是在团队成员之间就共同价值观和某些原则达成共识。魏斯特（West,M.A.）提出了形成共识的五个方面（明确目标、鼓动性价值观、力所能及、共识、未来潜力），并以此作为指导团队建设的原则。

3. 任务导向法

以任务为导向的建设途径，强调团队要完成的任务。按照这一途径，团队必须清楚地认识到某项任务的挑战，然后在已有的团队知识基础上研究完成此项任务所需要的技能，并发展成具体的目标和工作程序，以保证任务的完成。

4. 人际关系法

该途径通过在成员间形成较高程度的理解与尊重，来推动团队的工作。这类途径主要是在心理学的实验依据基础上，通过开展良好的交流、沟通类型的实验与培训加以实现的。

三、项目团队冲突管理

1. 冲突管理

冲突就是项目中各因素在整合过程中出现了不协调的现象。冲突管理是项目管理者利用现有的技术方法，对出现的不协调现象进行处置，或对可能出现的不协调现象进行预防的过程。

2. 冲突解决方式

项目经理们依据他们的经验来确定实际解决冲突的方式。面对面协商是最常见的冲突解决方式；其次是妥协的方法，其特点是通过交换来平息冲突。再次是缓和的方式；强制和退出的方式分别排在第四位和第五位。

第五节 展览会人力资源的招聘与培训

一、展览会人力资源招聘的基本内容和程序

项目组织人员的招聘工作主要包括两方面的内容：吸引有能力的申请者；有关人员对申请者进行甄别，以确保合适的申请者得到这一职位的工作。

人员招聘工作的基本程序如下：

（1）发布招聘信息：根据人员配备计划所确定招聘的途径和招聘方式发布招聘信息，使有关部门和人员了解有关招聘信息。

（2）应聘者提出申请：内部或外部的应聘者在获得招聘信息后，向项目组织提出应聘申请，并递交所要求的有关证明材料。

（3）人员选择：人员选择是对候选人进行辨别和甄选，选择出符合要求的人员的过程。

（4）人员录用：人员录用是在完成了人员选择之后对入选人员所做的办理各种录用手续、组织岗前培训、试用等工作。

二、项目经理的选择

项目经理的选择要注意在选人的同时选择合适的时机。项目经理的选择方式有：竞争招聘制、领导委任制、基层推荐内部协调制。

（1）竞争招聘制。招聘范围可以面向公司内外，其程序是：个人自荐，组织审查，答辩讲演，择优选聘。这种方式既可选优，又可增强项目经理的竞争意识和责任心。

（2）领导委任制。委任的范围一般限于公司内部，其程序是：公司领导提名，人事部门考察，组织决定。这种方式要求公司组织和人事部门严格考核，知人善用。

（3）基层推荐，内部协调制。这种方式一般是由公司各基层推荐若干人选，然后由人事部门集中意见，经严格考核后，提出拟聘人选，由组织决定。

对于会展项目，建议采用领导委任制和竞争招聘制相结合。小型会展项目的项目经理可直接由主管项目的领导任命；中型会展项目的项目经理可由主管项目的领导提名，报公司领导审批；大型会展项目的项目经理可由主管项目的领导提名候选人 2 到 3 人，由公司领导层会议确定。

三、人员培训

1. 培训计划

培训计划是培训工作的行动指南，应根据人力资源配备计划、项目进度计划、工作说明书及工作规范等文件的要求，作出项目目标实现过程中对项目组织各类人员的培训安排。

编制培训计划一般包括以下步骤：

（1）评估培训需要。一般而言，当项目工作人员出现下列情况时可以认为存在培训需要：工作行为有些不恰当；知识或技能水平低于工作要求。

（2）确定培训目标。培训目标为培训方案的设计提供依据，目标也是培训效果检验的标准，根据培训目标可以判断培训方案的有效性。

（3）选择恰当的方法。培训的方法有很多，如在职培训、脱产培训等，应根据培训目标和要求，选择恰当的方法。

（4）安排时间。根据项目的进度计划和人员配备计划，合理安排对各类人员的培训时间，以保证培训工作既不干扰项目工作的正常完成，又能够保证组织成员及时达到岗位要求，有效地完成所承担的各项工作。

（5）培训效果评价的方式和时间。在培训计划中，还应对如何进行培训效果评价作出安排。规定出具体评价的方式方法及时间安排，从而不断总结培训工作的经验和教训，不断提高培训工作的有效性。

2. 项目经理的培训

对项目经理的培训应针对两种人：一种是新提拔和新录用的项目经理，另一种是有意愿和潜力成为项目经理的人。

培训可以分成三个步骤。

首先是项目管理和综合管理知识的培训，包括项目管理过程中的五个步骤和八个方面的内容、项目管理软件的应用，以及领导、沟通、激励、团队建设、问题解决等。通过培训，使其具备成为一个合格的项目经理所必需的知识素质和管理素质。

其次是技能培训。通过实际的项目管理实践，引导项目经理将项目管理和综合管理知识应用于解决公司的实际问题，以此来丰富和发展项目经理在项目管理、人际关系、情境领导、沟通与谈判、客户关系与咨询、克服风险与创新、战略眼光等方面的技能，使既懂技术又懂管理的人能够脱颖而出。

最后是实现角色转换。要在项目经理的头脑中清楚地印上他的目标和任务，帮助项目经理尽快把自身的角色转换过来。

复习思考题：

1. 如何理解展览会的项目属性？为什么展览企业需要矩阵制组织结构？
2. 如何制定展览会人力资源计划？
3. 展览会项目经理的职责和权力分别有哪些？
4. 展览会项目经理应该具备哪些素质和技能？
5. 什么是项目团队？如何建设项目团队？
6. 如何选拔项目经理并对其进行培训？

第七章

展览会财务管理

主要内容

本章主要讲解展览会财务的计划和管理。首先介绍了展览会收支项目以及如何进行会计核算，然后介绍了展览会财务预测和预算，最后介绍了如何进行赞助管理。

第一节　展览会收支项目会计核算

一、展览会收支项目

1. 展览收入项目

（1）展位销售收入。

与展位价格和展位数量有关。由于展位价格与所处位置、展位类型等因素有关，因此应该掌握不同展位价格和相应的展位数量。展位销售收入是展览会最主要的收入来源。展览杂志和展览调查公司于 2006 年 11 月对 108 个展览组织者所作的调查表明，对于不同规模的展览会，展位销售收入都是第一大收入来源。（见表 7-1）

（2）赞助收入。

（3）注册/会议费收入。

展览会经常会同期举办会议及相关活动，参加会议和相关活动的注册费用通常是展览会仅次于展位销售收入的第二大收入来源。（见表 7-1）

（4）其他收入，如设备租赁收入，储藏室/休息室租赁收入，搭建、拆卸、修补收费，监督、保安、清洁、能源使用收费，以及停车收费、门票收入、退展费、商业活动收费、电话费等。

表 7-1 展览会各项收入在总收入中所占的比重

收入项目	<$500000	$500001-$2000000	$2000001-$5000000	>$5000000
展位销售收入	54%	62%	55%	68%
赞助收入	10%	12%	19%	9%
注册/会议费	23%	21%	23%	20%
其他	13%	4%	3%	3%

资料来源：展览杂志和展览调查公司于 2006 年 11 月对 108 个展览组织者作的调查项目。

2. 展览支出（费用）

展览会的费用也包括固定费用和变动费用，从大的方面来看主要包括以下几项：

（1）展位销售/赞助销售费用。

① 营销费用（广告、印刷、邮寄、数据租用、平面设计、代理费用等）。

② 交通和住宿。

③ 电话。

④ 其他销售费用（合同印刷等）。

（2）观众营销费用。

① 数据库。

② 直邮（手册、明信片、宣传单、邮资）。

③ 广告（广播、电视、印刷、电子、代理费用、设计费用等）。

④ 其他营销费用。

（3）展览场馆费用。

① 场馆租金（会议室、宴会厅等）。

② 其他场馆费用（电话、维护等）。

（4）装饰费用。

① 标识系统。

② 地毯。

③ 劳动力成本。

④ 视听设备。

⑤ 特殊活动装饰。

⑥ 注册区装饰。

⑦ 其他费用。

（5）注册费用。
① 胸卡。
② 表格。
③ 注册公司费用。
④ 现场管理费用。
⑤ 注册设备租用。
⑥ 所有其他注册费用。
（6）餐饮费用。
① 场地租金（场馆外）。
② 午餐。
③ 宴会。
④ 招待会。
⑤ 特殊活动。
（7）会议论坛费用。
① 场地租金（场馆外）。
② 演讲费。
③ 酬金谢礼（交通、住宿、每日招待、印刷品、礼物等）
④ 招待费用
⑤ 视听设备
⑥ 其他有关的费用
（8）安保费用
① 保卫费
② 引领费
③ 设备费
④ 紧急救护
（9）现场费用
① 展览指南（设计、印刷等）。
② 交通（往返巴士、小汽车及豪华轿车的租金）。
③ 其他所有现场费用（摄像、设备、复印费用等）。
（10）参展商相关费用
① 展商资料（手册、印刷、邮资、劳动力等）。
② 展商奖品。
（11）杂费
① 信封。

② 外包费用。

③ 保险。

④ 日常邮费。

⑤ 其他费用。

（12）网站。

① 网页设计费。

② 运营费。

③ 维护费。

（13）员工工资、佣金、奖金。

（14）其他费用。

展览杂志和展览调查公司于2006年11月对108个展览组织者所作调查表明，展位销售/赞助销售费用、观众营销费用、展览场馆费用、装饰费用以及员工工作、佣金、奖金费用是展览会开支中最重要的项目。（见表7-2）

表7-2　展览会各项支出在总支出中所占的比重

序号	支出	各项费用所占比重
1	展位销售/赞助销售	12%
2	观众营销	11%
3	展览场馆	12%
4	装饰	12%
5	注册	4%
6	餐饮	7%
7	会议论坛	4%
8	安保	3%
9	现场	4%
10	参展商相关费用	2%
11	杂费	2%
12	网站	1%
13	员工工资、佣金、奖金	15%
14	其他	11%

资料来源：展览杂志和展览调查公司于2006年11月对108个展览组织者作的调查项目。

二、账户编码

为了便于会计核算和财务分析，应该为每个收支项目配以相应的账户编码。例如在展位销售/赞助销售费用项目下，有以下子分类项目：

（1）营销费用（广告、印刷、邮寄、数据租用、平面设计、代理费用等）。

（2）交通和住宿。

（3）电话。

（4）所有其他销售费用（合同印刷等）。

通过会计账户编码可以使总分类项目和子分类项目的关系一目了然。举例如下：

100 展位销售/赞助销售

101 营销费用（广告、印刷、邮寄、数据租用、平面设计、代理费用等）

102 交通和住宿

103 电话

104 其他销售费用（合同印刷等）

……

500 注册费用

501 胸卡

502 表格

503 注册公司费用

504 现场管理费用

505 注册设备租用

506 其他注册费用

第二节　展览会财务预测

一、财务预测的概述

1. 展览会财务预测

所谓财务预测，就是财务管理者根据项目过去一段时期财务活动的资料，结合展览会现在面临和即将面临的各种变化因素，运用数理统计方法，结合主观判断，来预测展览会未来财务状况。

进行预测的目的，是为了体现财务管理的事先性，即帮助财务管理者认识和控制未来的不确定性，使对未来的无知降到最低限度，使财务计划的预期目标同可能变化的周围环境和经济条件保持一致，并对财务计划的实施效果做到心中有数。

2. 财务预测的作用

财务预测对于提高展览会经营管理水平和经济效益有着十分重要的作用，具体表现在以下几个方面：

（1）财务预测是进行经营决策的重要依据。

（2）财务预测可以合理安排收支，提高资金使用效益。

（3）财务预测是提高公司管理水平的重要手段。

需要指出的是，财务预测的作用大小受到其准确性的影响：准确性越高，作用越大；反之，则越小。影响财务预测准确性的因素可以分为主观因素和客观因素。主观因素主要指预测者的素质，如数理统计分析能力和预测经验等。客观因素主要是指展览会所处内外环境的急剧变化，例如 SARS 等突发事件、国际金融危机等。因此财务管理人员要不断提高自己的预测能力，在实践中积累经验，提高预测的准确性。

3. 财务预测的程序

财务预测一般按以下程序进行：

（1）确定预测对象和目标。财务预测首先要明确预测对象和目标，然后才能根据预测的目标、内容和要求确定预测的范围和时间。

（2）制定预测计划。预测计划包括预测工作的组织领导、人事安排、工作进度、经费预算等。

（3）收集整理资料。资料收集是预测的基础。应根据预测的对象和目的，明确收集资料的内容、方式和途径，然后进行收集。对收集到的资料要检查其可靠性、完整性和典型性，分析其可用程度及偶然事件的影响，做到去伪存真、去粗取精，并根据需要对资料进行归类和汇总。

（4）确定预测方法。财务预测工作必须通过一定的科学方法才能完成。公司应根据预测的目的以及取得信息资料的特点，选择适当的预测方法。使用定量方法时，应建立数理统计模型；使用定性方法时，要按照一定的逻辑思维，制定预算的提纲。

（5）实际预测。运用所选择的科学预测方法进行财务预算，并得出初步的预算结果。预测结果可用文字、表格或图等形式表示。

二、展览会预测的内容

1. 规模的预测

展览会的规模主要是对参展商数量、参会人数以及展览面积等指标所作的预测。展览会规模预测是收入和成本预测的基础。

2. 固定成本和可变成本的预测

所有的现金支出最终形成两大部分的成本：固定成本和可变成本。固定成本是指那些不随参展商和观众人数的变化而变化的成本，如项目小组成员的工资、保险费、演讲嘉宾费用、管理费用等。可变成本则是指那些随展览会参加人数的增加而增加的成本，如展览场地租金、参展手册的印刷费以及其他需要最终确定数量和价格的项目累计费用。展览会所涉及的费用科目繁多，同一费用项目在展览会中的性质可能不一样，如展览场地租金一般随着参展商数量的增加而增加，而展览会中的活动场地租金则不会随着参加人数的变化而变化。也就是说，展览场地租金在展览会中通常属于可变成本，而活动场地租金则通常属于固定成本。

划分固定成本和变动成本主要是在展览会作利润预测和本量利分析时使用，同时也有利于成本控制。但无论是固定费用还是可变费用都是资金的耗费或者说是资金的流出，是利润的减项。而展览会要想实现最大化利润，就必须从固定成本和可变成本两方面入手控制成本支出。

3. 盈亏平衡点的测算

展览会成本中包括固定成本和可变成本，即使没有一个人参加展览会，即没有销售收入，固定成本也是存在的，而此时展览会处于亏损状态。随着参展商和观众数量增多，展览会的收入在增多，同时可变成本也在增大，而固定成本的数额还是固定不变。一般来说，单位收入要大于单位变动成本，二者的差额要弥补固定成本。当展览会的销售达到一定量时，收入与可变成本之间的差额就能完全弥补固定成本。当销售量继续增长时，展览会就会有利润出现。上面这个过程就是展览会的利润规划，而成本、销量和利润之间的关系分析被称为本量利分析，而将三者之间关系反映在坐标系中即为本量利分析图。通过本量利分析图（见图 7-1）可以清楚地看出利润为零时的销售量，并可为销售目标的确定提供依据。

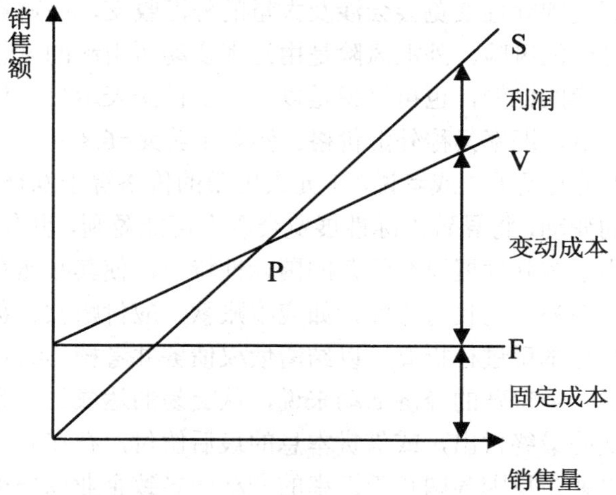

图 7-1　本量利分析图

在图 7-1 中，F 代表固定成本线，V 代表总成本线，S 代表销售收入线。在坐标原点，销售收入为零，总成本为固定成本，亏损额相当于固定成本。在达到 P 点以前，销售收入小于总成本，展览会依然处于亏损状态。在 P 点，销售收入等于总成本，展览会不盈利也不亏损，利润为零。当销售量超过 P 点所对应的销售量时就会获得利润。其中点 P 被称作盈亏临界点，是指收入和成本相等的经营状态，即边际贡献等于固定成本时所处的既不盈利又不亏损的状态。在展览会中，通常用一定的参会人数或参展商数来表示盈亏临界点。

盈亏临界点销售量=固定成本/单位边际贡献

=固定成本/（单价－单位变动成本）

假设每个参展商需交纳展位费 20 万元，该展会的变动成本为 10 万元，固定成本为 500 万元，可知该展览会盈亏临界点的参展商数量为：

盈亏临界点销售量=500/（20－10）=50（个）

也就是说，在参展商达到 50 个时，此展览处于盈亏临界点上，既不亏损也不盈利。如果参展商只有 40 个，展览会则处于亏损状态；如果参展商达到 60 个，该展览会处于盈利状态。也就是说，应使展览会的参展商超过 50 个才能获利。

4. 收入预测

根据所预测的会展活动的规模以及单位参会、参展费用，就可以预测出收入。当然，对于展览会来说，除了注册费、参展费之外，还有许多其他的收入来源。收入预测要综合考虑各个方面的收入来源，力求作出准确的收入预测。

5. 财务风险的预测

展览会尤其是国际性展览会会涉及大量的外汇收支，而财务风险中表现得比较突出的就是外汇风险。外汇风险是由汇率变动所引起的风险，所谓汇率是指两种货币相交换的比例，也可以说是以一种货币来表示另一种货币的价格。从这个意义上来讲，汇率又称外汇价格。例如 1 美元=6.8 元人民币就表示 1 美元的价格是 6.8 元人民币，或者说，1 元人民币的价格等于 0.15 美元。

因为汇率的变动，将导致国际性展览会既有可能盈利，也有可能遭受损失。究其原因，是由于国际性展览会经营的国际性特点，使其必然存在不同币种之间的折算问题。在外币的收付方面，如应收账款、应付账款、货币资金的借入和贷出等，均需与本币进行折算，以结清债权债务并考核其经营活动绩效。尤其对展览会这样一类特殊的经济活动来说，从交易的达成到应收账款的最后收进，或应付账款的最终付出，或借贷本息的最后偿付，存在着一个相对较长的期限。外汇风险就是指因各国货币汇率的变动而导致企业以外币计价的资产和负债价值上涨或下跌的风险。

举例来说，一个美国会展公司与一家英国公司签订合同，为其在英国举办一个公司展会。合同金额是 40 万英镑，所有费用以英镑支付。合同于 6 月 1 日签订，公司展会于 12 月 21 日举办。合同规定英国公司应在 6 月份支付合同金额的一半，并在展览会举办前 1 天支付合同金额的另一半。6 月份美元和英镑之间的汇率是 1 英镑=1.658 美元。如果美元和英镑之间的汇率从 6 月 1 日到 12 月 21 日一直没有变化，那么该美国会展公司的收入如图 7-2 所示。需要说明的是，会展公司为美国公司，该展览会所有的支出以美元表示，共计 50 万美元。由图 7-2 可以看出，会展公司的总利润是 16.3 万美元，有 25%的销售利润率。如果在 12 月 21 日之前汇率发生了变化，假设汇率变成了 1 英镑=1.5 美元，那么图 7-2 表明美国会展公司的销售利润率出现了大幅度的降低，只有 20%。

汇率没有变化时：

	英镑	美元
收入		
6 月 10 支付 50%	200000	331600
12 月 20 日支付 50%	200000	331600
合计	400000	663200
所有成本		500000
总利润		163200

汇率发生变化时：

	英镑	美元
收入		
6 月 10 支付 50%	200000	331600
12 月 20 日支付 50%	200000	300000
合计	400000	631600
所有成本		500000
总利润		131600

图 7-2　汇率风险计算

由此可见，汇率变化给展览会的经营者带来了财务风险。当应收账款以外币计价时，外币升值则财务收益增加，外币贬值则财务收益减少；当应付账款以外币计价时，外币升值则财务收益减少，外币贬值则财务收益增加。

三、财务预测方法

财务预测的方法归纳起来可分两大类：定性分析法和定量分析法。

1. 定性分析法

包括意见归纳法、专家调查法等。

2. 定量分析法

包括趋势外推法、因果关系法、直线回归法以及线性规划、非线性规划和动态规划等。

在具体进行预测时，关键在于模型的选择和误差的控制。控制误差往往是困难的，而误差的来源主要是：

（1）模型误差，就是对实际问题进行简化抽象而获得数学模型时产生的误差。

（2）观测误差，比如：趋势外推法中因平滑指数的选用而产生的误差。

（3）数据误差，市场信息、金融环境等很多数据都是近似值。

（4）计算误差，在数值计算时截断误差、舍入误差等。

第三节　展览会财务预算

一、展览会财务预算内涵及作用

1. 财务预算的内涵

财务预算是展览会全面预算的一部分，它和其他预算联系在一起形成一个数字相互衔接的整体。预算是计划工作的成果，项目财务预算既是决策的具体化，又是控制整个展览会进程的重要依据。财务预算在传统上被看成是控制支出的工具，但新的观念认为财务预算是“使企业的资源获得最佳生产率和获利率的一种方法”。

财务预算是关于资金的筹措和使用的预算，包括短期的现金收支预算和信贷预算，以及长期的资本支出预算和长期资金筹措预算。对于一次性展览会项目，财务预算的主要内容包括展览会收入和支出两大部分；对于连续性举办的展览会项目，财务预算还包括信贷预算、资本支出预算和长期资金筹措预算。

2. 财务预算的作用

财务预算是根据目前的客观实际情况和需要完成的总体目标而制定的财务目标或标准，是展览会控制的重要依据。计划一经确定，就进入了实施阶段，管理工作的重心转入控制，即设法使展览会运营按照计划进行。控制过程包括展览会运营实际状态的计量、实际状态和预算的比较、两者差异的确定和分析，以及采取措施调整展览会的运行状态。财务预算是控制经济活动的依据和衡量其合理性的标准，当展览会的实际收支情况与财务预算有了较大的差异时，要查明原因并采取措施。

会展业属于敏感性行业，容易受外界政治、经济和自然环境的影响，具有很大的不确定性，财务预算和展览会实际的财务状况经常会出现较大的背离，这给财务预算和控制带来了很大的困难。财务管理者要认真判断经济形势和展览会所处的特定条件，认真作好财务预算，并根据财务实际运行情况及时调整预算。在相对平稳的条件下，制定财务预算是考核展览会经济成果的重要手段。但需要说明的一点是，作为考核的依据，预算比过去实际效果更好，超过上年或历史最好水平，只能说明有所进步，而不能说明这种进步已经达到了什么程度。

3. 展览会财务预算编制依据

展览会项目预算是进行决策管理的最重要的工具，每个展览会应该单独预算，而所有的单独预算构成年度总预算。由于预算是以预测为基础的，而预测的数字并不是完全准确的，和实际的数字总会有或多或少的差额，所以预算要有一定的幅度，即实行弹性预算。弹性预算的主要用途是作为控制成本支出的工具。在计划期开始时，弹性预算提供控制成本所需要的依据；在计划期结束后，弹性预算可用于评价和考核实际成本。总之，在展览会管理过程中，编制好财务预算是实现整体财务计划的重要一环。一般来说，展览会预算编制依据以下几个因素：

（1）市场判断和预测。

（2）以前相同的或者类似的项目历史。

（3）一般经济状况和未来预报。

（4）使用可提供资源（如投资回报率）能够期望得到的合理收支。

（5）展览会资金筹措。

（6）财务数据的编写依据。

编制展览会项目预算时，要充分考虑以上几大因素，通过对这些因素进行详细分析和预测后，编制展览会的财务预算。

二、编制财务预算的程序

1. 制定计划

（1）根据会计科目制定一个关于收入和费用的项目一览表。

（2）设定期望利润。

2. 制定价格并确定收入

（1）来自参展商的收入。

（2）赞助收入。

（3）观众注册费用。

（4）其他收入。

3. 确定支出项目：尤其是要确定在有收入之前就要支出的项目

（1）尽量争取获得免费服务的项目。

在展览会管理实践中，很多展会组织者在与供应商谈判时都会尽量争取获得免费服务。如与饭店签订住宿合同时要尽量争取获得免费的会议室，与场地签订合同时要尽量争取获得免费的视听设备服务，等。展览杂志和展览调查公司于 2006 年 11 月对 108 个展览组织者所作调查表明，很多展览组织者都会尽最大努力争取获得免费服务。（见表 7-3）

表 7-3　展览组织者获得免费服务的情况

项目	支付	不支付	不知道
安保	85%	9%	6%
会议室	26%	66%	8%
宴会厅	29%	52%	19%
停车场	51%	24%	25%
网络	78%	7%	15%
标识系统	73%	16%	11%
垃圾处理	75%	17%	8%
入场/退场时间	58%	31%	11%
空调	36%	55%	9%
电力	71%	24%	5%
灯光	45%	46%	9%
视听设备	85%	7%	8%
餐饮	88%	4%	8%
数字显示标识	38%	14%	8%
其他技术服务	41%	4%	55%

资料来源：展览杂志和展览调查公司于 2006 年 11 月对 108 个展览组织者所作的调查项目。

（2）对于不能免费的项目，尽量与服务提供商进行价格谈判，争取最低价格。

展览杂志和展览调查公司于 2006 年 11 月对 108 个展览组织者所作调查表明，在展览会管理实践中，对于不能免费的项目，展览组织者都会尽量与服务提供商进行价格谈判，争取最低价格。（见表 7-4）

对于新的展览来说，还要考虑：给营销工作拨付更多的费用；消费展需要更多的营销费用（18.1%～1/3）；与设备供应商、承包人争取更灵活机动的条件。

表 7-4　展览组织者争取最低价格的比例

项目	是	否
安保	49%	51%
会议室	57%	43%
宴会厅	63%	37%
停车场	24%	76%
网络	43%	57%
标识系统	49%	51%
垃圾处理	37%	63%
入场/退场时间	60%	40%
空调	32%	68%
电力	26%	74%
灯光	22%	78%
视听设备	52%	48%
餐饮	54%	46%
数字显示标识	32%	68%
其他技术服务	39%	61%

资料来源：展览杂志和展览调查公司于 2006 年 11 月对 108 个展览组织者所作的调查项目。

4. 根据再预测作再预算

（1）对于新展览来说，专家建议每月 1 次，或者在项目开始之后每个阶段之后作一次财务再预测。

（2）要有预测范围：最好情景和最差情景。

（3）如果再预测的结果不乐观，那么还要看是否还有其他办法可以改善这种结果（包括重新定义观众范围或增加会议、活动等相关内容）。

5. 作出继续举办或取消的决策

如果财务预算乐观，可以继续举办展览会；如果财务预算不乐观，则应考虑是否取消展览会。

第四节 赞助管理

一、赞助和赞助的特点

1. 赞助的定义

赞助收入是展览会重要的收入来源，展览会管理者越来越重视赞助商的确定、赞助建议案的制定以及接洽赞助商等事务。

以下是三个关于赞助的定义[①]：

（1）赞助是指对可获取商业回报的体育、社会或政府活动、艺术、某种事业、个人或广播所进行的投资。这种投资可以是在金融、物质或人员等方面的投资。

（2）为某一所有权（比如某一活动）所支付现金和/或实物酬金作为对此所有权相关的可开发的商业潜力的回报。

（3）从相关的某个参赛者、某次活动或某种组织购得的潜在的可开发利益和权利，这些权利与利益通常是无形的，而最终以有形的利益回报给赞助公司（形象或利润的提高）。

2. 赞助的特点

从以上三个定义可以看出，赞助具有以下几个特点：一是赞助是一种商业交易/投资，而不是无偿的捐款。所以展览会管理者在寻找赞助商之前一定要考虑所举办展会能给赞助人带来什么样的商业回报，如赞助企业通过赞助展览会可以提高知名度、宣传企业形象、推广企业的产品、扩大自己的影响等。二是赞助既可以表现为直接的现金支付，还可以是非现金的服务或产品，赞助的形式可以是多种多样的。赞助形式的多样性可以使赞助商根据自身的情况充分发挥其优势并获得最大利益。三是从赞助中获得的回报最终将对企业的利润产生积极而深远的影响。

二、商业赞助的分类

在展览会中，商业赞助按照不同的标准可以有不同的分类形式。

1. 按照赞助的内容分，可以分为现金赞助、实物赞助、现金和实物混合赞助

现金赞助是商业赞助的主要形式，展览会的主办方通常按赞助商的赞助金额把赞助商分为不同的等级。

---

① 这三个定义都转引自《大型活动项目管理》（Johnny Allen 著）。

实物赞助也是展览会中商业赞助的主要形式，赞助商通常以会议设备、展览设备、参观门票、论坛门票、资料袋等实物形式赞助展览会，有的赞助商还以本企业所生产的产品提供实物赞助。

还有的赞助商既提供现金赞助，也提供实物赞助。

2. 按照赞助的形式分，可分为独家赞助和联合赞助

独家赞助是指只有一个机构或企业对展览会赞助。独家赞助要求赞助企业具有很强的资金实力，能够提供展览会所需的全部赞助费用，当然会展活动的主办方也要给独家赞助商以很高的赞助回报。独家赞助商一般是为了显示自身实力并扩大自身影响而斥巨资赞助的，但由于在实际赞助中独家赞助商也许不能真正达到赞助的目的，因此独家赞助对于赞助商来说风险较大。

联合赞助则是指多个企业联合起来对同一展览会提供赞助。联合赞助中每个企业提供的资金或实物价值相对较少，可以使每个赞助商承担较小的风险，但由于赞助商过多，也会分散会展活动参与者对赞助商的注意力，从而影响赞助回报，甚至导致赞助完全没有回报。

3. 按照赞助的对象分，可以分为单项赞助和多项赞助

单项赞助是指赞助商只对展览会中某个部分或某个活动提供赞助，如只对参观门票、论坛门票、资料袋提供专项赞助，对会议午餐、晚宴提供专项赞助，对会议设备、展览设备提供专项赞助等。

多项赞助即是除单项赞助之外，对展览会提供多方面的赞助形式。

除了以上几种赞助的分类之外，还有很多其他种类的赞助形式，如冠名赞助等。在实际的赞助中，往往都是几种赞助方式的组合。

三、获取商业赞助的程序

1. 获取商业赞助的调研

并不是所有的展览会都能够成功地获取商业赞助，这取决于展览会是否能给赞助人提供商业回报以及是否有赞助人有能力提供赞助。赞助与捐赠具有完全不同的性质：捐赠人提供捐赠并不求任何形式的商业回报，完全是一种善举；而赞助是一种商业行为，赞助人是为了获取赞助回报才提供赞助的。赞助是商业交易，赞助人和接受赞助者在明确权利和义务的基础上签订合同。展览会通常以市场营销服务作为获取赞助商资金或类似性质贡献的交换条件。市场营销服务包括：广告、旗帜展示、接待以及制定包括公共关系、广告和商业推广等在内的全方位市场营销计划。

在决定是否需要商业赞助时，需要考虑以下几个方面的问题：

（1）展览会是否需要商业赞助？需要多少赞助？

（2）支持这项赞助活动内部和外部条件是否充足？

（3）商业赞助是否与展览会相关？

（4）是否有足够的机构或企业愿意提供赞助？

2. 对赞助商的开发

开发赞助商一般通过两种方式，即社会公开方式和内部定向方式。

（1）社会公开方式。

社会公开方式是指公开向社会各类企业、机构或个人招标，以获取商业赞助的形式。社会公开方式需要公开有关赞助的各种信息，如赞助人（包括自然人和法人，下同）资质标准和赞助人将获得的赞助回报，即符合什么条件的人才能够有赞助资格。一般来说，根据展览会组织者制定的标准，商业赞助人应分不同的等级，而且获得不同程度的商业回报。

以社会公开方式获取赞助具有不确定性，所获得商业赞助的多少取决于展览会本身的影响力及其能给赞助人带来的利益回报，因此一般影响力大的展览会倾向于以社会公开方式获取赞助。另外，是否采取社会公开方式还取决于展览会的前期准备时间的长短，因为社会公开方式需要制定销售计划并按时间安排销售进度，所以准备时间充裕的展览会倾向于采用社会公开方式。

社会公开方式需要以刊登广告的方式或其他销售方式获取赞助，获取赞助的成本支出较大。

（2）内部定向方式。

内部定向方式是指展览会有针对性地选择赞助人，通过商业谈判形式获得赞助并给与赞助人一定的商业回报。采取内部定向方式的展览会一般是与某个特定行业相关，因此可以有针对性地选择行业内部的企业进行商业谈判以获取赞助。赞助商一般为行业内部的龙头企业或有一定的资金实力的企业。而作为展览会主办单位一般对行业内部的企业都比较了解，可以有效地确定赞助企业的范围并进行有针对性的赞助销售。

采用内部定向方式的展览会一般前期准备时间较短，有针对性地选择赞助企业所需的销售成本较低。但如果所选定的行业内部的龙头企业不愿对展览会提供赞助，而行业内的其他企业又没有实力提供赞助，展览会的赞助计划就会失败，也就是说采用内部定向方式获取赞助存在一定的风险。

在实际的展览会中，获取商业赞助可能采取其中的一种方式，也可能是两种方式的组合，但要以一种为主。如举行木工机械展，可以在木工机械行业内部以定向方式获取赞助，在时间允许的情况下还可以公开向社会招标。展览会选择获取赞助的方式与所举办展会的类型、影响力、展览会的主办机构与社会各界和行业内企业之间的关系、展览会前期准备时间的长短、成本预算等各种因素都有关系，展览会在选择获取赞助方式时应该综合考虑这些因素。

3. 推销赞助建议书

赞助建议书是一份有关展览会具体情况和赞助具体事项的书面材料。赞助建议书中应包括对展览会管理公司实力和过去赞助商（如有的话）进行描述的部分，以及针对重要部分提供的证明材料和评论。编写赞助建议书应注意科学性，在赞助建议书中要详细说明各项支付条款，以及要求赞助商在这些支付之外需要补充的所有条款。为了避免今后产生误解，应当把所有要求赞助商提供的补充费用或服务都详细地列举出来。下面所列各项是编制赞助建议书的主要元素：

（1）展览会的历史说明。

（2）展览会管理公司的资源状况说明。

（3）其他赞助商的证明资料和意见。

（4）赞助商可以得到的收益和此次赞助的特点。

（5）赞助商必须接受的财务责任条款。

（6）赞助商必须接受的任何附加责任条款。

（7）赞助行为记载的方式。

（8）赞助建议书接受的时间和日期。

（9）赞助的展期条款。

（10）仲裁条款（在双方因某些赞助行为意见不同而发生争执的情况下使用）。

4. 与赞助商谈判确定赞助事宜

在确定具体赞助事宜之前赞助双方要就很多问题进行谈判。在谈判之前，展览会管理者要对赞助商期望得到的商业回报进行分析。同时还要事先确定，如果赞助商提出其他的要求，组织者还能够提供哪些额外的要素。此外，还要列出那些无法作出让步和妥协的项目，以及那些在作出决定前需要最高管理层或其他人批准的事项。在谈判时，管理者一定要掌握谈判技巧，既要表现出合作的诚意，但在原则性问题面前又不能有任何让步。

通过谈判以确定赞助合同的各种具体事项，明确赞助双方的权利和义务。

5. 签订赞助合同

谈判双方就各种具体事项达成一致意见，并通过签订合同从法律上确定双方的权利和义务。

四、选择赞助商的标准

赞助商要为展览会提供一定的资金和实物赞助，因此需要赞助商具有一定的资金实力和良好的声誉。同时赞助商的层次和水平也在一定程度上反映了展览会的质量和层次。因此，并不是只要有机构或企业提供赞助，展览会的主办机构就会接受。一般来说，展览会的主办方要根据一定的标准来选择赞助商。

1. 报价因素

企业所报的赞助价格是选择赞助企业最重要的考虑因素之一。报价越高，说明该企业的实力越强，越能够为展览会及时安全地提供赞助。

2. 资质因素

赞助企业必须是有实力的企业，是行业内的领先企业；赞助企业发展前景良好，有充足的资金支付赞助费用。

3. 信誉因素

选择赞助商一定要考虑企业的市场信誉因素，尤其在赞助商为展览会提供企业所生产的产品时更要认真考虑。赞助企业的信誉不仅能够保证所提供赞助产品的质量，而且能够反映出展览会本身的信誉。

4. 市场推广因素

企业在市场营销和广告推广方面投入足够的资金并作出其他努力，以充分利用所赞助的展览会进行市场营销，同时宣传、推广企业自身和展览会。

资料 7-1：2011 世界奢侈品、绅士用品（上海）展览会——企业赞助方案

一、活动总冠名(赞助金额：RMB 100 万)

总冠名赞助资格仅限一家，尊贵的礼遇、全方位的宣传攻势、专业的传播效应，使赞助商借助本次活动契机，有的放矢，成为行业内众商瞩目与合作的焦点。

1. 授予总赞助单位“荣誉主办单位”称号，列入展会组织机构，企业名称或标识出现在展会对外宣传中

2. 总赞助商领导担任组委会副主任领导，可以直接参与承办和协办论坛与酒会

3. 总赞助商领导出席开幕式并致辞，出席论坛演讲或致辞

4. 总赞助商领导以特邀嘉宾身份出席所有展会与配套活动，并致辞或颁奖

5. 论坛及展会现场轮播总赞助单位形象宣传资料

6. 总赞助商外宣资料随展会宣传资料、手提袋、会刊、论坛资料等一并发放

7. 参展证、嘉宾证、记者证背面广告发布权，具体设计方案由赞助单位提供

8. 联合总赞助商召开新闻发布会或单列筹备产品发布会

9. 总赞助商企业形象、产品及服务在展会官方品牌网站醒目位置展播并建立链接

10 总赞助商获赠展会最佳展示位置(200 平方米空地)，但不得转让

11. 会刊与论坛资料中，提供跨版为总赞助商作形象宣传

12. 论坛、展会入口的显要位置为总赞助商提供位置放置精美喷绘宣传

13. 所有贵宾请柬均体现总赞助商名称与标识

14. 展会手提袋为总赞助商提供版面宣传

15. 展会现场指导牌冠名总赞助商名称标识并突出指引

16. 展会现场提供拱门 1 个，升空气球 2 个。标明“××单位祝展览会取得圆满成功”等字样

17. 展会期间总赞助商领导所有食宿由组委会特别安排（1 个名额，总经理级别以上）

18. 共同策划单项酒会或宴会

19. 组委会特邀媒体 10 家以上对总赞助商进行专场采访

20. 组委会赠送总赞助商奢华晚宴门票（20 张）

21. 会后获得大会的成果资料、数据库和其他后续服务

22. 大会贵宾享有的其他服务，其他事项另行协商

注：以上赞助方案可能会根据实际情况进行适当调整，最新信息敬请关注官方网站动态，以最终协议内容为准。

二、钻石赞助商（赞助企业：2 名，赞助金额：RMB 65 万/名）

赞助回报内容略

三、铂金赞助（赞助企业：3 名，赞助金额：RMB 45 万元/名）

赞助回报内容略

四、其他赞助方案

1. 新闻发布会赞助

2. 论坛赞助

3. 晚宴赞助

4. 鲜花赞助

5. 酒水赞助

6. 贵宾抽奖礼品赞助

7. 门票兑奖奖品赞助

8. 贵宾指定用车赞助

资料来源：http://www.ccnf.com/news/20100820/news_201008200024_0.shtml。

复习思考题

1. 展览会财务收入和支出主要包括哪些项目？

2. 什么是财务预测？展览会财务预测的程序和内容是什么？

3. 什么是财务预算？如何编制展览会财务预算？

4. 什么是赞助？展览会选择赞助应该考虑的因素有哪些？如何获得商业赞助？

第八章

展览会营销管理

主要内容

本章主要介绍了展览会营销管理的内容，即展览会的产品营销，展览会产品的定价方法和技巧，展览会营销渠道的管理以及展览会的宣传与推广等方面的内容。该章主要内容是按照营销的基本理论框架研究了展览会项目的营销管理问题。通过对这一章的学习，能够掌握有关展览会的营销管理的基本知识。

第一节 展览会产品营销

从现代市场营销观念出发，产品是指人们向市场提供的能够满足消费者或者用户某种需求的任何有形物品或者无形服务。有形物品包括物品实体及其品质、特色、式样、商标和包装；无形服务包括可以给买主带来附加利益和心理满足感及信任感的售后服务、保证、产品形象、销售声誉等。这就是“产品的营销概念”，也叫“产品的整体概念”。

一、展览会产品策略

对于展览企业而言，展览会项目本身是展览企业的产品，它是展览企业为参展商和专业观众提供展览、展示等综合的服务。所以展览项目的开发至关重要，选择了好的项目等于成功了一半。展览会产品最重要的是产品主题的创意和经营思路规划，所以展览会产品策略首要的事情是展览会产品的开发和组合策略。

1. 展览会产品的开发策略

展览会产品的开发是展览经营企业长期生存的必要条件，也是展览经营企业保持活力和竞争优势的重要途径。从产品的营销概念出发，展览会产品的开发要首先满足参展商和专业观众的需求，最终要服从于展会的目标。这就要求展览经营企业开发新产品时，必须更新资源观念，重新认识现有的展览资源。在充分利用、挖掘其资源优势的基础上，推动展览资源的优化组合。与此同时，不断进行产品升级，满足不断变化的市场需求。展览企业通常可以采用以下几种策略开发展览会的新产品。

（1）资源重组策略。展览资源是展览会产品开发的依托，展览企业首先应该从市场需求的角度来组合展会资源。展会资源的整合要能够激发参展企业的参展动机，满足或创造展览需求。这种整合方式是基于对会展市场的深入调查和对会展消费行为的深入分析，具有灵活性强的特点，有利于新展览产品的开发。

其次，以关联性来整合展览资源。目前我国展会项目呈现日益专业化的趋势。但展会越是专业化，相应的观众数量越少。倘若能够在强化展会专业化的同时，注意研究各专业展会之间的内在联系，将主题相关的展会进行有效的整合，将能够产生更大的效益。

最后，从经济效益的角度整合展览会资源。从经济效益角度分析，展览资源的整合要能够实现展会资源的价值增值和利润回报，提高产业贡献率，这也是会展业作为经济产业发展的内在需求与动力。

（2）产品升级策略。由于展会需求的拉动、市场的不断完善、展览市场竞争的不断加剧，必须通过产品的升级战略不断地开发新的展览产品来延长展览产品的生命周期，以满足展览消费者的不断变化的市场需求。

具体做法：首先，提升展览会产品的形象。因为展览会产品的形象影响着人们对其的心理感知程度。提升展览会产品形象是指在原有展览会产品的形象基础上提炼新形象，从而使参会者从一个崭新的角度来认识原有的产品，并进一步产生强烈的兴趣。

其次，提高展览会产品的品质。提高展览产品品质的一个重要途径是持续改进展览产品的策划和管理，对原有的展览资源进行深度开发，不断丰富原有展会产品的内容。

最后，引入和应用高新技术设计展览会项目。长期以来，我国展览产品的开发与设计还停留在初级展览会产品的层次上。创新意识较差和技术含量偏低是影响我国展览会产品开发的瓶颈因素。因此可以通过引入和应用高新技术设计展览会项目。

2. 展览会产品组合策略

在论述展览会产品的组合策略之前，先了解一下展览会产品的组合类型，概括起来主要有以下几种类型。

第一，地域组合形式。这种形式的展览会产品的组合主要是由跨越一定地域空间、产品特色突出、地域性较大的若干展览项目构成。组合的展览会产品内容丰富、强调地域间的反差特色。根据展览会产品组合地域范围的大小，可以分为国际与国内两种组合形式，国内组合形式还可细分为全国型、区域型等多种形式。

第二，内容组合形式。这种形式的展览会产品组合是根据展览活动主题选择展览项目构成。它可以分为综合型组合产品和专业型组合产品。主题的选择是展览企业生产设计内容组合形式的关键。

在了解展览会产品类型的基础上，来看展览会产品的组合策略。展览企业进行展览产品组合决策，有以下组合策略可供选择：

（1）展览会产品组合简化策略。展览会产品组合简化策略是展览经营企业缩小展览会产品组合广度的策略。这一策略可以减少展览经营企业资金占用，提高资金利用率，实现展览生产的专业化，淘汰过时的展览产品。

（2）展览会产品组合扩展策略。展览会产品组合扩展策略是展览经营企业为扩展经营范围，扩大展览会产品组合广度的策略。这一策略有助于展览经营企业扩大经营范围，实行多元化经营，充分利用企业资源，提高经济效益。

（3）展览会产品组合改进策略。展览产品组合改进策略是展览企业改进现有产品、发展组合深度的策略。这一策略可以增加细分市场，吸引更多参展企业，提高展览会产品的质量。由于展览企业增加产品组合深度，难以满足所有参展者的需求，因而必须有自己的利益市场。在实践中，展览企业还应根据市场变化不断调整展览会产品组合，使展览会产品深度保持合理的范围。

此外，对于展览企业而言，品牌效应是一个展览公司最可宝贵的财富，没有品牌就意味着没有足够数量和质量的参展商。随着品牌在现代经济中作用的增强，展会品牌化经营的理念受到越来越多的企业的重视。展会品牌经营的主要目的是通过对展会进行品牌化经营来提高展会的影响力和市场占有率，并努力使本展会在该题材的展览市场上形成一种相对垄断，也就是形成一种“品牌产权”。一旦在市场上形成了品牌产权，该展览会就拥有了品牌知名度、品质认知、品牌忠诚、品牌联想四大核心资产，这些资产是展览市场竞争最有力的武器。

第二节　展览会产品定价方法与技巧

一般而言，展会的价值，主要是通过参展商、专业观众的参展、观展实现的。展览企业的收益主要来自参展商的参展费，以及展具租赁费、会刊收入、展会商务费等。其长期价值则体现在展览会本身，因为一个成熟的品牌展览，能够给展览商带来不菲的效益。与此相对应的，展览企业要负担的成本主要是招展费、推广费、展览过程中的场地费、设备费，以及展览结束后的信息收集整理、客户维护和其他营运成本。展览企业只有在展览场馆租价的基础上加价才会产生自己的利润。

按照一般的价格理论，影响企业产品定价的因素主要有三个方面，即成本、需求和竞争。成本是产品价值的基础部分，它决定着产品价格的最低界限，如果价格低于成本，企业便无利可图；市场需求影响顾客对产品价值的认识，进而决定着产品价格的上限，而市场竞争状态则调节着价格在上限和下限之间不断波动，并最终确定产品的市场价格。

而在一般情况下，各种有关有形产品定价的概念和方法基本上适用于服务产品定价。不过，受服务产品特征的影响，服务定价策略也显示出不同的特点。同时在服务市场上，企业同顾客之间的关系通常是比较复杂的。从而，企业定价不单单是给产品一个价格标签，而且有其他方面的重要作用。这就要求服务企业必须重视定价在服务市场营销中的地位。根据展览企业的实际情况选择合适的定价方法。

具体到展览服务企业，在制定展览项目的价格时需要考虑以下因素：展览行业竞争状况及企业的竞争能力、展览企业成本状况、展览市场需求状况及水平、展览企业项目周期、市场发展情况及市场环境、展览企业定价目标、展览企业整体经营战略等。

在综合考虑这些因素的基础上，确定展览企业承担的成本和预期获得的收益，再运用定价法和定价技巧来确定项目价格。接下来介绍一下展览会产品常用的定价方法和技巧。

一、展览会产品的定价方法

按照不同的分类角度，展览会产品的定价一般有以下几种常用的方法：

1. 成本导向定价法

所谓成本导向定价法是指以单位产品成本为基本依据，再加上预期的利润来确定价格，也就是指展览企业依据提供服务的成本决定服务的价格。它是一种较常用的定价方法，其中又可细分为总成本加成定价法、目标收益定价法、变动成本定价法、收支平衡定价法及通货膨胀定价法等几种定价方法。

成本导向定价法的主要优点，一是它比需求导向定价法更简单明了；二是在考虑生产者合理利润的前提下，当顾客需求量大时，能使服务企业维持一个适当的盈利水平，当需求旺盛时，顾客购买费用可以合理降低。许多展览企业和很多其他服务企业在制定服务价格时运用成本导向定价法。在实践中，展览企业可以采用成本加成的方法（即在服务成本的基础上加一定的加成率）来定价。

2. 需求导向定价法

这种方法又称为“市场导向定价法”，它不是根据产品成本状况来定价，而是根据市场需求状况和消费者对产品的感觉差异来确定价格。需求导向定价法主要包括：理解价值定价法、零售价格定价法和区别需求定价法等集中定价方法。目前很多展览服务企业运用需求导向定价法，即根据市场需求强度来确定服务的价格，而不考虑提供服务的成本。

以这种方法定出的价格不一定很高，尤其是在竞争加剧和需求降低的情况下，价格更是富有弹性。此外，运用此法还可以为了获取最大利益，而针对不同的顾客索要不同的价格。严格地讲，需求导向定价法也可以采取价格歧视（即差别定价）方式。例如，顾客差别定价（即根据顾客的付款能力定价）、服务差别定价（即不同形式的服务定不同的价格）、时间差别定价（即在不同时间内收取不同的服务费）和地理差别定价（即不同地理区域的服务定不同的价格）等。上述各种差别定价方式，需要先进行市场细分化，然后，再根据各细分市场的成本、需求和利润目标，来确定各细分市场的服务价格。

3. 竞争导向定价法

对于一些市场竞争十分激烈的商品和寡头垄断市场上的商品，许多企业制定价格往往不是根据成本和需求，而是以竞争者的价格水平为基础来考虑。通常又可分为随行就市定价法、价格分布方向定价法、垄断定价法等几种定价方法。

对于展览企业来讲，展览企业可以根据同一市场或类似市场上竞争对手的展览项目价格来制定本企业的价格。这种方法只需要了解竞争对手的服务项目和相应的价格即可，因而简单易行。其不足之处是当特殊市场没有参考价格时，很难对这种市场上的专门服务或特殊服务制定价格。此外，在许多情况下，有关某些细分市场及竞争对手的定价方式等信息也不容易获得，因此使得这种定价方法受到限制。

4. 利润最大化法

利润最大化对展览服务企业至关重要。资金实力有了保证，才能增强服务顾客的能力。利润最大化意味着服务的定价必须高于其各项成本的总和，以便使出售的服务能提供足够的收益，来补偿成本并为企业发展提供必要的资本。

在一个完全自由的市场环境中，顾客可以在展览服务企业的帮助下进行自我服务，或者根本就不寻求展览服务企业的帮助。利润最大化的关键是既要把展览服务价格定得高于运行成本，以获得单位服务提供的最大收益，又要使展览服务价格足够低，以维持充分的持续不断的需求。当价格增加从零开始时，利润水平将得到提高，直到出现了很大的市场阻力时为止。价格进一步提高，顾客就会寻找替代品，这将导致服务需求降低。销售服务减少，而展览服务企业的固定成本仍在发生，就会导致盈利水平大大下降。当服务存在着持续的需求时，才有可能实现利润最大化的目标。

展览服务价格不宜定得过低，以免顾客依据价格来推算服务的质量，认为提供给他们的服务质量不够好。因此，服务定价除了应考虑成本、利润外，还要考虑服务形象。

5. 客观定价法

所谓客观定价法，是指不论顾客种类，而是先设定服务的单价，再乘以实际提供的服务单位数，即得该项服务的售价。展览服务的收费标准通常根据经验或市场价格来确定。客观定价法具有连贯性和易于计费等优点。不足之处是它不能反映顾客对展览服务价格的感受。而且，价格固定的费用也使顾客无法讨价还价，结果导致定价有时对于某些顾客来说过于昂贵，而在另一些人那里，可能被当成档次过低的廉价服务，从而降低了服务的竞争力。

6. 主观定价法

主观定价法，是根据顾客对展览服务的感觉价值和接受程度来主观地调整服务的标准价格。在服务无法精确的情况下，服务的价格只好依靠主观的大致估计。服务定价的主观因素包括：（1）展览服务效率的估价；（2）展览服务企业的经验和能力；（3）展览服务企业的知名度；（4）展览服务工作的类型和难度；（5）展览服务的便利性；（6）额外的特殊开销；（7）市场价格水平；（8）顾客对服务的感觉价值与接受程度。

总之，可以具体根据展览企业和展览的具体实际情况采取适合的定价方法，来确定展览会产品的价格，通过展览会产品的价格营销实现展览会经营企业的既定目标。

二、展览产品的定价技巧

灵活的定价技巧是展览企业针对具体情况定价的科学性与艺术性相结合的体现。针对不同的展览会产品、参展企业、经营环境及不同的经营方式而灵活地变动价格，是保证展览企业价格策略成功的非常重要的手段。一般实物产品营销中的定价技巧也可用到展览服务产品上。产品定价技巧很多，此处不过多论述，只是简单列举几个常用的定价技巧。

1. 差别定价

差别定价是一种“依顾客支付意愿”而制定不同价格的定价方法，主要运用于两种情况：第一，建立基本需求，尤其是对高峰期的服务最为适用。第二，用以缓和需求的波动，以减少服务易消失性的不利影响。

在展览业中差别定价的形式主要包括：

（1）展览会项目时间的差异。

（2）参展企业支付能力差异。

（3）展览会产品的品种差异。

（4）展览会举办地位置差异。

采用差别定价法的条件，在于在对市场进行细分的基础上，针对上述情况采取差别定价方法。但同时需要注意一些问题，如低价购买者不能转卖产品和服务；低价购买者对产品具有较大的需求弹性。另外，有的参展企业会认为采用差别定价的展览项目及服务质量较正常价格水平下的项目和服务差，而不愿意认购。因此展览企业在采用这一策略的同时，需要进行一定的广告宣传，传达有关信息，消除消费者在这方面的顾虑。

2. 折扣折让定价

展览企业为了达到鼓励客户增加购买数量和购买额的经营目标，可以采用折扣折让定价技巧。一般是当客户消费达到一定数量和金额之后给予其折扣优惠。消费量越大、消费金额越多，折扣比例也越高。展览企业采用折扣折让定价的适用情况通常有以下几种：

第一，累计数量折扣。即当参展企业在一定时间内或者一次性认购展位达到一定数额，则给予折扣优惠。例如，一次性认购 5 个展位，享受 8 折优惠；或者参展次数达到 3 次，给予贵宾待遇，享受 8 折优惠等。这种方式的主要目的在于鼓励参展企业长期参加该展会项目。

第二，非累计数量折扣。这是一种只按每次购买展位的数量而不按累计的数量的折扣定价方法。其目的是鼓励参展企业大量购买，节约销售中的劳动耗费，从而降低企业的经营成本，加速资金的回收及周转。

第三，团体消费折扣。为了促进展览项目的消费量，展览企业常常对团体大量购买的企业给予相应的优惠价格。

第四，消费时段折扣。展览会一般会在周末或者晚上达到人流高峰。为了调整人流高峰，鼓励观众在清闲时段前来消费，因此通常给予清闲时段消费者折扣价格。

3. 尾数定价

尾数定价又称零头定价，是指企业针对的是消费者的求廉心理，在商品定价时有意定一个与整数有一定差额的价格。这是一种具有强烈刺激作用的心理定价策略。心理学家的研究表明，价格尾数的微小差别，能够明显影响消费者的购买行为。一般认为，5 元以下的商品，末位数为 9 最受欢迎；5 元以上的商品，末位数为 95 效果最佳；百元以上的商品，末位数为 98、99 最为畅销。尾数定价法会给顾客一种经过精确计算的最低价格的心理感觉，有时也可以给顾客一种是原价打了折扣的感觉。因此，展览企业在进行展览会产品的定价时候也可以灵活采用此方法。

第三节　展览会营销渠道管理

一、展览会营销渠道的概念

美国市场营销学权威菲利普·科特勒认为：“营销渠道是指某种货物或劳务从生产者向消费者移动时，取得这种货物或劳务所有权或帮助转移其所有权的所有企业或个人。简单地说，营销渠道就是商品和服务从生产者向消费者转移过程的具体通道或路径。”美国市场销售协会（AMA）认为：“营销渠道是企业内部和外部的代理商和经销商（批发和零售）的组织机构，通过这些组织运作，商品（产品或劳务）才能得以上市行销。”

上述定义虽然表述各异，但其本质是一致的。本书认为营销渠道就是指产品从制造商手中传至消费者手中所经过的各中间商连接起来的通道。营销渠道包括某种产品的供、产、销过程中所有相关的企业和个人，如供应者、生产者、经销商、代理商、批发商、零售商、辅助商以及最终消费者或用户等。这一渠道可直接可间接，可长可短，可宽可窄，视具体企业、具体商品的不同而不同。

综上所述，展览会营销渠道是指展览项目在策划、设计完成后，其使用权被参展企业认购的途径。它的起点是主办、承办单位，终端是参展企业、专业观众，中间各种途径均可成为营销渠道或者营销通路。

二、展览会营销渠道的特点

一般情况下，展览项目的营销渠道具有以下几个特点：

1. 直接营销渠道多于间接渠道，即使使用间接渠道，其层级也很少

直接营销渠道是一种不借助任何中间商，而直接由展览主办、承办单位在其市场营销活动中把展览项目销售给参展企业和专业观众的销售渠道，也就是所谓的零层次营销渠道。通过直接营销渠道，展览主办、承办单位可以直接获

得参展企业的信息，有助于提高展览项目的针对性，更好地满足参展企业的需要，从而强化展览企业的形象。

特别是在展览项目直接销售量较大以及参展企业购买力较稳定的情况下，展览主办和承办单位可以省去中间商的营销费用，以降低成本、提高效益。目前，国内展览企业在营销渠道的选择上大多采取这种营销渠道。

间接营销渠道是一种展览主办、承办单位借助于中间商向参展企业销售其展览项目的营销渠道类型。间接营销渠道是目前较少用的销售渠道。销售渠道越长，展览市场扩展的可能性就越大，但与此同时，展览的主办、承办单位对销售的控制力和信息反馈的清晰度就越差，销售成本也越高。

2. 展览项目营销渠道是一种窄而短的营销渠道

根据间接营销渠道中介入中间商层次的多少，展览项目营销渠道可以分为长渠道与短渠道。展览项目大多由展览企业自己完成营销任务，因此它的营销渠道较短，展览企业承担的销售任务多，也就能够较有力地控制营销渠道和进行价格、服务、宣传等方面的管理。

根据一个时期内展览项目销售网点的多少、网点分配的合理程度以及销售数量的多少，展览项目营销渠道可以分为宽渠道与窄渠道。营销渠道越宽，营销渠道的每个中间环节使用同类型中间商的数目就越多。销售网点的增设，就是增加展览项目的营销渠道。一般性、大众化的产品主要通过宽渠道进行销售，但是，展览项目由于具有专业化较强、费用较高的特点，它的营销渠道较窄。

3. 展览项目营销渠道是一种多通路的营销渠道

根据展览企业采用的营销渠道类型，展览营销渠道又可以分为单渠道和多渠道。单渠道即采用的渠道类型比较单一，如所有的项目全部由展览企业自己直接销售或者全部交给中间商。有时候，展览企业根据不同层次或者地区参展企业的不同情况，采用不同的营销渠道，如在本地区采用直接渠道，对外则采用间接渠道，或者同时采用长渠道和短渠道，这都成为多渠道。这种多渠道结构也称之为双重营销。一般情况下，规模较小的或者经营能力较强的展览企业，可采用单渠道营销方式；反之，则可采用多渠道营销方式，以提高销售覆盖面。

三、展览会营销渠道类型

展览项目营销渠道主要有以下类型：

1. 代理制

代理制指展览承办单位授权相关企业开展招展业务。代理制分为两种：一种是区域代理制，即授权某企业在指定区域内开展业务；一种是专业代理制，指授权某些特定的企业（如专业广告公司）在其特定的客户群体中开展业务。

2. 合作制

合作制是指展览企业与赞助单位、协办单位、支持单位（如酒店、旅行社）等相关合作单位共同开展招展业务。这种方式有利于展览企业建立起更大的营销网络，从而拓展市场，获得更多的资源和更大的收益。

3. 部门制

部门制是指展览企业内部独立成立招展业务部门，开展招展营销工作。部门制营销渠道是企业的直接营销渠道，其管理和展览企业其他部门管理相似，因此不再赘述。

资料 8—1：法国独特的展会营销渠道模式

法国的展览界坚持一种做法，展览公司不拥有场馆，而场地公司不主办展会，也不参与展览经营。业界认为这样能够促进展览公司之间的公平竞争，也有利于场馆公司专心做好自己的场馆服务工作，法国还有世界上独一无二的全球展览促销网络。法国展览业的这种组织结构值得中国展览业学习借鉴。

在法国，有一种较为独特的展会营销模式，即法国的主要展览公司共同组织了一个叫做法国国际专业展促进会（Promosalons）的机构，专门从事促进国外专业人士来法国参观和交流的工作。法国国际专业展促进会自成立以来致力于在全球范围内推广法国专业展会。

法国拥有 160 万平方米的展馆，分布于 80 个城市。每年大约举办 1400 个展览会（包括只允许专业人士入场的专业展和可允许社会公众入场的大众性展会两种）和 100 个博览会（指以社会公众为观众的多种行业参加的展览会）。其中全国性的国内展和国际展约为 175 个，而真正的专业展只有 120 个左右。

近年来，法国大型展览会的国际化程度不断提高，国外参展企业占总数的 33%，国外参观者占参观总数的 8%，其中有些世界名展，国外参展商人数超过参展商总数的 50%，国外参观者占参观总数的 15% 以上。

法国国际专业展促进会是由商会和政府牵头组织的民间团体。其理事会由巴黎工商会、法国外贸中心、法国专业展联合会、法国雇主协会、巴黎市政府、法国外贸部以及展览中心和专业展览公司的代表组成。

法国国际专业展促进会经费来源由两部分组成：一部分是巴黎工商会和展览场地公司等主要理事单位提供的年度补贴；另一部分是参加促进会的展览公司按宣传工作量而定的促销经费，这占促进会经费的大部分。

法国的任何一家展览公司均可申请加入促进会，但促进会对于同一个专题的展会只接纳一个展会加入，而且优先接纳质量最好的展会。目前共有 65 个展会参加了这一组织，都是法国最知名的国际性专业展会，规模大，国际性强，这些展会依靠法国国际专业展促进会在世界各地做国外参展商的招募工作或国外参观人员的促进工作。

法国国际专业展促进会为了向这些展会提供国际促进业务，在近50个国家和地区建立了办事处。这些办事处的任务是在各自负责的国家和地区为这65个展会开展形式多样的促进业务。在这50个办事处之中，除去意大利、德国、英国、比利时、西班牙等少数国家是由促进会总部独自投资的公司，其他办事处都是财务独立的机构或公司。根据国家不同，办事处可以是法国使馆商务处、法国驻外商会、办事处或独立的商务公司。这种展会境外促销网具有很强的招展能力，因为哪怕是财力强大的展览集团，也没有足够的实力在世界上50个国家建立属于自己的办事机构网络，但是从属于不同展览公司的65个展会把其促销经费集中到一起，就能组成一个有效的展会国际促销网络。

资料来源：MBA智库百科，http://wiki.mbalib.com/。

四、展览会营销渠道管理

展览企业只有加强展览营销渠道的管理，才能保证营销活动的顺利进行，实现建立营销渠道的目的，同时能够获得良好的经济效益。由于展览间接分销渠道的构成较为复杂，管理难度较大，因而对展览营销渠道的管理主要是指加强间接渠道的管理。所以如何调动代理商和合作伙伴的积极性和主动性，使其表现出应有的合作精神，并且能够随着市场的变化灵活地调整展览企业和代理商及合作伙伴是营销渠道管理的主要内容。合作制营销渠道的管理最重要的是处理好与合作伙伴的关系。因此，这里着重论述代理商的管理。

首先，要加强与代理商的合作。展览企业与代理商及合作者在根本上存在着一致的经营目标，存在着相互关联的经济利益。对于代理商而言，代理商的工作开展越顺利，展览项目的销路越好。因此，展览企业应该支持和协助代理商开展促销活动。展览企业应该了解代理商的不同需求，维护与尊重代理商的利益。展览企业应向代理商提供有关展览企业和项目较为全面的信息资料，同时展览企业加强宣传，帮助代理商分担一定的推广费用。如果代理商取得了良好的业绩，展览企业应该给予奖励，建立良好的合作关系。

其次，对代理商进行适当的评价。展览企业应该采取切实可行的方法，对代理商的工作绩效进行检查与评价，主要是评估代理商销售指标完成情况，代理商为展览企业提供的利润额和费用结算情况，代理商推销展览项目的积极性，代理商为展览企业竞争对手的工作情况，代理商对展览项目的宣传推广情况，代理商对参展企业的服务水平以及代理商销售量占展览企业销售量的比例等方面的状况。通过评估展览企业可以了解代理商管理工作中的优势与不足，并采取相应的措施进行营销渠道的结构调整。

第四节 展览会的宣传与推广

展览的宣传与推广对于展览会的成功举办具有至关重要的意义。展览会宣传与推广是展会前期工作的重头戏。展览会的宣传与推广是吸引目标观众的主要手段，其目的是将展出的情况告知现有的和潜在的客户，并欢迎他们前往参观。展览会的宣传与推广工作在展览会之前、展览期间、展览之后都要进行。展览会主办者应该明白，参展商与观众不会因为被邀请就来参加展览会，只有展览会的举办能够给他们带来实际收益的情况下他们才会来参展。因此展览会宣传与推广要与其主题契合，要考虑客户的利益和兴趣，有针对性，有吸引力。

一、宣传与推广的目的

1. 熟知展会，扩大展会的影响

展览会的宣传可以为目标参展商提供参展的机会，使展会能够最优先进入其参展选择考虑的视野。本来一些参展商可能不知道该展览会，通过宣传与推广，使参展商从不知道该展览会到了解该展览会，并根据自身情况作出是否参加展会的决定。对于行业中影响力不大的组展机构，更应该通过宣传与推广来吸引目标参展商参加展会。

2. 树立展览会形象，创造展会竞争优势

随着会展业的迅速发展，办展机构越来越多，如何在竞争激烈的会展市场上占有一席之地，能否得到参展商和专业观众的认可，更多地取决于展览会举办前的宣传。因为只有通过展览会的宣传与推广才能使客户清楚该展会将提供怎样的服务，与同类展览会相比较有哪些不同，自己的参展目的能否实现。如果办展机构不进行宣传，展会提供的服务特别是增值服务就不被人所知，也就不能赢得客户。因此招展的宣传与推广可以帮助办展机构树立展会形象，创造展会的竞争优势。

3. 促进展览会的招展、招商

宣传与推广是为了办展机构能够更好地招展、招商而有目的、有针对性地举行一系列的促销活动，这些宣传推广活动是围绕着展会的目标和基本策略制定的，需要有很强的协调配合性。对于主办机构而言，展会的宣传与推广的直接目的就是吸引大量的参展商来参加。如果招展的宣传力度大，工作到位，招展效果较好，参展企业中行业内的知名企业较多，展品的技术创新含量高，信息集中，也会吸引更多的目标观众参观。

4. 建立展览会品牌，扩大知名度

将自己举办的展会逐步培育成国内外有重大影响的品牌展会，是每个展览会主办者不懈追求的梦想。但是品牌展会的形成都是通过对展会进行卓有成效的品牌经营才能培育出来的，而品牌的经营离不开宣传推广这一手段。如果即将举办的展览会本身已经是品牌展览会了，那么通过进一步的宣传与推广则可以进一步扩大其知名度。

二、展览会宣传与推广的内容

1. 确定宣传对象

展览会的招展宣传的首要任务是确定对象，也就是确定向什么样的参展单位和多少数量的参展者进行宣传，这项工作要按展览计划进行。

（1）参展者类别。

①参展者的专业类别。不同性质的展览要专业对口，对于参展申请者不能来者不拒，必须根据展会的主题、展出的目标和任务、展览会的性质将参展者限制在一定专业和行业范围内，否则就会影响展会的质量，进而影响展会的声誉。比如举办一次电子展览会，主办者办展目标是促进电器产品的出口，那么就必须将参展者限制在电子行业领域内，排除其他行业的公司，否则会影响电子行业的公司参展。

②参展者规模类别。根据展览会的性质，考虑参展商的规模，进行有针对性的招展活动。这和举办展览会的目标市场定位有关。如举行贸易促进展会，在招展时候要特别重视中小企业、新获得外贸经营机会的企业和边远企业，因为这些企业最需要开拓新市场，需要这样的平台，也最有可能参加这样的展览会。国外集体展出，尤其是政府资助的展出，往往将展览单位规模限制为中小企业。因为集体展出的主要目的是帮助缺乏经验但有潜力的中小企业开拓市场。

（2）参展者范围。

所谓参展者范围，是指参展者的数量。这不是组织者能够完全控制的因素，而要受两方面的制约。一方面受参展商意愿的制约；另一方面受展览主办机构的制约，主要体现在承办机构的规模、声望以及展览场馆的大小等方面。好的展览会往往没有足够的摊位，主办者为了保障参展企业的质量，有时候也有意识地限制参展企业的数量。

2. 确定展览宣传内容

（1）展会基本信息的宣传。

展会的基本信息的宣传主要有以下几个方面：

① 开展时间、展览时限、地点、场馆、交通住宿状况、会务组接待事宜等。

② 参展者情况、往届展会情况、社会评价等。

③ 参展要求与条件等。

（2）展览主要活动的宣传。

① 展览会的开幕式、闭幕式、开展文艺演出等。

② 展会期间将举办的研讨会、论坛、技术交流会、行业峰会等。

③ 围绕着展览会主题开展的考察、现场参观等。

④ 其他相关活动，如比赛、表演等。

⑤ 会展旅游的具体事宜。

不同的展会宣传与推广的侧重点不同，办展机构通过宣传与推广活动介绍展览会的主要内容，吸引目标参展商参加，并逐步扩大影响，树立展会品牌。

三、宣传推广的策略

随着我国会展业的发展，国内办展机构竞争日益激烈。同时，近年来我国贸易服务业全面开放，国际著名的展览企业进入我国开始进行市场开拓和品牌塑造，我国展览业面临着国际展览机构对中国展览市场的挤压。在这样的情况下，如何成功举办展览会，宣传推广的策略尤为重要。主要有以下几点：

1. 实施品牌战略

品牌展会是指具有一定规模，能反映某种类型展览会的发展动态及趋势，能够对此类展览会活动起到指导示范作用，并且具有较大影响的展览会。

展览品牌战略可以概括为：寻求权威协会和代表企业的坚强支持，实现规模效应，引领行业发展方向，提供专业展览服务，获得 UFI 的资格认证，媒体合作和品牌宣传，具有长期缜密的规划。

品牌战略是国际展览会组织机构在展览业整体发展规划中优先和重点规划的项目，通过在本地实施品牌战略的宣传与推广，树立良好的品牌后，再将成功的展览会品牌移植到海外市场，从而占领海外市场份额，增强自身发展的空间，提升企业的核心竞争力。

2. 持续宣传策略

国外的大多数展览公司在策划展览主题时，通常制定了长远规划。组织者机构会在世界各地开展一系列的宣传推广活动，以期在大范围内吸引参展商和专业观众。对于参展潜力较大的国家和地区，展览公司往往会专门派代表前去宣传推广，以强化展览品牌。

境外展览公司开展宣传推广活动的持续性还体现在对单个展会的推广上。首先各种推广活动将贯穿展览会的全过程。例如，德国展览组织者在开展半年前就开始在各种媒体上宣传造势，尽可能在深度和广度上吸引更多的参展商和贸易观众，这种努力在接下来的展览过程中会表现得淋漓尽致。其次，每届展览会的宣传推广也是连续的，以便参展商和专业观众早日确定参展计划。此外，国外著名展览公司还十分注重展后的服务。

3. 灵活运用价格和服务策略

在举办成熟产业的展览时，由于企业利润的下降，企业对价格较为敏感。如果同类展会竞争激烈，办展机构应该以价格和服务赢得竞争，在招展宣传时灵活运用价格和服务策略。比如办展机构可以与产业内的知名企业协商来确定价格，或者在价格折扣上采取更加灵活的方式；在服务上注重好的服务理念，及时了解客户的需求，为参展商提供增值服务，并在宣传推广过程中注重体现这些服务理念。

4. 吸引龙头企业参展策略

龙头企业是指规模较大、实力雄厚、在整个行业内有较大影响力的领袖型企业。这些企业一旦参展，其参展面积较大，而且其一举一动都会被行业所瞩目，在产业内的示范效应和标杆作用非常明显。因此，在宣传与推广过程中可以运用吸引龙头企业参展策略。

五、展览会的促销方式

在展览项目的营销过程中，针对行业内的参展商和业内专业观众采取有针对性的促销策略是必不可少的。展览会促销策略实施可以遵循以下思路：首先对参展商和专业观众，也即消费者的心理、行为、职业、媒体接触习惯等特征进行分析，并在此基础上来确定选择何种促销方式，确定通过什么形式的媒体广告来进行宣传。接着就需要根据以上确定的事宜进行宣传费用的预算。宣传费用预算要以小支出、大创意、大效果为原则，利用有限的经费预算博取消费者的青睐。最后就是广告或活动的实际运作。

一般而言，展览会促销的方式主要有以下几种：

1. 招展函、会刊、会展网站

这是会展业自身具有的宣传工具。招展函上的信息应明确，尽量突出展会的特色，以信件的方式直接寄送给厂家、商家或者相关人员。会刊主要是展会的参展商、投资商名录及对其产品的介绍，还会辟出专门的版面来给商家做广告。一般是在展会前后免费向参展或观展人员发放，以便于日后的联络。会展网站是外界了解会展的最主要的宣传工具，其主要特点是信息容量大，传播范围广，更新快，所有关于展会的信息基本上都可以在会展网上找到。

2. 媒体广告

会展企业要充分利用广播、电视、报纸、专业期刊杂志、网络广告、邮件广告、直接邮寄广告和户外等媒体开展广告宣传。为了吸引更多的国外参展商的加入，可利用专业内较权威的国际性杂志。其优点是受众群体专业、广泛，且可信度大。可通过提供免费摊位等方式，与其进行广告交换。另外，还可在举办地的专门航线上利用航空公司的航空杂志作宣传。

3. 展会活动策划

策划有特色的展会活动，可以用较小的成本取得较大的宣传功效，从而提高展会的效益和知名度。这些活动应该与特定的展会项目主题联系起来，同时还可以结合会展举办地的文化习俗、风尚礼仪以及会展参加者的生活与消费形态。例如在会展期间举办各种论坛、峰会，邀请行业内知名人士和政府官员进行交流，以此来吸引新闻媒体的关注和行业内外人士的关注。

资料 8－2：体验营销——展览会营销的新模式

近日，香港工商业展览有限公司和励展博览集团在上海联手举办第八届中国国际啤酒、饮料工业展览会，这是一次“先尝后买”的全新展会营销模式，因为真正的展会是在 2008 年 9 月末举办。尽管如此，数十家国内外顶级液态食品包装设备供应企业代表还是通过逼真展会现场的模拟演示，现场提名自己熟悉的终端用户企业情况，体验了一把买家数据库系统的准确、实用、便利。

展会营销目前并未完全发挥其应有作用，缺乏科学有效的工作规划。企业面对名目繁多的展会，很难选对其中适时、适度与企业营销计划相匹配的展会，导致盲目参展。面对纷至沓来的展会邀请，企业对是否参加展会以及参展能给企业带来哪些利益等一系列问题都心存疑惑。

如何迅速抓住目标消费者的心，让他们变成自己的忠诚客户？体验营销已经成为哈雷摩托、迪斯尼乐园、星巴克咖啡等国际知名品牌打开成功之门的钥匙。而将体验营销应用于展览业的市场活动中，励展博览集团的尝试在中国尚属首次。

刚刚参加完这次体验式活动，江苏新美星包装机械有限公司市场部经理印刚对记者说：“这种方式令人耳目一新。通过这次体验式活动，我们深入地了解了主办单位创新而实效的推广方式，对专业观众和买家的邀请情况心里有了底，也增强了对明年展会成功举办的信心。”

“买卖双方达成交易是举办专业展览会最基本的目标，而要达到此目标，专业观众的数量和质量就是至关重要的指标。”励华总经理贺文雄说，“客户价值体验计划这种崭新的服务模式是基于客户体验平台基础之上的，其核心在于为展商和观众提供有价值的服务，从而带来有价值的生意机会，最终提高顾客的满意度。”

资料来源：国际展览网，http://www.askexpo.com/。

复习思考题

1. 展览会产品营销策略有哪些？
2. 展览会产品的定价方法与技巧主要有哪些？
3. 如何加强展览会营销渠道的管理？
4. 展览会宣传推广的策略及主要促销方式有哪些？

第九章

展览会风险管理

主要内容

本章从风险的定义、特征出发，引出风险管理、风险管理的过程等基本理论。并在此基础上，介绍展览会风险的种类及其来源。本章在对展览会风险进行风险识别、风险评估的基础上提出了进行展览会风险防范和转移的具体措施。

第一节　展览会风险管理概述

展览会风险管理是对展览会管理全过程中可能出现的风险进行识别、确认、分析，并进行评价、监控以及应对的过程，它要解决的是展览会举办过程中有没有风险，风险的程度如何，以及对展览会影响程度如何等问题。展览会风险管理是展览会管理的重要组成部分，它贯穿着展览会周期的始终，了解和掌握展览会风险的来源、性质和发生的规律，强化风险意识，进行有效的风险管理对展览会的成功举办具有重要的意义。接下来首先介绍风险、风险管理的定义、特征及风险管理的过程等一般意义上的风险管理理论，在此基础上引出展览会风险管理的概念。

一、风险及风险管理

1. 风险的定义、特征

任何风险定义都可能带有一定的主观性，这主要是由风险的特点和它所应用的范围所决定的。以下是一些常见的风险定义表述：

（1）风险是有害后果发生的可能性，是对潜在的、未来可能发生损害的一种度量。

（2）风险是在一定的时间和空间、在冒险和弱点交互过程中产生的一种预期损失。

（3）风险是一个统计概念，用于描述在给定的时间和空间中消极事件和状态影响人或事件的可能性。

（4）比较经典的风险定义是美国人 Webster 给出的：风险是遭受损失的一种可能性。在一个项目中，损失可能有各种不同的后果形式，如质量的降低、费用的增加或项目完成的推迟等。

（5）我国杜端甫教授认为风险是指损失发生的不确定性，是人们因对未来行为的决策及客观条件的不确定性而对可能引起的后果与预定目标发生多种负偏离的综合，并给出了如下数学公式：

R= f（P，C）

其中 R 表示风险，P 表示不利事件发生的概率，C 表示该事件发生的后果。

……

以上风险的这些不同形式的定义都从不同的角度对风险本质进行了描述，要全面理解上述定义，应注意以下几点：

第一，风险是与人们的行为相联系的，这种行为既包括个人的行为，也包括群体或组织的行为。不与行为联系的风险只是一种危险。而行为受到决策左右，因此风险与人们的决策有关。

第二，客观条件的变化是风险的重要成因，尽管人们无力控制客观状态，却可以认识并掌握客观状态变化的规律性，对相关的客观状态作出科学的预测，这也是风险管理的重要前提。

第三，风险是指可能的后果与目标发生负偏离，负偏离是多种多样的，且重要程度不同，而在复杂的现实经济生活中，“好”与“坏”有时很难截然分开，需要根据具体情况加以分析。

第四，尽管风险强调负偏离，但实际中也存在正偏离。由于正偏离是人们的渴求，属于风险收益的范畴，因此在风险管理中也应予以重视，它激励人们勇于承担风险，获得风险收益。

2. 风险管理

风险管理（Risk Management）是指项目管理机构对可能遇到的风险进行规划、识别、估计、评价、应对、监控的过程，是以科学的管理方法实现最大安全保障的实践活动的总称。要正确理解上述定义，还应注意以下几点：

第一，风险管理的主体是不同的社会单元，即个人、家庭、企业或政府单位等。由此可知，风险管理这个概念的外延很大。

第二，风险管理是由风险规划、识别、估计、评价、应对、监控等环节组成的，是通过计划、组织、协调、控制等过程，综合、合理地运用各种科学方法来实现其目标的。

第三，风险管理以选择最佳的管理技术为中心，要体现成本效益的关系。

第四，风险管理的目标是实现最大的安全保障。

人们在一切社会经济和其他活动中，面临着各种各样的风险。从总体上看，风险是一种客观存在，是不可避免的，而且在一定条件下还带有某些规律性。因此，人们只能把风险缩减到最小的程度，而不可能将其完全消除。

二、风险管理过程

风险管理过程就是风险管理所采用的程序，一般由若干主要阶段组成，这些阶段不仅相互作用，而且与项目管理其他管理区域也互相影响，每个风险管理阶段的完成都可能需要项目风险管理人员的努力。

对于风险管理主要阶段的划分，不同的组织或个人的划分方法是不一样的，美国系统工程研究所把风险管理的过程主要分成若干个环节：风险识别（Identify）、风险分析（Analyze）、风险计划（Plan）、风险跟踪（Track）、风险控制（Control）和风险管理沟通（Communicate）。

美国项目管理协会制定的 PMBOK（2000 版）中将风险管理过程划分为风险管理规划、风险识别、风险定性分析、风险量化分析、风险应对设计、风险监视和控制 6 个部分。

我国毕星、翟丽主编的《项目管理》把风险管理的阶段划分为风险识别、风险分析与评估、风险处理、风险监视 4 个阶段。

本章主要从展览会风险的种类和来源分析入手，通过风险识别、风险估计与评价、风险的控制与防范这几个方面对展览会风险管理进行论述。

三、展览会风险

具体在展览活动中，风险指的是展览没有达到预期目标的可能性，或者说是遭受损失的一种可能性。当一个活动主办单位赢得了该活动的主办权时，原因之一就是别的公司可能会认为主办这个活动风险过高。一个活动的特殊性，部分就在于它的风险性——以前无人尝试过。

总之，展览会风险管理非常符合一般风险管理的基本理论，因此可以用一般项目风险管理的理论来分析展览会的风险管理。

第二节　展览会风险的种类和来源

为了对展览会进行有效的风险管理，展会组织者首先就必须清楚：展览活动可能会遇到哪些危机事件和风险？这些风险又是怎样产生的呢？这样，展览会组织者便可有针对性地对各种危机事件采取有效的防范措施，将其消灭于无形。从宏观上看，目的地社会、经济、自然、法律等因素都可能导致展览会的流产或失败；从微观上看，企业内部环境的变化及外部竞争的加剧也增加了展览会的风险性。因此，按照导致风险损失的原因可将展览会风险分为外部风险和内部风险，下面来简单阐述一下具体内容。

一、外部风险

外部风险主要包括政治风险、经济风险、环境风险、法律风险、突发事件等，外部风险通常难以预测和控制。

1. 政治风险

政治风险主要指的是战争、内乱、政权更迭、政府干预等。政治风险具有一定的特殊性，一旦发生往往无法挽救，且后果严重。对于国际性展览而言，如果举办地发生政治风险，项目难以顺利举行；如果政治风险发生在与会者或参展者所在地区，则会影响其对于展览的参与，从而难以达到预期的效果。对于这类风险，会展组织者仅依靠自身的力量是很难克服的，只能采取一些措施对它们进行预防和规避，或者努力将它们对会展的不利影响降低到最低限度。

2. 经济风险

这类风险主要是指由于经济发展周期变化、市场波动、价格管制、贸易限制、汇率调整、通货膨胀等宏观经济因素的变化而给企业所带来的风险。从会展业发展的历史和布局可以看出，一个国家整体的经济环境对于会展业的影响十分重要，会展产业的发展与整体经济之间关系密切。然而经济发展是带有周期性的，经济有高速增长的时期，也有萧条甚至衰退的时期。当经济发展不景气时，展览业必然会受到影响，因此会产生经济风险。

对展览市场不熟悉或其他一些不可控的市场因素都是导致会展企业面临市场风险的主要原因。但与其他行业不同的是，会展企业所面临的市场风险除了来自会展业本身之外，还会来自展会所展览展示的产品所在的行业。因此，为了规避这类风险，会展企业不仅要对会展市场有一个很好的把握，同时还必须了解与展会相关行业的发展情况。

另外，价格管制、贸易限制、汇率调整、通货膨胀这些宏观经济因素的变化也会对展览业产生较大的影响。给展览业带来的影响无法估计。

3. 法律风险

法律风险主要由法律和政策的调整引起。当法律环境发生变化时，组办企业则必须根据法律环境的变化对企业的经营行为作出合法的修订，以保证企业不会因为触犯法律而付出沉重的代价。

4. 突发事件

虽然现代不断发展的科学手段已经为我们预防自然灾害提供了强有力的工具，但到目前为止，某些灾害的发生还是令我们猝不及防，它们给会展所带来的影响也往往是灾难性的，如泥石流、流行疾病、火山、地震、洪水、飓风等。如我国 2003 年的 SARS 导致一些国际会议被迫取消或更改到国外举行，展览会大量的准备工作前功尽弃，前期投入无法收回。

二、内部风险

展览企业内部风险主要是来源于企业内部，包括财务风险、运营管理上的风险、人力资源风险等。

1. 财务风险

财务风险包括三种：一是企业自身资金周转出现问题；二是预算超支，这对于企业来讲，就有可能导致毫无利润可言；三是主要赞助商临时退出所造成的经济压力。这些都是展览企业可能面临的财务风险。

2. 运营管理风险

运营管理风险有以下几种可能：

第一，产品本身难以吸引有实力的参展商或行业知名人士的参加，或是广告宣传方面，比如信函、宣传手册、海报、记者招待会宣传力度不够而导致市场声势较小。

第二，主要发言人或重点参展商缺席。对于会议而言，在国内外有重大影响的专家学者对其他人决定是否与会有重要影响；对于展览而言，业内知名企业的参加非常重要。主要发言人或重点参展商的缺席将会使项目的效果大打折扣，并会使其他参会者或参展商对项目产品产生不信任感。

第三，场地管理上的风险。场地设施一般要求有先进的设备如屏幕投影仪、电脑、网络接口，以及安全方便的进出通道、灯光、防火设备等。即使这些设施或设备由场地经理负责，但一旦任何一种设施出现故障，或现场人群失控造成混乱都会影响整个项目的效果。

第四，健康和安全风险。如给客户提供的食品或饮料出现质量问题等。

与外部风险不同的是，内部风险是可以抗拒的。如果展览会组织者能够提前做好预防工作，那么上面所列举的很多内部风险都是可以控制和消除的。由于经营风险一旦出现，很容易给相关会展和办展机构的市场声誉造成伤害，并严重影响其形象，因此，对于经营风险绝不能掉以轻心。

3. 人力资源风险

人力资源风险主要来自核心员工的流失。展览会在不同的阶段对员工数量的要求会有所不同。核心员工主要包括经理及销售人员。经理的主要职责就是对展览实行全面领导和统一指挥，通过严密组织、详细计划、有效沟通、灵活协调，按计划对资金、进度、质量等方面进行及时、准确的控制，实现展览会的最终目标。经理人员的流失会导致整个展览会停滞。营销人员负责展览会的策划和招商，负责组织参会参展，直接与各类客户联系，此类人员的流失会导致参会、参展客户的流失。

第三节　展览会风险识别

展览会风险识别是展览会风险管理的第一步，即要识别各种明显的和潜在的风险事件。识别展览会风险可以邀请与风险管理有关的人员参加专题研讨会，交叉辩论，也可采取“头脑风暴法”，发放调查问卷，以及从内部审计、外部审计中获取资料和信息，从而对展览会存在的风险进行有效的识别。

一、展览会风险识别的概念

展览会风险识别就是将展览会风险的因子要素归类和分层查找出来。展览会风险识别包括确定展览会风险的来源、展览会风险产生的条件，描述其风险特征，确定哪些风险事件有可能影响项目。不是所有风险都是会对展览会产生严重后果的高风险，然而，几个小风险的合计也会对展览会产生严重影响，因此，展览会风险识别不是一次就可以完成的事，应当在展览会的整个过程中不断进行。

展览会风险识别要回答以下问题：展览会中有哪些潜在的风险因素？这些风险因素会引起什么风险？这些风险的严重程度如何？简单地说，展览会风险识别就是要找出风险之所在以及引起风险的主要因素，然后才能在这个基础上对风险的后果作出定性或定量的估计。

二、展览会风险识别的依据

展览会风险识别的基本依据是客观世界的因果关系和可认知性。一方面可以从原因查找结果，就是先假设本展览会运行期间会有哪些事件发生，推论若发生会引起什么样结果；另一种是从结果中找原因，如已知展览会进度会拖延，查找造成进度拖延的风险因素。除此之外还可以把以下几个方面作为展览会风险识别的依据：

（1）展览会产品或服务的特点。

（2）展览会项目的前提，假设和制约因素。

（3）与展览会相类似的先例等。

展览会风险识别是对展览会进行风险管理的重要一步，但展览会中风险的范围、种类和严重程度经常容易被人们主观地夸大或缩小，从而使对展览会风险的评估、分析和处置发生差错，造成不必要的损失。因此，在展览会风险识别时，要特别注意采用与展览会性质相适应的工具和方法。

三、展览会风险识别的工具和方法

对展览会风险进行识别的方法可以用一般项目风险识别的方法，常用的有：德尔菲方法（Delphi Method）、头脑风暴法（Brain Storming）、情景分析法（Scenarios Analysis）、核对表法（Checklists）和面谈法（Interviewing）等。下面简单介绍这几种方法。

1. 德尔菲方法

这种方法的基本步骤如下：第一步，确定参加展览会风险识别的人员，并让每个人独立地提出自己的意见；第二步，汇总每个人的识别结果，并对所有的结果进行分类、整理、编辑和再汇总，将经过上述处理的第一次识别结果通知给每一个参与人员，但不提示任何结果是谁提出的；第三，参加识别的人员在阅读了上述处理过的汇总意见后重新对可能发生的风险进行识别，并第二次提出自己的看法；第四步，汇总第二次的识别结果，并进行分类、整理、编辑和再汇总，重复第二步的过程……如此循环往复，直到大家的意见基本一致为止，这样就获得了风险识别的最终结果。此法可有效地避免小组成员之间的相互影响，结果较为客观，但缺点是费时较多。

2. 头脑风暴法

这一方法指的是一些专家或者展览会组织的有关人员，就该展览会可能发生哪些风险进行识别，要求大家对可能发生的风险提出自己的意见。在会议现场，不管大家的意见如何“离谱”都不准对其进行批评。当每个人的意见都被记录下来之后，在稍后的时间里再仔细分析讨论这些意见，并从中总结出可能发生的风险，为下一步采取适当的预防措施提供依据。此法的关键之处是禁止对最初的意见进行批评，目的在于鼓励大家畅所欲言，尽量发现问题。

3. 情景分析法

此法是根据事物发展趋势的多样性，通过对系统内外相关问题的系统分析，设计出多种可能的未来前景，然后用类似于撰写电影剧本的手法，对系统发展态势作出自始至终的情景和画面的描述。当一个展览会持续的时间较长时，往往要考虑各种技术、经济和社会因素的影响，对展览会进行风险预测和识别，此时可用情景分析法来预测和识别其关键风险因素及其影响程度。情景分析法非常适合于以下情况：提醒展览会决策者注意某种措施或政策可能引起的风险或危机性的后果；建议需要进行监视的风险范围；研究某些关键性因素对未来过程的影响；提醒人们注意某种技术的发展会给展览会带来哪些风险。

4. 核对表法

核对表法比较简单，它主要利用核对表作为风险识别的重要工具。核对表一般根据风险要素编纂，包括展览会的环境、展览会产品或技术资料以及内部因素如团队成员的技能或技能缺陷等。

5. 面谈法

与不同的展览会相关人员进行有关风险的面谈将有助于发现那些在常规计划中未被识别的风险。在进行可行性研究时获得的展览会前期面谈记录往往是识别风险的很好素材。

第四节　展览会风险评估

展览会风险评估通常按照建立评估组织，确定评估方法，开展评估分析，并作出评估结论，最后提交评估报告的程序进行。基本步骤是：在展览活动风险识别的基础上，估计这些风险发生的可能性，可能出现的结果和危害程度，预测发生威胁的可能性，并在此基础上，使用科学的方法进行评价分析，从而为风险防范和控制提供依据。

一、展览会风险估计

1. 展览会风险估计的概念

展览会风险估计是在展览会风险识别之后，通过对展览会项目所有不确定性和风险要素的充分、系统而又有条理的考虑，确定展览会的各单个风险。展览会风险估计主要是对以下几项内容的估计：

（1）举办展览会风险事件发生的可能性大小。

（2）展览会风险可能的结果范围和危害程度。

（3）展览会风险预期发生的时间。

（4）一个风险因素所产生的风险事件的发生频率。

2. 展览会风险估计的依据

展览会风险估计是对风险进行定性或定量分析，并依据风险对展览会目标的影响程度对该展览会风险进行分级排序的过程。展览会风险估计的依据主要有：

（1）展览会风险管理规划。

（2）展览会风险识别的成果。对已识别的展览会风险及风险对展览会的潜在影响需进行估计。

（3）展览会进展状况。风险的不确定性常常与展览会所处的生命周期阶段有关。在展览会初期，展览会的风险症状往往表现得不明显，随着展览会的推进，展览会风险及发现风险的可能性会增加。

（4）展览会类型。一般来说，普通展览会或重复率较高的展览会其风险程度比较低，技术含量高或复杂性强的展览会其风险程度比较高。

（5）数据的准确性和可靠性。对用于展览会风险识别的数据或信息的准确性和可靠性进行有效估计。

（6）概率和影响的程度。这是用于估计展览会风险的两个关键方面。

3. 展览会风险估计的工具和技术

展览会风险估计可以使用一般项目风险管理的工具和技术。一般项目风险估计的工具和技术主要包括风险可能和危害分析等级矩阵、项目假定测试、数据精度分级等，这几种方法在展览会风险估计中也经常使用，接下来介绍一下。

（1）风险可能和危害分析等级矩阵。

风险的大小是由两个方面决定的：一是风险发生的可能性，另一个是风险发生后对项目目标所造成的危害程度。对这两方面，可以用一些定性的描述词分别进行描述，如“非常高的”、“高的”、“适度的”、“低的”和“非常低的”等，表 9-1 就是对风险危害程度分级的一个例子。由此，可以得到一个可能/危害等级矩阵，对发生可能性大且又危害程度大的风险要特别加以注意。

（2）项目假定测试。

风险估计中的项目假定测试是一种模拟技术，它是分别对一系列的假定及其推论进行测试，进而发现风险的一些定性信息。

（3）数据精度分级。

风险估计需要准确的、不带偏见的有益于管理的数据，数据精度分级就是应用于这一方面的一种技术，它可以估计有关风险的数据对风险管理有用的程度。

它包括如下的检查：风险的了解范围，有关风险的数据，数据的质量，数据的可信度和真实度等。

表 9-1 风险危害程度分级

风险对项目不同目标的危害估计					
项目目标	很低（0.05）	低（0.1）	适度（0.2）	高（0.4）	很高（0.8）
费用	明显的费用增加	<5%的费用增加	5%～10%的费用增加	10%～20%的费用增加	>20%的费用增加
进度	明显的进度推迟	进度推迟<5%	总项目进度推迟 5%～10%	总项目进度推迟 10%～20%	总项目进度推迟>20%
范围	不被觉察的范围减少	小区域的范围更改	大区域的范围更改	不能接受的范围更改	结束时项目范围已面目全非
质量	不被觉察的质量下降	不得不进行的质量下降	经客户同意的质量下降	客户不能接受的质量下降	结束时项目已不能使用

二、展览会风险评价

1. 展览会风险评价的概念

展览会风险评价就是对展览会风险进行综合评价。它是在对展览会风险进行规划、识别和估计的基础上，通过建立风险的系统模型，从而找到该展览会的关键风险，确定该展览会的整体风险水平，为如何处置这些风险提供科学依据，以保障展览会的顺利进行。

2. 展览会风险评价的依据

（1）展览会风险管理计划。

（2）展览会风险及风险条件排序表。

（3）历史资料。如同类展览会的文档，风险专家对同类展览会的研究成果及会展行业或其他来源的相关信息数据。

（4）专家判断结果。专家既可以是展览会团队、组织内部的专家，也可以是组织外部的专家；既可以是风险管理专家，也可以是工程或统计专家。

3. 展览会风险评价的方法和工具

对项目进行风险评价的方法很多，如故障树分析法（Fault Tree Analysis）、层次分析法（AHP）、蒙托卡罗模拟法（Monte Carlo Simulation）、外推法（Extrapolation）、决策树（Decision Tree Analysis）、计划评审技术 PERT（Program Evaluation and Review Techniques）、主观概率法（Subjective Probability Method）、效用理论（Utility Theory）、灰色系统理论（Grey System Theory）、模糊分析方法（Fuzzy Analysis）、影响图分析法（Influence Diagram）等。这些项目风险的评价方法和工具也适用于展览会项目。接下来简单介绍一下。

（1）故障树分析法。

故障树分析法是 1961 年到 1962 年期间，美国贝尔（BELL）电话实验室的 Watson 和 Mearns 等人在分析和预测民兵式导弹发射控制系统安全性时首先提出并采用的故障分析方法。此后，故障树分析法被推广到宇航、核能、电子、化工和机械等工业部门以及社会问题、经济管理和军事行动决策等领域。目前国际上已公认故障树分析方法是可靠性分析和故障诊断的一种简单、有效的方法。

故障树分析法是一种演绎的逻辑分析方法，它在风险分析中的应用主要是遵循从结果找原因的原则，将风险形成的原因由总体到部分按树枝形状逐级细化，分析风险及其产生原因之间的因果关系，即在前期预测和识别各种潜在风险因素的基础上，运用逻辑推理的方法，沿着风险产生的路径，求出风险发生的概率，并能提供各种控制风险因素的方案。

故障树分析法是一种具有广阔应用范围和发展前途的风险分析方法，尤其对较复杂系统的风险分析和评价非常有效，它具有应用广泛、逻辑性强、形象化等特点，其分析结果具有系统性、准确性和预测性特点。同时，它有固定的分析流程，可以用计算机来辅助建树和分析，大大提高了风险管理的效率，是一种较好的展览会风险评价与分析方法。

（2）层次分析法。

层次分析法是管理学中常用的方法，在很多具体问题中都有广泛的应用。它的主要步骤如下：

①根据风险因子的相关隶属关系构造出阶梯层次模型。

②对每一顶层风险因子的下层因子通过一对一的比较构造出权重判断矩阵 P 如下：

$$P=\begin{bmatrix} U_{11} & U_{12} & \cdots & U_{1n} \\ U_{21} & U_{22} & \cdots & U_{2n} \\ \cdots & \cdots & \cdots & \cdots \\ U_{n1} & U_{n2} & \cdots & U_{nn} \end{bmatrix}$$

U_{ij} 表示元素 U_i 对元素 U_j 的相对重要性数值，$(i,j=1,2,\cdots,n)$，U_{ij} 的取值依表 9-2 进行。

表 9-2 判断矩阵标度及含义

标度	含义
1	表示因素 U_i 与 U_j 比较，具有同等重要性
3	表示因素 U_i 与 U_j 比较，U_i 比 U_j 稍微重要
5	表示因素 U_i 与 U_j 比较，U_i 比 U_j 明显重要
7	表示因素 U_i 与 U_j 比较，U_i 比 U_j 强烈重要
9	表示因素 U_i 与 U_j 比较，U_i 比 U_j 极端重要
2,4,6,8	2，4，6，8 分别表示相邻判断 1－3，3－5，5－7，7－9 的中值
倒数	表示因素 U_i 与 U_j 相互比较 $U_{ji}=1/U_{ij}$

③根据权重判断矩阵 P 计算重要性排序。

求出权重判断矩阵 P 的最大特征根所对应的特征向量，所求特征向量即为各评价因素重要性排序，也就是权数分配。具体求法是：

a. 计算判断矩阵每一行元素的乘积 M_i：

$$M_i = \prod_{j=1}^{n} U_{ij}\ ,\quad (i,\ j = 1,\ 2,\cdots,n)$$

b. 计算 M_i 的 n 次方根 $\overline{w_i}$：

$$\overline{w_i} = \sqrt[n]{M_i}$$

c. 对向量 $\overline{w} = \left[\overline{w}_1, \overline{w}_2, \cdots, \overline{w}_n\right]^T$ 作归一化处理或正规化处理，即：

$$w_i = \overline{w}_i \Big/ \left(\sum_{I=1}^{n} \overline{w}_j\right)$$

则 $w = [w_1, w_2, \cdots w_n]^T$ 即为所求特征向量，也就是所要求的权重向量。

d. 到此已经得到了权数向量，但权数的分配是否合理，这还需要对判断矩阵进行一致性检验。所谓一致性即当判断矩阵 P 满足等式

$$P_{ij}P_{jk} = P_{ik},\ (i,j,k = 1,2,\cdots,\ m)$$

时，称其为一致性矩阵。

④依据得到该层风险因子的权重向量 $w = [w_1, w_2, \cdots w_n]^T$，同时可通过专

家打分方法得到每个因子的风险估计值向量 $R=[R_1,R_2,\cdots R_n,]^T$，这样对该层因子的风险总评就是：$\overline{R}=\sum_{i=1}^{n} w_i \bullet R_i$。

⑤在每一个顶层因子的下层因子都得到风险总评之后，可按同样的方法对顶层因子进行类似的分析，最后得到整个项目的风险总评值。整个过程的思路见图 9-1。

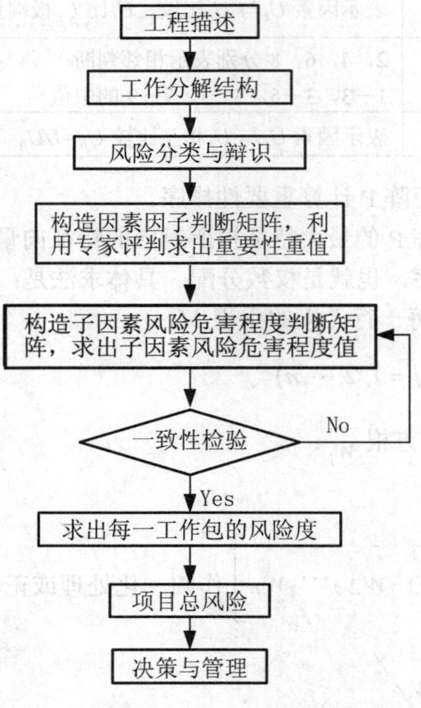

图 9-1　用层次分析法进行风险量化分析的思路

（3）蒙托卡罗模拟法。

蒙托卡罗模拟法是随机地从每个不确定风险因素中抽取样本，之后进行一次整个项目计算，重复进行成百上千次，模拟各式各样的不确定性组合，获得各种组合下的成百上千个结果，进而通过统计和处理这些结果数据，找出展览会项目变化的规律。例如，把这些结果值从大到小排列，统计各个值出现的次数，用这些次数值形成频数分布曲线，就能够知道每种结果出现的可能性是多少。然后依据统计学原理，对这些结果数据进行分析，确定最大值、最小值、平均值、标准差、方差、偏度等，通过这些信息就可以更深入地定量地分析项目，为决策提供依据。

展览会也可以用蒙托卡罗模拟法来模拟仿真展会的日程，这种技术往往被全局管理者所采用，通过对展览会的多次“预演”得出如图 9-2 所示的展览会进度日程的统计结果。该图表明了完成展览会的累积可能性与某一时间点的关系，展览会固定完成工期越靠左则按时完成展览会项目的风险愈高，反之风险愈低。蒙托卡罗模拟法也常被用来估算展览会成本可能的变化范围。

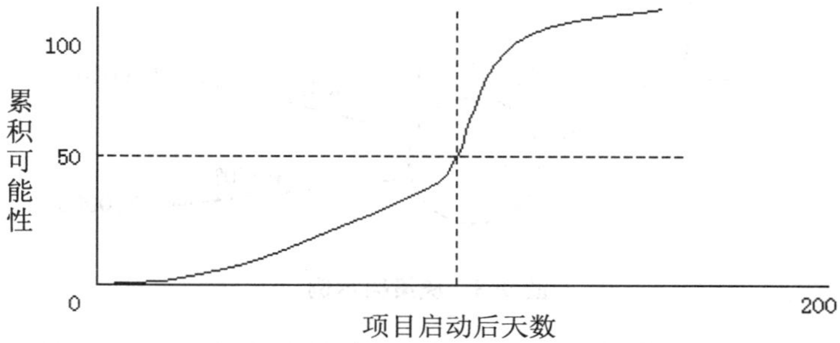

图 9-2 一个展览会项目的进度日程的蒙托卡罗模拟

（4）外推法。

外推法也是进行展览会风险评估和分析的一种十分有效的方法，它可分为前推、后推和旁推三种类型。

前推是根据历史的经验和数据推断出未来事件发生的概率及其后果。如果历史数据具有明显的周期性，就可据此直接对风险作出周期性的评估和分析。如果从历史记录中看不出明显的周期性，就可用曲线或分布函数来拟合这些数据再进行外推。此外，还得注意历史数据的不完整性和主观性。

后推是在手头没有历史数据可供使用时所采用的一种方法。由于展览会具有一次性和不可重复性，所以在展览会风险评估和分析时常用后推法。后推是把未知的想象的事件及后果与已知事件及后果联系起来，把未来风险事件归结到有数据可查的造成这一风险事件的初始事件上，从而对风险作出评估和分析。

旁推就是利用类似展览会的数据进行外推，用某一展览会的历史记录对新的类似展会可能遇到的风险进行评估和分析，当然这还得充分考虑新环境的各种变化。

这三种外推法在展览会风险评价中都可以得到广泛的采用。

（5）决策树。

决策树是一种便于决策者理解的、来说明不同决策之间或相关偶发事件之间相互作用的图表。决策树的分支或代表决策（用方格表示）或代表偶发事件

（用圆圈表示），如图 9-3 是一个典型的决策树图。

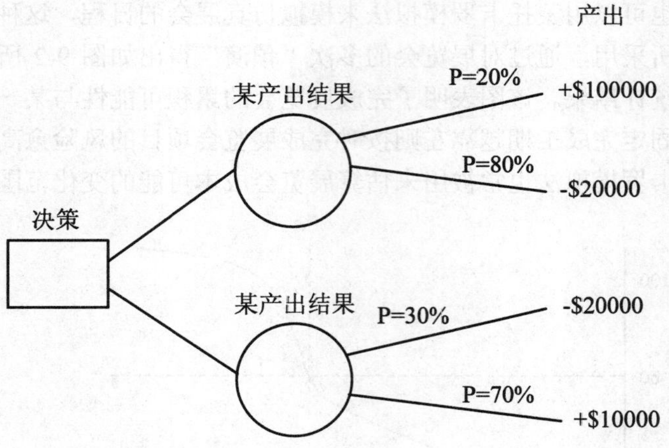

图 9-3 决策树示例

对展览会风险进行量化分析是精确处置风险的前提，是制定和实施风险处置计划的科学根据，因此一定要对风险发生的概率及其后果作出尽量准确的定量估计。但由于历史资料的不完整、展览会项目的复杂性、环境的多变性以及人们认识的局限性都会使人们在评估和分析展览会风险时出现一些偏差，如何利用多种分析方法综合判断从而缩小这一偏差，是展览会风险管理中值得进一步研究的问题。

第五节 展览会风险防范与应对

展览会运作过程中，出现风险是不可避免的，除了提高识别风险、评估风险的能力外，在对展会风险进行严密监控的基础上，展览会主办或者承办者应加强风险防范，未雨绸缪，充分调动内外部的积极因素，尽可能降低风险，化险为夷，度过难关。展会风险应对可以从改变风险后果的性质、风险发生的概率和风险后果大小三个方面提出以下多种策略：减轻风险、预防风险、转移风险、回避风险、自留风险和后备措施等。对不同的风险可用不同的处置方法和策略，对同一个展览会所面临的各种风险，可综合运用各种策略进行处理。

一、减轻风险

主要是为了降低风险发生的可能性或减少后果的不利影响。如何减轻风险，则要按已知风险、可预测风险和不可预测风险来分别对待。

对于已知风险，可以在很大程度上加以控制，使其风险减轻；对于可预测风险，可以采取迂回策略，尽量将每个风险因素都减少到可以接受的水平上；对于不可预测风险，要尽量使之转化为可预测风险或已知风险，然后加以控制和处理。

在减轻风险过程中，要集中力量专攻威胁最大的那几个风险。有些时候，高风险是由于风险的耦合作用而引起的。一个风险减轻了，其他一系列风险也会随之减轻。

二、预防风险

预防策略通常采取有形或无形手段。

工程法是一种有形的手段。此法以工程技术为手段，消除物质性风险威胁。工程法预防风险有多种措施：一是防止风险因素出现。在展览会活动开始之前，采取一定措施，减少风险因素。二是减少已存在的风险因素。三是将风险因素分离分割。

无形的风险预防手段有教育法和程序法。

教育法：展览会管理人员和所有其他有关各方的行为不应当构成展览会的风险因素，因此，要减轻与不当行为有关的风险，就必须对有关人员进行风险和风险管理教育。风险和风险管理教育的目的是，要让有关人员充分了解展览会所面临的各种风险，了解和掌握控制这些风险的方法。通过教育使他们深深地认识到，个人的任何疏忽和错误行为，都可能给展览会造成巨大的损失。

程序法：程序法是指以制度化的方式从事展览会活动，减少不必要的损失。展览会管理班子制定的各种管理计划、方针和监督检查制度一般都能反映展览会活动的客观规律性。因此，展览会管理人员一定要认真执行。实践表明，如果不按规范办事，就会犯错误，就要造成浪费和损失。所以要从战略上减轻展览会的风险，就必须遵循基本程序。那种图省事、走捷径、抱侥幸心理甚至弄虚作假的想法和做法都是展览会风险的根源。

预防策略还应在展览会的组织结构上下功夫，合理地设计展览会组织形式也能有效地预防风险。展览会主办或承办单位如果在财力、经验、技术、管理、人才或其他资源方面无力完成展览会，可以同其他单位组成合营体，预防自身不能克服的风险。

三、转移风险

转移风险又叫合伙分担风险，其目的不是降低风险发生的概率和不利后果的大小，而是借用合同或协议，在风险事故一旦发生时将损失的一部分转移到项目以外的第三方身上。

采用这种策略所付出的代价大小取决于风险大小。当展览会的资源有限，不能实行减轻和预防策略，或风险发生频率不高，但潜在的损失或损害很大时可采用此策略。

四、回避风险

回避风险是指当展览会风险潜在威胁发生可能性太大，不利后果也太严重，又无其他策略可用时，主动放弃展览项目或改变展览会目标与行动方案，从而规避风险的一种策略。如果通过风险评价发现展览会的举办将面临巨大的威胁，展览会管理班子又没有别的办法控制风险，这时就应当考虑放弃展览会的举办，避免巨大的损失。

在采取回避策略之前，必须要对风险有充分的认识，对威胁出现的可能性和后果的严重性有足够的把握。采取回避策略，最好在展览会尚未实施时进行，放弃或改变正在进行的展览会项目，一般都要付出高昂的代价。

五、风险自留

有些时候，可以把风险事件的不利后果自愿接受下来。自愿接受可以是主动的，也可以是被动的。由于在展览会风险管理规划阶段已对一些风险有了准备，所以当风险事件发生时马上执行应急计划，这是主动接受。被动接受风险是指在风险事件造成的损失数额不大，不影响展览会大局时，将损失列为展览会的一种费用。自留风险是最省事的风险规避方法，在许多情况下也最省钱。当采取其他风险规避方法的费用超过风险事件造成的损失数额时，可采取自留风险的方法。

六、后备措施

有些展览会风险防范与应对要求事先制定后备措施。一旦展览实际进展情况与计划不同，就动用后备措施。主要有费用、进度和技术三种后备措施。

一是预算应急费。这是一笔事先准备好的资金，用于补偿差错、疏漏及其他不确定性对项目估计精确性的影响。预算应急费在展览会进行过程中一定会花出去。但用在何处、何时以及多少，则在编制展览会项目预算时并不知道。预算应急费在展览会项目预算中要单独列出，不能分散到具体费用项目下。

二是进度后备措施。对于展览会进度方面的不确定因素，展览会各有关方一般不希望以延长时间的方式来解决。因此，展览会管理班子就要设法制定出一个较紧凑的进度计划，争取展览会在各有关方面要求完成的日期前完成。从网络计划的观点来看，进度后备措施就是在关键路线上设置一段时差或浮动时间。

三是技术后备措施。技术后备措施专门用于应付展览会的技术风险，它是一段预先准备好了的时间或一笔资金。当预想的情况未出现并需要采取补救行动时才动用这笔资金或这段时间。预算和进度后备措施很可能用上，而技术后备措施很可能用不上。只有当不大可能发生的事件发生、需要采取补救行动时，才动用技术后备措施。

在设计和制定风险处置策略时一定要针对展览会中不同风险的特点分别采用这几种风险处置方式，而且尽可能准确而合理地采用。在实施风险策略和计划时，应随时将变化了的情况反馈给展览会风险管理人员，以便能及时地结合新的情况对展览会风险处理策略进行调整，使之能适应新的情况，尽量减少风险导致的损失。

复习思考题

1. 简述风险的定义与特征。
2. 简述展览会风险管理以及风险管理过程。
3. 简述展览会风险识别的概念、工具与方法。
4. 什么是展览会风险评价？展览会风险评价有哪些方法？

第十章

展览会供应商管理

主要内容

展览会的组织和管理是一项复杂的系统工程，会涉及很多专业化极强的工作，完全靠组展企业自身资源是无法完成展览会全部工作的。供应商是组展商的重要战略资源，是决定展览会管理水平和效果的重要因素。本章主要介绍了展览会供应商的基本概念及主要供应商都包括哪些,展览会供应商的基本分类，展览会供应商如何选择，以及展览会供应商关系管理等内容。

第一节　展览会供应商的概念及主要供应商

一、展览会供应商的概念

展览会供应商指的是那些向展览会提供产品或服务并收取相应数量的货币作为报酬的实体。这里所说的展览会供应商既可以是生产型企业，也可以是流通、服务型企业。展览会供应商的表现在很大程度上决定了展览会对社会的服务质量。同时，展览会主办方要维持正常的运营，就必须保证有一批可靠的供应商为其提供必需的物资和服务。

二、展览会供应商的重要性

展览会的组织和管理是一项复杂的系统工程，会涉及很多专业化极强的工作，完全靠组展企业自身资源是无法完成展览会全部工作的。供应商是组展商重要战略资源，是决定展览会管理水平和效果的重要因素。要保证展览会成功举办，就必须选择合适的供应商，供应商管理水平越高，组展商就能获得更优质的服务。

三、展览会主要供应商

展览会运营系统的复杂性决定了供应商的多样性。根据展览会运作规律，大概可以把供应商分为三大类：

1. 场地供应商

场地供应商主要为展览会提供展览场地和活动场地，主要包括：会展中心、会议中心、集会场所租赁商。

2. 有形产品供应商

有形产品供应商主要包括：旗帜供应商、鲜花供应商、气球供应商、灯光照明供应商、视听设备供应商、食品供应商

3. 服务供应商

服务供应商主要为展览会提供无形服务，主要包括以下供应商：会展公司、公关咨询师、保安公司、烟火设计师、酒店、宾馆、广告代理商、装饰装潢师、娱乐供应商、主持人、急救公司、保险经纪人和承销商、邀请函设计师、律师、交通运输公司、印刷商、特技效果供应商。

第二节　展览会供应商的分类

对展览会供应商进行分类不是目的，而是为了更好地实现对展览会供应商的分析。根据不同的分类标准，可以对展览会供应商进行不同的分类。本节主要根据供应商对组展商的重要程度和供应商所提供的服务内容两个方面进行分类，其主要为了说明展览会供应商与组展商的关系和供应商提供的基本服务。

一、根据供应商对组展商的重要程度分类

根据服务供应商对组展商的重要程度不同，服务供应商可以分为四类：

1. 战略型供应商

战略型供应商是指一些大型企业或行业领袖，是最高级别的供应商，关联度最强，其产品或服务对展览会组展商具有战略性。组展企业通常向这类供应商采购的产品数量只占总采购数量的20%，而产品价值却为采购物品总价值的80%，符合 2/8 原则。此类供应商如展览会的总服务承包商，或与组展商长期密切合作的运输公司和搭建公司。

2. 伙伴型供应商

伙伴型供应商是指具有较强技术势力的细分行业龙头企业，提供产品品种虽少，但专业性强，在交易过程中具有相当的议价能力。虽然组展企业向其采购资金量稍低，但由于其产品技术含量较高，同样起到关键性作用。由于技术壁垒的作用，伙伴型供应商虽然产品市场规模不大，但市场地位相对稳固，而组展企业对其产品可获得性较弱，依赖性较强。

3. 优选型供应商

组展企业对优选型供应商产品或服务的采购数量较大，但单位产品或者服务价值不高，是组展企业供应链中稳定的来源，与企业间有着持久的、良好的合作与信任关系，通常是中小型企业或代理商，其提供的产品或者服务为非关键产品，影响力有限。由于产品或者服务差异化较低，在激烈的市场竞争中，只能通过不断提升服务水平来赢得竞争优势，因此优选型供应商一般较重视采购方需求，以获得长期有效的合作关系。

4. 交易型供应商

通常这类供应商与企业之间的合作机会较少，主要是作为优选型供应商的补充。受外界条件影响，优选型供应商不能完全满足企业需求时，企业才会考虑与交易型供应商合作。

二、根据供应商所提供的服务内容分类

1. 总服务供应商

总服务供应商就是全权负责展览会运作的服务供应商。组展商可把展览会的全部工作全权委托给某服务供应商，并在企业内部组建一个项目小组或指定专门的人员负责与总服务供应商的协调。总服务供应商可根据自身能力和工作性质，把展览会运作中的一项或几项分包给其他的单项服务供应商。

资料 10－1：自由人（Freeman）公司的服务内容

自由人（Freeman）公司是美国第一大会展服务供应商，从 1927 年开始，自由人公司已经为其客户提供了各种博览会、会议和公司活动及展示的全面服务。自由人公司提供的主要服务有：

- 组织博览会、会议、公司活动和展示
- 为顾客设计和搭建展台
- 管理展览项目
- 为各种类型的展览和活动做装饰设计

- 为品牌发展、沟通战略和事件营销提供战略性方向和服务
- 设计和生产数字图标
- 协调公司活动服务
- 安装和拆卸任何规模的展台和展览
- 供应展览地毯和家具并安装
- 配送并操作视听展示技术
- 布置和操作灯光和索具
- 提供全球运输服务

2. 单项服务供应商

单项服务供应商是指只承接展览会管理中的一项或几项工作的服务供应商。常见的重要的单项服务供应商有：会议管理服务供应商、市场营销服务供应商、现场管理服务供应商、展览管理服务供应商等。除了这些重要的服务供应商，还有场地供应商和其他有形产品供应商。

（1）会议管理服务供应商。

在大多数情况下，展览会进行同期都会有相关的会议、论坛举办。组展商由于人力资源限制和专业知识技能的限制往往会把展览会附加的会议项目外包给会议管理服务供应商，从而提高专业化服务水平并提高经济效益。

资料 10-2：展览会外包会议项目

- 组织：潜水设备和市场协会（Diving Equipment and Marketing Association，DEMA）。
- 员工规模：6 人。
- 展览数据：10000 多观众，600 个参展商，净展出面积 25000 平方英尺。
- 外包关系：与 NTP（National Trade Productions)合作，由其负责管理展览会。
- 展览中的会议项目，包括确定能够满足协会目标的高质量的演讲者和活动项目，安排会议日程，签订演讲者合同，安排住宿和旅游等。
- 为什么外包：协会人员少，而且都是新手，经验少，只是举办一个促进行业销售的展览，没有为参展者提供会议的经验。
- 外包的结果：会议项目已经成为为专业人士服务的会议，NPT 可以把自己与其他展览合作的经验与协会共享，NPT 有很好的评价演讲者的体系，这

样可以为 DEMA 挑选最适合的演讲者并确定最合适的选题，从而节省 DEMA 的时间和精力。

- 挑战：与管理公司 NPT 的交流；与股东的交流，让他们理解选择合作伙伴的重要意义。

（2）展览会市场营销服务。

展览会的营销直接决定了展位销售和展览效果，是展览组织中的关键部分。在完成展览会策划之后，组展商可以把营销工作委托给专业公司，由其负责展位销售、展览会宣传、营销等工作。一些专业的展览会营销公司或机构往往掌握着大量的客户资源，是组展商重要的供应商。

资料 10-3：展览会外包市场营销服务

- 组织：国家采矿协会（National Mining Association，NMA）。
- 员工规模：35 人。
- 展览员工：2 人。
- 展览数据：30000 个观众，1226 个参展商，净展出面积 463000 平方英尺。
- 外包关系：Frost Miller Group 为国家采矿协会处理各种市场和营销方面的工作，包括展位销售、印刷和在线广告、网页设计。

（3）现场管理服务供应商。

展览会组织管理中所有前期准备工作都是为了在展览会现场为参展商和观众搭建一个合作的平台。现场秩序、服务、管理及效果是前期准备的直接体现，也是参展商和观众对组展商服务最直接的体验。同时，现场管理也涉及众多的专业化、技术化强的工作，如现场注册、展台搭建和拆卸、展品进场和退场、场馆基础设施供应和管理等，需要专业的公司和场馆管理者为组展商提供服务。

资料 10-4：外包现场管理

- 组织：消费电子协会（Consumer Electronics Association，CEA）。
- 员工规模：130 人。
- 展览数据：2500 个参展商，130000 个观众，净展出面积 150 万平方英尺。
- 外包关系：CEA 与多个场地管理供应商建立合作关系，共雇用了 56 个管理人员，其中有 4 个设备管理经理、20 个场地管理经理、15 个场地管理助理、8 个安保和 9 个负责其他现场管理工作的经理。

（4）展览管理服务供应商。

当展览会组织者拥有多个展览会项目，或者同时举办会议、展览等多项活动，可能会根据自身的资源条件和市场情况把某个展览会的所有工作全部外包给专业展览公司，这些专业展览公司也可以说是该展览会的总服务承包商。

展览会管理服务供应商是企业的重要战略合作伙伴，要求供应商对展览会的发展战略、目标有很好的理解，掌握丰富的展览会运作资源，同时要熟悉与展览会相关的产业发展，具有较高的展览会管理水平，具备市场开拓能力。对于组展商来说，选择展览管理服务供应商或者总的服务承包商是企业的战略决策，必须慎重。

资料 10–5：外包展览管理

- 组织：美国卫生保健工程协会（American Society for Healthcare Engineering，ASHE）。
- 员工规模：15 人。
- 展览数据：ASHE 的年度会议和技术展览：1400 个观众，375 个展位，净展出面积 6 万平方英尺。ASHE 的卫生保健设施计划、设计和建造国际会议和展览：1400 个观众，275 个参展商，净展出面积 5 万平方英尺。
- 外包关系：ASHE 委托 Smith Bucklin 公司负责展览管理服务。Smith Bucklin 公司主要负责展位销售、展览运作、安全和观众服务。
- 结果：把行业知识和展览管理知识结合起来，提供创新观点。在过去的三年中，展览业绩增长了 35%～40%。
- 建议：选择一个可以信赖和依靠的并能够成为团队成员的合作伙伴至关重要，合作伙伴必须对本协会所在的产业概况和成员需求有很好的理解，并知道如何为本协会开发新的市场。

第三节　展览会供应商选择

通过以上章节的分析可知，展览会的供应商类型比较广泛。如何选择出最好最适合展览会项目发展的供应商是展览会管理者面临的重要问题。这一节主要阐述影响展览会供应商选择的主要因素、展览会供应商的组织机构和选择供应商的程序等方面的内容。

一、展览会供应商选择的影响因素

根据供应商选择的一般理论可知，影响供应商选择的主要因素是：质量

（Quality）、价格（Price）、交期（Delivery）、创新（Innovation）、技术（Technology）、服务（Service）、社会责任（Social responsibility）。在会展行业中，由于受会展行业自身特点的影响，在供应商的选择上与一般企业供应商的选择有所不同。

归纳起来主要包括三个方面的因素：

1. 产品因素

这里的产品不仅包括有形的产品，还包括无形的产品，如产品价格、质量、产品柔性以及交货能力等方面的因素。

产品的价格主要是指供应商所供给的有形产品或者无形产品的价格，供应商的产品价格会对展览会企业的利润率产生一定程度的影响。而产品质量主要是指供应商所供给的有形产品或者无形产品的质量，产品的质量是供应链生存之本，是展览会组织者能否为其顾客提供更好的产品和服务的关键。

产品柔性因素主要指在全球竞争加剧、产品需求日新月异的环境下，企业生产的产品或者提供的服务必须多样化，以适应消费者的需求，达到占有市场和获取利润的目的。而组展商的柔性生产能力是以供应商产品或者服务的柔性生产能力为基础的。

交货能力则主要包括：交货的及时性、扩大供货的弹性、提供样品的及时性、增减订货应对能力等内容。这也是展览会供应商选择的主要影响因素之一。

2. 组织因素

组织因素主要包括设计能力、组织结构和财务状况等因素。集成化供应链是供应链的未来发展方向。产品和服务的更新是展览业发展的市场动力。因此对于供应商产品和服务的设计能力能否满足组展商需要的考察是非常重要的。与此同时，组织结构因素也是选择供应商企业的重要因素之一，能够反映供应商企业对市场环境的适应情况。因此，在当今供应链环境下，供应企业组织结构应不断更新完善，以适应多变和复杂的竞争环境。财务状况是一个企业实力的体现，财务状况的好坏直接影响到企业的生产经营状况，因此，对供应商财务状况的考察，也应是一个主要方面。

3. 战略因素

战略因素包括管理水平、信息共享和履约能力等因素。对于一个供应企业来说，管理水平的高低对企业的生存与发展至关重要，管理水平的高低主要通过企业管理人员素质的高低体现出来。供应商企业的管理水平有可能影响整个供应链的绩效，所以，从长远的角度来看，在选择供应商时也应该对其管理水平进行考察。

在当今时代，信息成了决定企业生存与发展的关键因素，任何一个企业都要面对如何集成信息的问题。如何传递和共享这些信息，将上下游企业的经济行为以及企业内部各部门、各岗位的职能行为协调起来，就是供应链管理所要解决的核心问题。为了实现高质量和高效的信息共享，就必须建立供应商企业与其他企业间的供应链信息共享系统。

履约能力包括供应商按所要求的时间和地点以及按合同规定的数量和质量提供产品和服务的能力，也即供应商的合同执行能力。如果供应商不按合同规定的要求准时提供产品和服务，必定会影响到展览会组织者的工作进展，从而就会引起大量的浪费，形成供应链传递的障碍，因此，履约能力也是展览会选择供应商时需要考虑的较为重要的因素。

二、展览会供应商组织

那么如何找到服务供应商呢？最有效的办法就是借助于主要的展览服务供应商行业协会。

1. 展览服务和合同商协会（Exhibition Services & Contractors Association，ESCA）

ESCA 是为展览、会议产业提供产品和/或服务的企业的专业组织，致力于会展产业服务水平的提高。通过教育、信息交流和会员和顾客之间专业知识的分享，ESCA 增强了会展产业各个领域之间的合作。

2. 展览设计和生产协会（Exhibit Designers and Producers Association，EDPA）

EDPA 成立于 1954 年，是展览展示设计者和建筑商的国际专业协会，有来自 18 个国家的 400 多个企业会员，这些会员主要提供展览和活动产业的设计、制造、运输、安装和展览展示服务。EDPA 致力于制定展示标准，主要目的是为展览行业和会员提供教育、领导和网络关系。

3. 国际展览运输协会（International Exhibition Logistics Association，IELA）

IELA 总部设在瑞士，代表展览运输者的利益。1985 年有来自 5 个国家的 7 个公司发起成立，1996 年增加到 36 个国家和地区的 73 个成员。协会设标准和职业道德委员会、海关委员会、组织者委员会。该协会是在会展业不断发展、展会越来越专业的形势下成立的，目的是使展览运输业专业化，提高展览运输的效率，更好地为展览组织者和参展商服务。此外，该协会还为展览运输业提供交流信息的论坛，向海关及其他部门施加影响。该协会发行了一种电子手册，登载着不同国家海关的有关规定，并定期更新。

三、选择供应商的程序

选择供应商的程序包括以下几个环节：确定对供应商的需要、寻找潜在供应商、询价和报价、合同条款的谈判、确定最终供应商。

1. 确定对供应商的需要

组展商应该根据自身的资源条件及展览会管理的需要，合理确定所需要的供应商的类别和数量。

2. 寻找潜在供应商

在确定所需要的供应商类别和数量的基础上，组展商可以通过各种公开信息和公开的渠道得到供应商的联系方式。最主要的方式是通过前面提到的相关行业协会，也可到通过专业媒体广告、互联网等方式寻找，当然服务供应商也会主动与组展商建立联系。

寻找潜在供应商最重要的目的就是对供应商作出初步的筛选，可以使用统一标准的征求信息书（RFI）来获得供应商的信息。这些信息应包括：供应商的注册地、注册资金、主要股东结构、生产场地、设备、人员、主要产品、主要客户、生产能力等。（下面一节会详细介绍如何撰写 RFI 来获得供应商的信息）通过分析这些信息，可以评估供应商的工艺能力、供应的稳定性、资源的可靠性，以及其综合竞争能力。在这些供应商中，剔除明显不适合进一步合作的供应商后，就能得到一个合格供应商名录。

3. 询价和报价

对合格供应商发出询价文件，即征求建议书（RFP）。采购产品不同，文件内容可能也会有所不同，但一般应包括图纸和规格、样品、数量、大致采购周期、要求交付日期等细节，并要求供应商在指定的日期内完成报价。在收到报价后，要对其条款仔细分析，对其中的疑问要彻底澄清，而且要求用书面方式作为记录，包括传真、电子邮件等。

报价中包含大量的信息，如果可能的话，要求供应商进行成本清单报价，要求其列出材料成本、人工、管理费用等，并标明利润率。通过对不同供应商报价的比较，采购部门应当对其合理性有初步的了解。

4. 合同条款的谈判

在合同谈判之前，一定要有充分的准备，设定合理的目标价格。对小批量产品，其谈判的核心是交货期，要求其提供快速的反应能力；对流水线、连续生产的产品，谈判的核心应是价格，但一定要保证供应商有合理的利润空间；对于服务型产品，谈判的核心是组展商要达到的效果和价格，要使服务产品有最好的性价比。

同时，价格谈判还是一个持续的过程，每个供应商都有其相应的学习曲线，在一段时间的供货期过后，其成本会持续下降。为此，组展商应与表现优秀的供应商达成策略联盟，促进供应商提出改进方案，以最大限度节约成本。实际上，每个供应商都是所在领域的专家，多听取供应商的建议往往会有意外的收获。

5. 确定最终供应商

在运用相应的技术策略完成上述工作流程之后，会得到详细的供应商相关信息，把这些信息进行整理，归并到相应的准则中，然后选择合适的定性定量分析工具，给最终供应商一个总体量化评定，以确定最终供应商。

第四节　征求信息书（RFI）

在选择确定服务供应商的过程中，有两个非常重要的环节，即征求信息和征求建议，也就是通常所说的征求信息书（Request for Information，RFI）和征求建议书（Request for Proposal，RFP）。征求信息书是获取供应商信息的主要手段和工具；而征求建议书是帮助企业获得供应商服务的有效工具，是任何谈判的起点。尤其是在选择总的服务供应商，视听服务供应商，注册服务、目的地管理服务、安保、运输等相对复杂而又不容易标准化的服务的供应商时，更应该重视征求建议书的工作。本节先介绍征求信息书。

一、征求信息书

征求信息书是向潜在供应商发布以获得信息的文件。在展览和活动行业中经常在发布征求建议书或征求报价书（Request For Quotation，RFQ）之前使用征求信息书来确定潜在供应商的资格。

征求信息书由一组问题组成，主要用于了解供应商的财务状况、管理结构、服务、质量等方面的细节。总的来说，征求信息书是采购产品或服务的第一个步骤。面对大量的可供选择的供应商，需要企业对供应商的竞争能力作快速的评估。征求信息书的价值就在于它基于不同供应商对于同一套问题的回答，可以为企业提供一个可衡量的量化的比较基础。同时征求信息书也给供应商一定的信息，即组展商在发布征求建议书之前要做严格的挑选工作，避免直接让供应商花费巨额资金提供征求建议书。

实践中，越来越多的组展商开始使用征求信息书来选择能够满足需求的供应商。展览参展商协会（Trade Show Exhibitors Association，TSEA）与展览设计和生产协会（Exhibit Designers and Producers Association，EDPA）两大协会发起了一项活动，为展览和活动产业提供一套简单的、易于使用的征求信息书模板，为企业和产业供应商提供可靠的基准，同时减轻供应商提供建议的压力，并保证所收集信息的质量。该活动检查了大量的公司征求信息书中的几百个问题，最后确定出真正对企业和供应商都有意义的问题。通过这项活动，组展商可以使用产业的最佳标准实践，降低成本，优化选择过程；而产业供应商则可确定企业问题，在选择过程中能够有效地满足企业的需求。

二、撰写征求信息书

1. 征求信息书的基本信息

通常来说，征求信息书可以分成五个部分来评估供应商。

（1）供应商的概况：财务稳定性和资源、组织结构、管理结构。

（2）能力/服务/支持：整体的能力、账户管理、技术、创造力背景和经历、平面设计和生产、项目管理、储存、仓储和处理、交通运输管理、展览服务、安装和拆卸、视听和额外服务。

（3）商业实践：质量控制/保证、消费者满意度。

（4）证明书。

（5）价格/支付选择。

2. 获得供应商信息需要问的问题

无论组展企业需要哪个领域的供应商，要想全面了解供应商的信息，需要向供应商提出有针对性的问题。要想了解前面提到的五个方面的供应商信息，可以提出以下问题（见表 10-1）。当然下面的问题中，会有部分重复，企业可根据自身的情况确定合适的问题列表。

表 10-1　获取信息的问题表

项目		问题
供应商概况	财务稳定性和资源	供应商的邓氏编码（D&B number）是什么？是否可提供年度报告，近 3 年的年度销售收入，未来 3 年销售量预测，新的并购、多元化或出售计划？是否愿意分享“息税、折旧、摊销前收益”信息？供应商的总收益目标是什么？是否可以提供至少 3 份财务资料？是否可以提供银行和财务证明？是否可以提供公司所有者的概况？是否可以提供保险覆盖类型、保险数量和保险政策的到期日？是否有未解决的诉讼或保险问题？
	组织结构	供应商的名字是什么？是公有还是私有公司?是母公司、投资者还是附属子公司？在现在所在行业有多少年了？公司的位置？供应商现在联盟的地位如何？在哪些城市与哪些联盟有合同联系？和什么展览行业协会有联系？供应商的战略意图说明（任务、愿景、哲学）有哪些？是否与其他供应商有战略合作关系以提高产品和服务供应？
	管理结构	提供董事会成员、办公人员的名字。提供 CEO、COO、CFO、总裁和各分部的简介和联系方式。合同由谁签名？提供核心团队成员的简介和背景、经验、特殊技能。公司总部在哪？

续表

项目		问题
能力/服务/支持	整体的能力	相比于竞争对手公司的独特性何在？是否提供市场、竞争、品牌或活动现场的研究？概念性研究阶段的程序是什么？是否对创造性概念收费？3-D 设计、平面设计和生产是否在公司内部完成？平面生产是否在公司内部完成？如果有外包的情况，哪部分被外包？是否提供账户管理？包括那些内容？是否提供项目管理？由谁管理？是否有详细的分工？是否在公司内部进行制作？如果不是，在哪里？提供所签署的合同名单。提供组织内部使用技术的概述。供应商是否有顾客界面技术？如果有，列出并描述供应商具有的在线服务能力。请列出下列哪项工作（如果有）公司有所介入：展览、活动、零售、博物馆、主管指示中心、公司前厅、商场售货亭、路演等。是否有计算机存货管理系统？如果有，是否依托条形码或其他某种平台？对进出口检查的收费，是否有不同的层次和收费标准？列出所有储存地点（最好有地图）。描述与仓库的内容和储存有关的保险覆盖范围。是否有国内货运合同？通过这些合同可获得多大折扣？提供供应商管理货运的标记和/或小时收费。是否希望每次运输都有竞标？列出所提供的创造性工作：道具、视听、灯光、舞台等。是否有会议策划人员？是否有目的地管理服务？如何发展主题、人才管理？是否有制片人、导演和作家？是否提供 ROI、ROO 和项目绩效衡量？与展览机构有何种联盟联系或商业伙伴关系？
	账户管理	谁是日常联系人（提供该人的简历）？联系人是否具有管理该类型账户或产业的经验？如果需要时谁支持该联系人？在紧急情况下的储备如何？账户管理的平均成本比例如何？该账户是否支持个人参加每个展览？如果支持，那由谁来支付旅行成本？是否有年度或季度账户绩效检查？是否进行例行的展后评估？是否有例行的获得顾客反馈的方式，如展览服务调查问卷？
	技术	提供组织内部使用技术的概述。供应商是否有顾客界面技术？如果有，列出并描述供应商具有的在线服务能力。描述供应商为顾客提供与顾客、运输和预算有关的历史信息的能力。描述未来自动化技术的细节、目前的具体状况和未来部署的时间。谁拥有仓库系统的信息？供应商的系统是个人的吗？描述与技术有关的安保、备用、灾难恢复计划。提供三个利用供应商在线项目的顾客的名字和电话号码。
	创造力背景和经历	提供设计部门的结构。谁是责任人？谁是设计团队成员（提供个人的简介）？提供发展新项目的创造性问题解决技巧以及设计过程和项目进化中的问题解决思路。使用的技术。提供使用的计算机装备类型。是否使用 CAD？什么平台？是否有素描人员？是否可提供飞行技术？精通何种软件？内部设计的比例如何？
	平面设计和生产	是否为顾客提供平面电子目录？该顾客是否有网页？精通何种硬件和软件？是否使用 Adobe 和 Photoshop？平面生产的方法有哪些？哪些工作是企业内部做的，哪些工作是转包的？

续表

项目		问题
能力/服务/支持	项目管理	列出项目经理的工作范围和作用。这些经理有多少年的工作经验？项目管理团队与顾客有多少联系？是直接联系吗？是否有在线对话？是否有在线交流包？名字是什么？如何工作（提供样本浏览并展示其功能）？是否可提供建造的时间表？使用何种 CAD 软件？项目管理的平均成本比例是多少？小时成本是多少？是否有管理会议的项目经理？每个项目是否提供一套包括场地计划、搭建和绘图细节的制图？是否有展览场地管理的挑战？是否有解决问题的项目经理？
	储存、仓储和处理	仓储价格及计算方法有哪些？地毯包的储存价格是多少？仓库的规模（照片）。是否有计算机存货管理系统？是根据条形码还是其他平台？如果需要，是否需要分包商或辅助的储存空间？对进出口检查的收费，是否有不同的层次和收费标准？列出所有储存地点（最好有地图）。列出国际地点。描述与仓库的内容和储存有关的保险覆盖范围。是否设有以及有多少自动灭火装置？描述安保条款。
	交通运输管理	提供估计成本的系统。是否有国内货运合同？如果有，是哪家货运公司？运输价格是多少？通过这些合同获得的折扣是多少？管理货运的提价和/或每小时的价格是多少？是否使用联邦快递或其他快递公司？你公司对此项运输的涨价是多少？是否有特殊的空运工具？如果有，价格和涨价幅度是多少？是公司内部提供运输还是分包（特定价格和涨价幅度）？
	展览服务	谁负责展览服务的预定工作？是否有特殊的展览服务部门？如果需要的话，是否愿意直接由展览合同商获取展览手册、回答疑问和解决问题？服务的标志和/或小时费用是多少？如何处理预付款和保证金？如果逾期付款如何惩罚？
	安装和拆卸	是否有内部安装和拆卸员工？如果有，谁将负责我公司业务？请提供管理人员、监理人员名单。如果你公司不做 I&D 工作，会从哪雇用劳力？提供安装和拆卸分包商（包括公司名称、证明、合作时间）。是否提供有保证的劳动力估计数量？劳动力价格是否有变动余地？如果有，变动幅度是多少？我们是否可以直接使用自己雇用的劳动力？如果可以，你公司是否愿意提供监督？提供 I&D 的现场管理结构。是否有展览经理？是否有服务台？是否有应急供应商？劳动力的涨价幅度是多少？签署了什么联盟合同？在每个主要城市监管的涨价比例是多少？每个主要展览市场劳动力和监理的价格是多少（列出与参展手册上价格的对比）？
	视听和额外服务	是否有内部视听工作人员？是否有租赁设备？可提供什么设备？使用哪些分包商？提供劳力和设备的标记。是否开保证价格？现场技师的服务价格是多少？如果需要，如何计算加班费用？

续表

项目		问题
商业实践	质量控制/保证	使用何种计算机辅助设计（CAD）平台？是否可以提供制作、绘图、搭建图和场地计划的样本？最终绘图的审批过程是什么？提供合同、订货、预定更改、发票的样本。如何根据价格变化更改预定？是否使用项目流程图管理你公司的生产过程（如果有，请提供例子；如果没有，如何管理日程）？有什么其他的质量控制方法？提供你公司雇员培训类型和评估工作。提供产品和服务质量保证。不合格工作的补救措施有哪些？展台维护价格是多少？是否有选择？你的顾客是否能在生产期间的任何时候参观你的商店或分包商的设施？是否有工艺标准细节？是否有可证明的封闭式的纠错系统？绘图细节和场地管理计划的审批程序是什么？有何质量控制手段？是否有正在进行的质量改进和发展项目？如何跟踪最新技术和趋势？有何种与展览现场建设有关的保险？
	消费者满意度	谁负责顾客满意度？如何评估目前的顾客满意度？如何增加顾客的价值？供应商如何与目前实践和产业发展趋势保持一致？是否有常规的顾客反馈？是否有在线顾客反馈？是否有年度、季度和月度账户检查？如何处理和调节消费者的抱怨？
证明书		提供 3 个现有的客户名单。提供 3 个以前客户名单和联系方式。与客户保持关系的平均时间是多少？请描述在我公司所在行业的展览、会议和行业协会的体验。提供工作照片。消费者的评论有哪些？
价格/支付选择		提供完整价格表。解释加班工资的结构。明确说明价格中是否包括非我方原因导致的加班工资。提供合同、发票的样本。列出所有可能遇到加班的可能。描述任何特殊的合同和折扣。提前预付款是否有折扣？是否可在线支付、更改预定？描述登记和结账的程序。提供帮助顾客降低成本的例子。

第五节 征求建议书（RFP）

一、征求建议书

征求建议书是发单人为了收到供应商出价而发放的向外招标的详细要求的一种基本的文件。为了让企业以更公平、便捷及快速的方式对所有的竞标进行评估，该建议书常常是正式的文件，以建议并引导未来的合同方完成整个竞标过程（询价、选择、授权）。为了完成此过程，建议书描述了项目及与其相关的所有信息。

征求建议书可用来选择各种产品及服务。征求建议书是收集解决方案的有效工具，通过决策矩阵的方式对各方案进行挑选，选出最符合要求的方案。

二、撰写征求建议书的准备工作

在确定一份征求建议书的所有关键部分前，需简单回答以下几个问题。

1. 为什么（Why）

即为什么你的机构需要一份新的采购方案？回答这个问题后，你可创建一个阐述目标部分的章节。

2. 谁（Who）

提供关于组展商的简短描述。最好使用征求建议书模板，用模板文件里可以利用的信息来描述参展企业。在使用它时，要记得删除过时的信息，并添加项目有关的新信息，也就是背景信息。

3. 什么（What）

艰险项目的本质是什么？需求是什么？预期的效果是什么？回答以上问题就完成了以下部分：工程的范围、效果及绩效的标准、交付的产品。

4. 怎么样（How）

即合同是怎么样的？您期望从提供者处获得什么样的信息及文件？如何评估建议书以及怎样选择最匹配的解决方案？

可以用于此部分的信息：包括合同的条款，付款、奖励以及罚款，合同的条款和条件，建议书筹备的要求，评估和授予合同的过程。

5. 什么时候（When）

即建议书何时提交？什么时候作决定？整个挑选过程的时间期限是多少？谁负责评估建议书并作最后的决定？

回答以上的问题，就可以完成以下部分：过程时间表及未来通信的联系点。

三、征求意见书的基本内容

1. 目标的阐述

描述组展企业要求的产品和服务的范围及程度，合同的总目标。

2. 背景信息

组展企业的全面介绍、主要决策者的联系方式、活动的具体信息（包括事件的目的和观众的细节）、活动时间表（日期和时间、进场和退场时间）、预算信息、其他收入机会、面临的挑战（时间、语言、专业观众需求等）等。

3. 工程的范围

列举供应商具体的职责以及期望供应商达到的效果，包括详尽的责任表。

4. 效果及绩效的标准

把目标效果、对承包商最低的绩效标准、监督其完成的方法以及进行修改的过程具体化；把所有将要提交给你的产品、报告及计划列个表并提交一个交付时间表。

5. 合同的条款

把合同的时效、开始时间、结束时间以及合同的续订具体化。附带标准合同的格式、证书以及担保。要写出合同的具体要求，包含完整的项目负责人名单，具体地写出他们的姓名、职位、职责以及各种联系方式，以便在需要了解征求建议书信息或是对其有疑问时联系。

6. 付款，奖励及惩罚

列出所有按照规定履行的付款条款。突出对表现优异的进行奖励的依据以及对没有履行规定或履行不好的进行惩罚的依据。

7. 评估及授予合同过程

制定出评估建议书以及最终授予合同的程序和标准。

8. 过程时间表

清晰并简洁地标出各个阶段至最后决定的时间期限，如提交意向书、提问、参加投标前会议、提交建议书的日期。

第六节　展览会供应商关系管理

一、展览会供应商关系管理

展览会供应商关系管理（Supplier Relationship Management, SRM），是供应链上的一个基本环节，它建立在对展览会组织者的供方（包括原料供应商、设备及其他资源供应商、服务供应商等）以及与供应相关信息的完整有效的管理与运用的基础上，对供应商的现状及历史，提供的产品或服务、沟通、信息交流、合同、资金、合作关系、合作项目以及相关的业务决策等进行全面的管理与支持。

二、展览会供应商关系管理的内容

在开发和选择出适合自己的供应商之后就应该考虑如何管理供应商，如何维系与它们的关系，从而产生新的生产能力，提升供应环节的价值增值能力。

1. 展览会供应商关系维护

从经济学视角看，维护一个已有供应商，比开发一个新供应商的交易成本要低得多。展览会组展商对供应商进行管理就是希望通过对伙伴关系的维护，使其自愿地、高效率地完成对组展商产品和服务的供应。

组展商要以诚信的态度与供应商公平交易。实际上，公平交易本身也是对对方的一种激励，同时它还体现了组展商与供应商之间公平的利润分配。利润分配形式分为显在的和潜在的两种：双方的交易价格就是一种显在的利润分配；而在实际操作过程中，当供应商遇到困难时，组展商对供应商的援助就是一种潜在的利润分配，或者说是一种对供应商的激励，这是一种非常好的维持伙伴关系的举措。

2. 展览会供应商关系提升

组展商与供应商多次合作之后，双方的关系得以提升。彼此合作的伙伴更希望在一种超越交易关系的环境中工作，当这种伙伴关系超越了交易关系而达到相当高的紧密程度时，供应商合作伙伴就会产生一种贡献的意愿和行为。在亲密合作的基础上，供应双方之间共享信息和资源，把各自的核心能力融合在一起，从而产生了创新能力、综合效益及附加价值。

3. 展览会供应商关系优化

供应环节的效率和价值增值，是组展商与供应商之间基于长期合作过程而产生的亲密关系所带来的，因此组展商应时刻注意与供应商关系的优化。组展商应当根据其对供应商的要求，与供应商共同制定采购供应计划，及计划执行情况的考核指标。通过与供应商的经常接触和会访等形式，与供应商针对采购供应计划组织安排生产活动及控制进度，并及时向供应商提出改进意见。

三、展览会供应商绩效评估

对展览会供应商绩效的评估，既是对展览会供应商业绩表现的检验，同时也是对展览会供应商的一种竞争激励，促使其努力提高业务水平和管理水平，为实现供应链整体绩效的提升作出更大的贡献。另一方面，通过这种阶段性的评估，组展商也可以放弃与一少部分展览会供应商的继续合作，从而使合作伙伴的关系结构得以优化。

组展商应根据下述指标衡量供应商的绩效：

1. 质量水平

包括：提供产品的优良品率、质量保证体系、样品质量、对质量问题的处理。

2. 交货能力

包括：交货的及时性、扩大供货的弹性、提供样品的及时性、增减订货应对能力。

3. 价格水平

包括：优惠程度、消化涨价的能力、成本下降空间。

4. 技术能力

包括：工艺技术的先进性、后续研发能力、产品设计能力、技术问题的反应能力。

5. 后援服务

包括：零星订货保证、配套售后服务能力。

6. 人力资源

包括：经营团队、员工素质。

7. 现有合作状况

包括：合同履约率、年均供货额外负担和所占比例、合作年限、合作融洽关系。

复习思考题

1. 什么是展览会供应商？什么是展览会供应商管理？
2. 展览会供应商的类型有哪些？
3. 什么是征求信息书（RFI）？为什么要撰写征求信息书？通过征求信息书要了解展览会供应商的哪些信息？
4. 什么是征求建议书（RFP）？如何撰写征求建议书？
5. 什么是展览会供应商关系管理？如何进行展览会供应商关系管理？

第十一章

展览会现场管理

主要内容

展览会现场管理是指展会从布展开始，包括展览期间，到最后展览会闭幕这一段时间对展览会布置、展览和撤展等事务的组织管理工作。办展机构对现场工作组织管理的好坏直接影响展会的质量，因此，办展机构对展会现场管理的工作非常重视。展会现场管理所包含的内容很多，需要多方面的协调配合。但本章主要是对布展和撤展、专业观众的管理和现场服务以及运输代理商等主要内容进行阐述。

第一节　布展和撤展管理

布展是指展览会开幕前的现场布置与筹备工作，通常在开幕前几天，参展商进入展出现场为自己的展位进行布置与搭建工作，而办展机构对展出现场公共区域进行整体布置。一般展览会的布展时间在1～4天，但展览会规模的大小对布展时间有一定的影响，展览会规模越大，布展时间就越长；不同题材的展览会，布展时间长短也不相同，主要取决于展览会题材及展品的复杂程度，如汽车和大型机械设备展览会可能需要一个星期的布展时间，而消费品展览会的布展时间通常只需1～2天的时间。

对于办展机构而言，布展就是对展览会现场环境进行整体规划，对参展商、搭建商、运输商等的有关工作进行协调和管理，从而为展览会正式开幕做好筹备工作。对参展商来说，参展商需凭合同及其他有关证明到展出现场报到，付清各种款项，领取相关证件，办理入场手续，然后在办展机构规定的时间内对自己的展位进行搭建、布置和将展品陈列在展位上等展位布置工作。本节主要是从办展机构的布展角度来论述。

二、展览会布展工作管理

从办展机构的角度看，布展是指对展会现场环境进行布置和对参展商的有关工作进行协调和管理。根据国家对展会管理的规定，办展机构在组织展会布置前需要到工商、消防、安保和海关等部门办理有关手续，经这几个部门审批和备案后，方能开始布展。如果展馆位于城市中心地带，在有些城市还需要办理外地车辆进城证，以方便外地的参展企业运送展品到展会现场布展。

此外，在布展前，办展机构还需要与展会指定承建商和展品运输代理进行充分的协调和沟通，共同交流对展会现场环境布置和展位搭建的指导思想、意见和建议，及时解决展品运输过程中可能出现的各种问题，避免现场布置格调不统一或者展品迟迟不到等现象出现，保证展会布置现场秩序井然。

1. 展位划线工作

按照各参展单位租用的场地面积和位置划好每一个展位的地域范围，确定每一个展位的具体位置，方便参展商在自己租用的地方搭建展位和陈列展品。展位划线工作涉及每一个参展商租用展位的具体位置和大小，办展机构要认真仔细，一丝不苟，要按照对参展商的承诺如实办理。

2. 展馆地毯铺设

在展馆计划铺设地毯的地方按计划铺设地毯，主要是展馆的公共区域、某些标准展位等。地毯铺设一定要紧贴地面，要美观，不能妨碍行人通行。

3. 参展商报到和进场

各参展商凭借合同及其他有关证明到展会现场报到，付清各种款项，领取相关证件，办理入场手续。办展机构要把好这一关，防止出现混乱和安全问题。

4. 展位搭建协调工作

除了一些特装展位由参展商自己搭建以外，展会还要负责搭建一些标准展位，不管是标准展位还是特装展位，办展机构都要监督所有承建商按照展览要求搭建。对于展位搭建出现的各种问题，展会要及时协调处理。

5. 现场施工管理和验收

展会要派专门人员管理各承建商的现场施工，如现场用电、用火、噪声、展位的高度控制、电线电缆的安装和走向、灯火的设计和使用、标准展位的标准配置等，要及时查验，避免施工现场秩序混乱和出现安全隐患。

6. 海关现场办公

对于海外参展的展品，要及时办理海关通关手续。如果海外参展商所占参展企业的比例比较大，可以邀请海关进行现场办公。对于所有海外参展展品，展会要陪同海关进行现场抽样查验，办理好相关的海关手续。

7. 展位楣板的制作、安装和核对

各参展商展位的楣板上标有参展商的单位名称和展位号，有的还有参展商的企业标志或展品的商标。办展单位要根据整体的形象进行制作、安装，并对其仔细核对，以免出现单位名称错误或者展位号错误等。

8. 现场安全保卫工作

布展期间，现场人员众多，各单位布展施工设计用水用电，有一定的危险性。展会要负责本展会的一般安保工作，但对参展商的展品丢失、损坏和人员意外伤亡等不负责任。

9. 消防和安全检查

所有展位布置完毕以后，展会还要陪同消防和安保部门对所有的展位进行一次全面系统的检查，保证展会符合消防和安全要求，彻底清除展会现场可能存在的安全隐患。

10. 现场清洁和布展垃圾的处理

展会布展往往会产生大量的垃圾，对这些垃圾要及时收集和运出展馆，并进行有效处理。

上述布展工作全部结束以后，会展的现场布展基本就绪。在布置好展会的开幕式现场、序幕大厅、观众登记处、展会相关活动现场和其他各服务网点以后，办展机构就可以按照计划举行展会的开幕式，对外正式宣布展会开幕了。

二、展览会撤展工作管理

当展览会按预定的天数举办完展览之后，展会就进入了最后的撤展阶段。展览会撤展工作主要包括展品的处理、参展商租用展具的退还、展位的拆除、展览场地的清洁和撤展安全工作等。

1. 展品的处理

展览会结束后，展品一般有四种处理方式：出售、赠送、销毁或回运。如展览会规定不能现场零售，展品就只能在展会结束后赠送给客户、代理商或其他人员。如不便或不愿赠送，也可就地销毁；对价值较大的展品，如不出售或赠送，往往需要回运。但无论采取哪一种方法，都要求参展商事先作好准备。

2. 展品的出馆控制

为了保证所有出馆人员带出展馆的展品是他们自己的物品，防止展品的丢失，在展览期间及展会结束后，展会都要对所有的出馆展品进行查验才能给予放行。为此，展会可实行“放行条”制度，即对于那些需要出馆的展品，相应的参展商要向展会申请“放行条”，展会在查验展品与“放行条”一致后才准许其出馆。

3. 租用展具的退还

展览结束后，展具出租商一般会自动搬走展具。这项工作一般在展馆服务部门或展会服务商与各参展商之间直接进行操作。如出现问题，需要展览主办方进行协调。

4. 展位的拆除

展览完毕，各参展商的展位要安全拆除。对展位的拆除，办展机构必须正确预计工作量，留出足够的时间，避免因匆忙撤离造成失误和损失。如果参展商使用的是标准展位或者委托施工的展位，那么展位的拆除工作一般由承建商负责；如果参展商使用的展位是自己施工搭建的，那么展位的拆除工作就要由参展商负责。展位的拆除工作比布展时更为复杂，也更为危险，会展组织者要监督各参展商或承建商按规定的程序进行展位的拆除工作，在此过程当中要特别注意人员的安全和消防安全。

5. 展览场地的清洁

撤展过程中展览场地的清洁也是关系到展会形象的大事，一定要予以重视。展览会的服务商或办展机构要负责整个租用场地的清洁工作，因此，对于有可能造成大量垃圾的展位一定要予以提醒，或通知参展商作好付费的准备。

6. 撤展的安全工作

撤展的安全工作，既包括撤展期间参展人员和展品的安全，也包括整个展馆现场的安全。所有的出馆物品都要经过严格查验才能予以放行，在国内举办的大型展览会，还要防止闲杂人员等乘撤展的忙乱随意进出展馆，引起不必要的财物损失。

展会的撤展工作是在展会闭幕后才进行的，但展会撤展管理的准备工作却要在展会撤展前准备就绪，这样才能保证整个展会撤展工作的井然有序。

总之，撤展期间的各项工作必须有条不紊地进行，管理人员绝不能因为本次会展已经结束而有丝毫的松懈。

第二节　观众管理和现场服务

开幕以后，展览会就进入了展览期间的现场工作阶段，这是展览最重要和最关键的阶段，展览前期的所有准备工作都是为了保证这一个时期的工作能顺利进行。办展机构的目标、参展商的展览目标和观众的参展目标主要是在这一阶段得到实现。这一阶段的工作直接决定展览举办成功与否。

一、展览会观众管理

观众登记和入场管理是观众管理非常重要的一环。观众登记处的主要任务之一就是维护展览会入口的良好秩序，确保每一位专业观众都能畅通、便捷地进入展览会现场。为了提高工作效率，绝大多数展会组织者都偏向于把预先登记的观众和现场注册的观众分开；有些展览会还进一步将现场注册的观众分为两类，即有名片和无名片的，前者只需凭名片在观众登记处办好相关手续就可以换取胸卡，后者则要在主办方人员的指导下填写登记表，然后在登记处办理相关手续。

科学的观众登记，不仅能保证观众迅速入场，还有利于会展主办单位日后建立营销数据库，由此可见观众登记和入场管理的重要性。另外值得一提的是，一些展览会的主办单位还在入口处设置了展览活动及论坛议程牌，这样无疑也便于人们，尤其是现场注册的观众预先了解展览会的总体结构和主要活动安排。

具体来讲，观众管理包含以下几个内容：

1. 展览前观众预注册管理

在网站上专门为展会设立观众预注册网页，这样可以让观众在展会开始前就自助完成个人信息登记。预先注册的观众信息及时保存在系统数据库中，可以方便管理、利用。这样的做法，既可以让观众避免将时间浪费在现场排队等候，又可以减轻主办方现场组织管理的压力，大大提高效率。而且，这样的做法，还有利于提升展览会的形象和档次。

2. 现场观众注册，门禁管理

对于没有预先在网络上登记的观众，现场依然可以进行登记。由展览会的现场管理系统快速完成观众的信息登记、入场证打印等工作。同时，也可以满足预注册用户的证件补办、查询等需要。佩带证件的观众，在入场时须接受工作人员的快速条形码扫描，用以统计各个时段的人流量。这样，既保证了无证件人员无法入场，又可以得到组织单位想要了解的客流信息，大大提升展览会的形象，确保展览的效果。

3. 观众来源、流量统计报表

根据预注册信息及现场登记的观众信息，通过会展管理的软件可以自动分析、统计，并自动生成关于本次展览的观众统计信息。展览会的主办方可以通过网络，访问到图形/文字的统计结果，直观地了解本次展览会的观众组织效果，并可打印报表，用于决策。

二、展览会现场服务

展览期间的现场工作是保证展览现场秩序的重要工作，也是办展机构与参展商和专业观众及其他有关方面进行直接沟通和交流的重要时机，办展机构都极为重视。展览期间的现场工作主要包括以下几个方面：

1. 参展商现场联络和服务

展览期间，所有的参展商都亲临展会，办展机构一般都会抓住这一机遇，亲自到各参展商的展位拜访参展商，或者邀请参展商座谈，与其联络感情，了解其需求，征求其对展会的意见和改进建议，及时为其提供所需要的各种服务。

2. 展览期间观众服务

观众通过登记进入展览会现场后，展会要对观众参观、观众信息咨询、中场休息场地和设施的提供、观众与参展商进行贸易谈判以及餐饮、娱乐等提供便利服务。

3. 公关和重要接待活动

展览期间，展会往往安排一些重要的公关活动，如邀请重要领导视察和参观展会，接待外国参展商和参观代表团，接受行业协会和商会的考察，接受外国驻华机构代表的访问等。这些公关和接待活动对扩大展会影响、树立展会良好形象有着重要的作用。

4. 媒体接待和采访

展览期间，展会还会安排一些媒体对展会进行参观和采访，一些著名的展会媒体还会主动申请采访。接待媒体与安排媒体采访对扩大展会的宣传与推广有重要的作用，展会要认真对待。另外，展会还可以通过展会的新闻中心有意识地对外发布一些展会方面的新闻，以进一步扩大展会的影响。

5. 展览期间车辆管理

任何一次会展的举办都离不开车辆的支持，包括展会期间的货运车、参会人员的自驾车等。如果这些车辆的出入或停放无序，则不仅会影响整个展会的形象，而且还会妨碍展会进程。因此，要十分注重对展会期间车辆的管理。

6. 现场计算机设备管理

要举办一次成功的展会，计算机将在其中扮演重要的角色，它可以处理大量的资料和完成大量的相关工作。在决定使用哪一种计算机系统时，展会管理中的相关人员需要深入了解才能找到符合自己要求的设备。

7. 服务台与留言中心

服务台与留言中心通常由一个或两个人负责，这个中心主要为参会人员提供会展的基本资料及留言等相关服务。它虽然小，但对于一个会展来说则是十分必要的。

这个中心设置的基本要求：位于所有活动的中央区，柜台要有足够的空间放置留言板等工具，工作人员可接听电话，提供留言条、足够的笔、便笺以及所在地地图和观光购物指南等。

8. 展会相关活动的协调管理

目前来看，都是展中有会，会中有展，展览会形式多样。因此对于展览期间举办的会议、比赛、表演和其他相关活动，办展机构要积极安排和协调。

9. 现场安全保卫工作

展览期间的安保工作主要是防止可疑人员进入展会，防止展品丢失和被盗，进行展会消防安全保卫工作，协助参展商共同处理一些安保方面的工作等。和布展时一样，展览期间也应提供一般的保卫工作。

10. 现场清洁

展会一般负责展览场地公共区域的清洁卫生工作，展览期间以及每天闭馆后派相关人员清洁打扫这些区域。展会一般不负责各个展位里面的清洁工作，这些区域的清洁工作由各参展商自己负责。

第三节　展览运输代理管理

展览会是一个庞大的系统工程，从组展到展品运输、展台搭建，直到最后撤展，任何一环脱节，展览会都将无法顺利进行。在整个流程中，展品、宣传资料以及展具、道具等相关设备的运输是一项重要工作，而且专业性很强。因此在具体的实际工作中，展会主办单位要做好展览运输的管理与协调工作。

一些大型展览会，组展商要认真挑选运输代理商，所挑选的运输代理商应该是信誉好、服务质量高、业务范围覆盖广的运输代理公司，能够满足参展商的需求。如果一个展览会有国际展商，也有国内展商，那么展览主办单位应针对国际展商的情况选择一些国际性的运输公司代理运输，这样既可以代理国际展商的展览品运输，又可以代理国内展商展品的运输，或者选择一些国内的运输代理公司满足国内展商的需求。

组展商申请展会批文在海关备案时，会同时将运输代理在海关备案。组展商委托了哪家运输公司，海关才受理哪家公司的报关业务。因此展览会主办单位一定告知参展商有关展览运输的详细情况，以免给参展商带来麻烦，影响其参展。同时提醒参展商在展览品运输的具体过程中需要注意的几个方面的细节[①]：

1. 运前：事无巨细作准备

（1）将货物详情告诉运输商。

参展商在确定参展以后，组展方会通知参展商委托了哪家运输公司做展览会的运输代理。参展商也可以及时主动向主办方了解，该展览会由哪家公司来做运输业务。与此同时，运输商也会得到一份参展商名录并主动与参展商联络，并会将一份货单传给参展商，上面将收费标准、发货日期、收货人等项目列出，参展商应该尽可能地将货物的情况填写清楚并回传。要将货物的详细情况告诉运输商，尤其需要注意的是有没有超长、超大型和有特别要求的货物。

（2）包装箱的标签要细致入微。

在国内，展品的包装通常由参展商自己解决。包装一定要做到细致入微，要在货物的包装箱上将标签填好，企业名称、展览会的名称、展台号、日期、货物名称等细节都要写清楚。这些虽然是细节，但很容易产生麻烦。有的企业只写展览馆的名称，没有写展会名称，就会耽误运输。比如北京国际展览中心很大，经常同时举办两个甚至三个展览会。如果展会名称不清楚，运输商就不知道该将展品送到哪个馆。同时在货物运输过程中，需要注意的事项标清楚，以方便运输、装卸过程不损坏物品。

2. 运中：紧密联系运输商

完成了发货准备后，参展商便要发货。发货后要通知展览运输商，告诉对方负责人已经发货，并将运单传真过去，将发了什么样的货、通过哪家公司发的等写明。通知的方式不要仅用电话，最好以文件的形式发传真，一是便于对方留底查货，二是展览会期间很忙，对方联系人不在的情况下，也会由其他负责人根据文件上的内容进行核对。

在运输过程中与运输代理的沟通最为重要。作为参展商，参加展览会每个环节应该由专人负责，运输也不例外。一些展会由于内部沟通没有做好，运输公司通常会有找不到人的情况发生，这样很容易耽误时间。

3. 进馆：迅速有序搬进场

在整个运输环节中，进馆是最紧张的环节。很多运输商的项目经理都形容，进馆就像是在打仗。参展商应该找展览主办方指定的运输代理搬运货物，但一些展览会很多参展商的展品却是自己运进展馆的。展览的主办方在进馆时要保护好参展商的权益，协调管理好参展企业进馆的工作。

目前，很多展览馆管理不善，展览馆里常常有一些游击队式的搬运工。他

---

①《展览运输：兵马未动粮草先行　细节决定一切》，http://finance.sina.com.cn。

们看见展商进来就蜂拥而上，以极低的价格承揽搬运业务。他们的价格虽然很低，但是服务的安全性没有保证。组展商与指定的展览运输商都有合同在先，如果在搬运中出现展品或人员的损伤，参展商可以找组展商要求一个合理的解决方式。

由于展览会展前准备时间非常短，因此，展品进馆时间就更显紧张。所有展商都希望自己第一个进馆、第一个出馆，但这是不现实的。在一些大型机械展中往往有这样的事情发生，某个展商的展品很大，其第一个进馆并挡在展馆中间，之后谁的展品也进不去。为了尽量节约进馆时间，参展商应该听展览运输商的安排，由展览运输商根据经验统筹安排，通过这种方式尽可能地争取时间。

4. 展后：还要与运输商沟通

目前，国际、国内同题材的展览会很多，很多企业经常会希望在一个展览会后再去参加另外一地的展览会。这在运输上也要注意一些问题。如果是本地展品参加多个展览会，问题不会太大，可以自己找货物运输公司，也可以将货物交给此次展会的运输代理，由其负责将货物发往新的展览会。

如果是进口展品，就要事先与运输代理沟通，因为海关监管的产品，报关手续比较繁琐。参展商再到另一地参展需要转关，比如参展商在北京参加展会后又要把展品发到上海去参加另外一个展会，应该首先了解这个展会是不是海关监管备案的展览会。如果有备案，又时间允许，则可以由北京转关到上海。

两边海关有时候可能会因某个细节有不同意见，因此，转关文件在办理时需要一定的时间。在这种情况下，如果两个展览会日期非常相近，一定要提前向运输代理了解可否转关，如果能转，在此次展会期间就要提前作好准备。如果不能转，最好准备好其他的展品参加另一个展览。

如果两个展览会不在同一国，除了考虑海关转关时间的因素外，还要考虑运输的问题。比如参加完北京的展览会再参加新加坡的展会，如果时间很接近，最好不要将展品转关。很多人认为，如果海关没问题，北京和新加坡的展览会时间很近也能参展，其实并非如此。每年某些季节是航空公司空运的旺季，有时候空港运输太紧，航空公司不接受订舱，这样会使展品无法及时运抵目的地。

因此，对于展览后想用同一批展品参加另外展会的参展商，尤其是海关监管下的展览品，一定要与运输代理紧密联系沟通，并听取运输代理的意见。

总之，展览会主办单位除了精挑细选指定代理商，还要加强与运输代理商沟通与协调，为参展商提供优质服务的同时，要指导参展商在展品运输过程中应注意哪些事项。除此之外还可以指导参展商了解国际展览运输协会对出口代理和现场代理规定的业务标准，以便熟知目前运输代理业务的基本流程，从而能够在展品运输过程中更好地和运输代理商进行沟通，实现展品运输的高效、安全的目的。

资料 11-1：国际展运出口报关代理业务准则

国际展览运输协会对出口报关代理规定了如下业务标准：出口代理的工作范围可以分为六个主要部分：（1）联络；（2）展前客户联系；（3）单证办理及通知现场代理；（4）最佳运输；（5）现场支持；（6）展后处理/回运。具体内容如下：

（1）联络。

为了进行有效的联络，首先协会成员必须都能够使用英语进行联络。所有代理都必须有员工可以说流利的英语。

其次是设备。所有代理都必须有常设的国际直线电话、电传和传真设备。一些发展中国家和第三世界国家政府可能限制使用传真，这种情况除外。在其他无限制的情况下，本节所列设备是必备的。

最后一个要求是很明显的，但是却不时被忽略，即所有代理必须有一个明确的邮政地址，因为代理可能还有其他业务和其他地址。

（2）展前客户联系。

在出口代理的六个工作部分中，这一部分可能是最关键的。因为这一部分工作任何一项未完全做好都会给参展企业的展出工作带来麻烦。

作为协会会员的出口代理，给参展企业的要求必须内容明确、简洁（参展企业不会阅读空洞冗长的词句），最重要的是不能有歧义。要求必须使用参展企业的语言。出口代理有义务安排人员翻译（由现场代理或展览会组织者发出的）基本运输要求。在任何情况下，不允许出口代理将运输要求原封不动地转给参展企业，要努力将要求翻译清楚、全面，使参展企业能读懂。

运输要求必须包括以下内容：

A. 单证文件。世界各地的现场代理需要办理许多不同的单证文件。单证文件需要准确的单证说明，最好有样本。要建议参展企业利用 ATA 通关单证册，以最大限度地减少单证文件，并出具“授权签字和修改函”。

必须让参展企业完全了解手续规定，包括从本国出口并进口到展览会所在国手续，以及办理手续所需的时间。

B. 包装/标志。出口代理应当了解运输方式和路线，必须让参观企业知道展览会所在国有关包装的规定，并注明对特殊货物的包装标准。出口代理必须确保所有包装都按基本运输要求印有标记。

C. 截止期。截止期必须明确并被执行，以便货物按要求规定的时间运到目的地。截止期必须包括所有选择，也就是空运截止期、海运截止期、陆运截止期和铁路运输截止期，以及拼装或整装运输截止期。出口代理必须在展览会开幕前至少 90 天提出截止期要求。这对于需要远程海运的参展企业尤其重要。

D. 其他情况。还必须让参展企业知道有关产品和展览会所在国的任何特殊规定，如限制的物品、随时携带的物品、进口特别要求或审查等。同样，对进口或重量的任何限制也应当告知参展企业。

（3）办理单证文件以及通知现场代理。

货物启程时必须将展品情况和搬运细节用电信方式通知现场代理，如参展企业展台号、展品运到展台的时间、箱数、尺寸、毛重、净重、体积、GIF 价格。运输细节也必须包括在内，如航班号、提单/空运提单号、卡车货车/集装箱/铁路货车号。

获取形式发票/装箱单（或相同的文件）以及运输单证（空运提单、提单等）后必须尽快用传真发给现场代理。现场代理要求的可转让单证要按现场代理的时间表和基本运输要求的规定份数分两份用航空快邮或航空快递发出。

作为协会会员的出口代理必须确保按基本规定提供正确、完整的单证以免延误海关手续的办理。

（4）最佳运输。

考虑到货物的特性、预算和时间限制，作为协会会员的出口代理应当向参展企业建议最佳的运输方式和路线。此建议的根据是前面所提到的标准、对展览会所在国的了解和基本运输要求。

（5）现场支持。

出口代理对现场支持的主要目的是确保客户在运输和装卸各方面获得国际展览运输协会的专业标准服务。第二个目的是帮助和支持现场代理，以使其顺利完成工作。

出口代理在现场可以用不同方式达到上述目的，出口代理可以作为所有客户和现场代理之间的缓冲协调人，处理所有与运输有关的事务。

在展览搭建和拆除期间，出口代理将与现场代理的搬运人员建立密切的关系，帮助现场代理处理棘手问题。比如，吊运一件困难的物品，现场代理常要等参展企业的技术人员到场，而出口代理可以代为解决。出口代理可以随时协助海关检查货物，可以迅速安排空箱运出和运回，减轻现场代理的压力。

展览会期间，出口代理要巡视所有客户，以便收集展品处理或回运的要求，并整理成准确的、易读的表格转交给现场代理。简而言之，出口代理将作为现场代理的一个成员，直接负责其所有运输客户的事务。

（6）展后处理/回运。

出口代理将展品处理和回运的有关要求明确地交待给现场代理后，还应监督所有搬运操作，以确保各项工作按时并符合基本运输要求，使客户满意。

任何展品成为进口品，出口代理将为其办理所产生的当地税务。如果其中任何物品改变流向，出口代理一般应当通过现场代理办理，交待交货条件、交货地点、销售条款。将海关和进口的所有情况通知现场代理，以便相应安排运输。

回运运输将由出口代理安排，通常自行办理运输手续。但是，仍要将有关货物和海关手续的全部要求告知现场代理，办理展览会所在国的再出口手续，避免延误结关，以顺利办理再进口手续。

现场费用，包括展览会闭幕后需要支付的费用，由出口代理承担。然后，折成客户所使用的货币，按出口代理的条款转到客户应支付账单上。

资料来源：http://www.haozhanhui.com。

资料 11-2：国际展运现场代理业务准则

现场运输代理的业务在很大程度上依赖于三个方面的有效管理：（1）联络；（2）海关手续；（3）搬运操作。国际展览运输协会（International Exhibition Logistics Association，IELA)对现场运输代理规定了如下业务标准。

国际展览运输协会对三方面的最低要求如下：

1. 联络

联络的第一个要求是语言。国际展览运输协会现场运输代理必须配备会说流利的英语、德语、法语以及展览会举办国家或地区的主要语言的雇员。

这些语言几乎可以应付任何可能发生的事情。虽然展出者和外国运输公司在筹备参加国外展览会时会安排翻译，但是，协会要求现场运输代理能够用客户的大部分人员的语言进行交谈。

现场运输代理必须在展览会场设立全套办公设施，如果会场不具备条件，代理要在合理的距离最好是步行距离内设立办公设施。这是联络的第二个要求。会场不具备条件的情况下，必须配备全套的、常设的支持设备以便与地方办公室及时联系。

展出者必须能够随时找到现场运输代理而不需要走出会场。

为了协助客户与协会现场运输代理的联络，协会要求现场代理配备以下设备：国际电话线路、国际电传线路、国际传真。

不允许通过地方电信部门提供这些服务。如果现场代理没有条件配备这些设备，至少也要配备传真。在大部分国家已不存在安装临时电话或电传线路的困难，少数发展中国家除外。

现场代理必须提供详细的、有效的邮政地址，这是联络的第三个要求。这一点对临时在现场工作的代理非常重要，并安排展览会前后运输单证文件（提单、海关文件等）直接寄给现场代理。

2. 海关手续

现场工作最关键的部分可能是办理海关手续。

协会代理与展览会组织者共同为展览会设立临时免税进口手续。根据海关规定，现场代理可能还需要担保或交保证金。

下一步是与海关官员商妥在现场工作的期限和时间，包括正常工作之外的时间，如周末、节假日。有些国家海关规定不得在正常工作时间之外工作。但是大部分国家的海关只要提前通知并作适当的补贴安排，可以加班工作。

协会代理必须作好上述两项安排以及其他必要的安排，以便可以随时找海关官员办理手续。

每天工作开始时间不得晚于 8：00，工作结束时间不得早于 16：30。在这个时间之外，如果有需要，仍可以找骨干职员办事。

根据这些标准，可以有足够的时间安排海关手续。

（1）进口手续。整车放行卸货：在预先完全通知的情况下，货车抵达后 6 小时；在未预先通知的情况下，货车抵达后 24 小时。

空运货物放行：在预先完全通知的情况下，货车抵达后 8 小时；在未预先通知的情况下，货车抵达后 48 小时。

（2）出口手续。包装检查：在预先完全通知的情况下，开始后 2 小时；在未预先通知的情况下，申请后 8 小时。

装车检查、铅封（货车放行）：在预先完全通知的情况下，装车后 3 小时；在未预先通知的情况下，申请后 8 小时。

办完出口或转口文件：在预先完全通知的情况下，提交文件后 4 小时；在未预先通知的情况下，申请提交文件后 8 小时。

另外需要指出的是，除进口手续未预先通知情况之外，所有手续都由同一海关官员在一个班次内完成。货车装货完毕等待文件和铅封不应过夜。同样，展出者要求海关检查掏箱装箱应该在同一天办理。

但是如果货车在海关下班前抵达或装完，又未事先通知，便难免过夜等待。同样条件下，展出者临下班前要求海关检查也可能无法安排。以上时间期限的前提条件是展出者提供全套、准确的文件，事先通知并准确地表述和申报。

3. 搬运操作

协会代理必须熟悉现场并在展览施工和拆除期间能随时使用合适的设备和有经验的搬运工。现场代理有责任事先预计到非常规、大尺寸的物品的运输装卸问题，并相应准备好特殊设备。

代理要在现场安排仓储地，如果不可能，就在尽可能近的地方（不超过30分钟的路程）安排仓库，以存放易被盗或保密的物品。空箱应当存放在现场或离会场尽可能近的地方，以备万一展出者将物品遗留在箱内需要寻找。另外也为了展览会结束后能迅速运回空箱。如果有条件，空箱应当存放在室内。如果没有条件，必须采取措施保证空箱回运时与运出时状况一样。

空箱及时回运是展览会拆除成功的关键因素，使展出者能尽早装箱和装车，这有助于尽早清场。如果展览会面积达到10万平方米，空箱全部回运时间最晚也不得超过正式拆除第一天的12：00，如果展出者或组织者同意，并更有利于拆除进度安排，空箱空运可晚一些运回。如果展览会面积超过10万平方米，将视情况安排空箱回运时间。但是，在一般情况下，空箱回运工作必须在正式拆除第三天开始的时候全部完成。即使这样，代理仍必须合理安排，保证凡要求空箱回运的展出者都可以在正式拆除的第一天中午便开始收到部分空箱，其他空箱在以后陆续回运。

在任何情况下，不允许发生有任何展出者一直等到拆馆的第三天才收到空箱的现象。卸车和装车必须按商定的时间进行，以下时间适用于展览会面积在10万平方米及以下的展览会：卸车或装车必须在同一天内尽快完成，条件是，车辆按施工/拆除计划时间抵达，或在工作日有足够的时间内抵达。如果晚到，在不影响其他按时抵达的车辆装卸的情况下，必须在第二个工作日一开始就装卸。另外，如果展馆只有一个运货门，那么为该门附近展台运货的车辆应当尽量安排在施工期最后卸车，并安排在拆除期最先装车。

协调好所有展出者的要求，并相应安排好搬运操作，就可以避免出现混乱。在现场设立仓库有助于解决问题，对各方都有益处。

现场代理在收到使用吊车的要求后，应当能够在第二个工作日提供吊车服务。在此期间，代理可以安排设备和劳工。如果展出者要求当天使用吊车，代理在可能的情况下应该尽量安排，最晚在第二个工作日的开始时应安排好。条件仍然是不影响周围展台、走道、运货门的正常工作。

现场搬运操作的成功完全取决于现场代理，现场代理必须事先协调好所有展出者的搬运要求，并提前将相应的安排通知组织者和所有展出者。这样就能够避免展出者提出工作计划之外的搬运要求。

但是不事先通知现场代理，却突然提出立即要解决的大问题的现象确实存在。这种情况可能会严重影响正常的展场搬运工作。现场代理的任务之一就是使这情况减少到最低限度，并最终消除。

资料来源：http://www.haozhanhui.com。

复习思考题：

1. 布展和撤展管理的主要内容有哪些？
2. 展会现场如何更好地进行观众组织与管理？
3. 展会运输代理管理主要有哪些事项？

第十二章

展览会评估和总结

主要内容

本章首先界定了展览会评估的概念，分析了展览会评估的主体和客体及展览会的评估程序，并论述了展览会评估的目的和意义；然后重点论述了展览会评估的指标体系和统计含义以及评估的方法；最后简单地阐述了评估报告和总结报告编写的相关问题。

第一节 展览会的评估概述

一、展览会评估的概念

展览会评估是指对一次展览会，即一个展览项目的目的、执行过程、质量、服务、直接和间接的经济效益与社会效益、作用和影响所进行的系统的、客观的分析和评估，判断该展览会是否成功，并分析其原因，总结经验教训，为项目的主办者与承办者提供借鉴，并通过及时有效的信息反馈，为参展商乃至一般观众提供参考。

展览会评估工作的实际执行是整个展览会管理的最后一个环节，但这一工作却贯穿整个展览会的始终。由于展览会评估需要收集大量相关数据，从展览会启动阶段就应该策划展览会评估工作，为展览会评估作好充分准备。

二、展览会评估的主体和客体

1. 展览会评估的主体

（1）国际组织。

国际博览会联盟（Union of International Fairs，UFI）有一套成熟的会展评估体系，对展览会的参展商、专业观众、规模、水平、成交等进行严格评估，达到标准的，或被接纳为成员，或准予刊登在年度展览会目录上，并向全世界推广。由于 UFI 的权威性，被认可的展览会在吸引参展商、专业观众等方面具有很大优势，一旦展览会的名称与 UFI 联系在一起，即被认为是最高品质的象征。

（2）会展行业协会。

会展业发达的国家一般都由会展业行业协会负责评估展览会，例如，德国展览会官方评估由 AUMA 组织进行。AUMA 是德国会展业的最高协会，是由参展商、观众和主办方三方面力量组合而成的联合体，为三方面会员提供公开、公正、公平的行业信息。为了确保德国展览会透明化，AUMA 制定了许多规章制度，并根据目前展览会数量、质量、技术手段、目的、要求的改变进行调整、改进。在 AUMA 的统一调控下，德国各展览会的目标非常明确，展览会重复现象非常少。

（3）专业评估机构。

展览会的评估工作大多由主办单位委托独立的专业评估机构（尤其是专注于展览会评估的机构）进行，以保证评估方法和评估过程的科学性，以及评估结论的真实性和可靠性。例如，英国会展业联合会就要求会员（主办单位）对其展览会进行第三者审计，即聘请一家独立的审计公司对展览会的整体效果进行评估。评估机构一般都会根据评估结果向展览会主办单位提出有针对性的建议，展览会主办单位则可根据每次评估的结论和建议，及时调整展览会的发展方向、运作管理方式等，以提高展览会的品牌价值。

（4）展览会主办单位。

展览会主办单位也应该对自己所举办的展览会进行客观公正的评估，以发现所办展览会的优劣势，从而提高自己的办展水平。在我国，由于展览会评估工作刚刚起步，缺乏专业、独立的人员和机构来进行。展览会评估大多由主办单位自己进行，对展览会的评估难免受到企业内部因素的影响，评估数据和结论有很大的主观倾向，难以保证应有的客观性、公正性。相比于以上三类评估主体，主办单位的评估结果一般不能用来对外宣传，只能作为提高自身管理水平的有效依据。

2. 展览会评估的客体

展览会评估的客体即是展览会，评估展览会需要从多个层次入手，最重要的应该包括展位面积、参展商、观众、媒体、满意度、目标实现度以及持续参展率等多个方面。

三、展览会评估程序

通过对展览会的评估可以总结经验、发现问题，不断提高办展水平。展览会评估是同行业比较的主要手段，还可以通过评估规范展览行业的发展。展览会评估可以在确定评估的方法和步骤的基础之上，设计合理的调查问卷，搜集有关信息，最后通过对有关材料的分析，得出展览会评估结论。展览会评估是一个有计划、有步骤的动态过程，必须循序渐进。一般情况下，展览会评估程序包括以下几个方面的内容：

1. 确立评估目标

展览会评估的主要目标是了解展览会的效率和效益。由于展览会效果的评估涉及展览会工作项目与工作成果之间的复杂关系，导致了展览会评估目标的复杂化。所以在进行展览会评估时应该根据展览会的目标确立评估的具体目标和主要内容，并依据评估目标的主次，排列优先评估或重点评估的次序。

2. 选择评估指标和方法

根据展览会的具体情况和评估的具体目标，选择展览会评估的指标和具体使用的评估方法。评估指标体系要符合客观实际，能够量化，具有很强的可操作性，评估指标之间必须协调。要根据评估指标的具体情况选择评估方法，这样才能够使评估结果更加科学。本章第二节会详细介绍。

3. 制定评估方案

确定各阶段具体的评估内容和评估方案，包括各段时间安排与抽样分布、评估的对象和方法、人员安排和经费预算等。制定评估方案应包括以下内容：

（1）根据评估项目、对象和方法制定评估方案，明确人员分工，安排各项必要措施。

（2）设计制作各种测评问卷及情况统计表，如参展商问卷调查表、观众问卷表和展览会举办情况统计表等。

（3）小范围预测，修改测评问卷。

（4）对测评人员进行培训，考虑测评困难及问题防范措施。

4. 实施评估方案

（1）通过收集现成资料、安排记录、召集会议、组织座谈、利用调查问卷等基本方式收集各种信息。

（2）整理收集的信息，处理分析数据。

5. 撰写评估报告

根据不同阶段的测评，汇总分析，对整个展览活动过程的效果进行总体评估，写出评估报告。报告内容一般包括评估项目、评估目的、评估过程与方法、评估结果统计分析、评估结论与可行性建议及附录等。

四、展览会评估的目的和意义

1. 展览会评估的目的

展览会评估的目的旨在通过对展会的参展面积、参展商数量、观众人数、媒体影响程度、参展商及观众的满意度、展览会目标实现度和持续参展率等指标的考核，确定展览会的质量与效益，从而达到树立品牌、规范行业竞争的目的。具体而言包括：

（1）对展览会的整体运作及其相关成果作出客观真实的评估，展示展览会的优势，为项目招商提供基础数据的支撑。

（2）对展览会历年的相关数据进行纵向比较，分析其存在的问题、市场发展趋势及其未来的发展对策。

（3）结合国内大型类似的相关展会活动进行横向对比，分析并借鉴其优势项目。

（4）为将来展览会的品牌建设提供支持。

（5）为参展商参展提供数据依据。

（6）为贸易促进会和展览馆协会提供协会管理的基础数据。

（7）为展览场馆的出租方提供背景资料。

2. 展览会评估的意义

（1）可以提高展览会管理水平。

评估是展览会管理中的一个重要环节。通过评估可以判断该展览会的效益如何，哪些问题需要加以改进，或者决定该展览会以及类似的展览会今后是否仍有必要继续举行，从而提高展览会的管理水平和持续发展能力。这对该展览会的主办方和承办方，还有参展商和观众，都有着非常重要的意义。

（2）可以规范展览行业发展。

会展行业主管部门可以根据相关展览会评估的标准、结论来制定会展行业发展的行业规章和制度，可对一些评估良好的展览会进行重点扶持，帮助它们做大、做强，以形成品牌优势，反之，对一些评估结果较差、缺乏市场前景甚至重复举办的展览会，予以严格控制，以达到规范会展市场秩序和行业竞争的目的。

第二节 展览会评估指标体系及其统计含义

一、展览会评估指标体系

展览会评估体系的主要内容包括：展位面积、参展商、观众、媒体、满意度、目标实现度、持续参展率等。这些是展览会评估的主要方面，主办单位也可以根据自己特殊的评估目的加入其他相关指标。

对展览会进行科学的评估不仅要设计合适的指标体系，更重要的是要明确每个指标的具体含义，据此所得出的结果才具有横向和纵向的可比性。因此，本节对每个所选择的指标都给出了详细的统计含义。

二、评估指标体系及其统计含义

1. 展位面积评估指标及统计含义

展位面积是评估展览会规模大小的重要指标之一。对展位面积的评估一般选取三个指标：出租的展位面积、特殊展位和总面积。各指标具体统计含义请参见表 12-1。

表 12-1 展位面积评估指标和统计含义

项目	评估指标	统计含义
展位面积	出租的展位面积	指出租用作展览或特殊展出的面积；为参展商和（或）观众提供公共服务的行政管理机构、协会和组织所占用的面积不记为出租展位面积；出租的展位应被划分为室内和室外展出面积，还应划分为国内和国外展出面积。划分国内和国外展出面积应以参展商的划分为依据。被用作舞台、特殊活动的面积不算作净展览面积，除非满足特殊展位的条件
	特殊展位	在展览会上，尤其是消费类展览会上，组织者会安排额外的空间用于特殊展示（通常是和某些组织合作），如设计展示、研究成果、工艺展示、专业培训信息或其他一些内部专题展示
	总面积	指所有用于展览的面积，如展位面积、走廊、休息厅面积等，但不包括诸如饭店、办公室等辅助设施。出租的展位面积与总面积的比例一般在 50%～60%之间

2. 参展商评估指标及统计含义

参展商是展会评估的一个重要的对象，对参展商的评估一般选取的指标主要包括：参展商数量、外国参展商的数量、被代理企业数量、参展商所代表的国家数量。各个指标具体统计含义请参见表 12-2。

表 12-2 参展商评估指标和统计含义

项目	评估指标	统计含义
参展商	参展商数量	凡是作为独立单元支付展位费用，并在整个展览持续期间完全由自己雇用人员以自己或他人的名义来提供产品或服务的个体就被称为参展商；支付展位费但未能参加展览的企业不被计为参展商；联合展出的企业也应被计为参展商，只要参展商是以自己的人员和产品展出即可，即使没有形式上的分离，但只要独立性是明显的即可。在展商登记方面必须能表现出展商的独立性，如果说联合展出的展商登记时不能表现出独立性，它们将被作为一个展商；如果一个展商占用一个以上展位，应当被当作一个展商来记录。但是，如果一个展览被清晰地划分为几个部分，或者说提供不同的产品和服务，而且一个公司在不同的部分都有展位并且在每个展位上都能真正地展览，那么就应该根据这个参展商独立的展位个数来计量这个参展商的个数；即使母公司出现在展览上，只要子公司能提供自己的产品并满足其他的参展商的条件，子公司也是独立的参展商；在展览会上为参展商或观众提供服务的服务提供商、行政管理机构、协会和各种组织不能被计为参展商。但当其提供的服务与展览的主题相关，而且还支付了展位费，就应该作为参展商来计量。筵席承办商不能算作参展商
	外国参展商的数量	这是国际展的重要指标。来自举办国以外的其他国家参展商的个数
	被代理企业数量	委托其他企业代为展览本公司产品的企业。一般代理商只能被记作一次，多次记录的规则与参展商一样；记录参展商的规则同样可被用于记录代理商；当公布参展商总数时，代理商的数量不能记在内
	参展商所代表的国家数量	参展商所代表的国家数的总和

3. 观众评估指标及统计含义

观众评估指标体系主要包括：观众的数量、专业观众和普通观众。其中专业观众的评估指标主要包括：专业观众的比例、国内专业观众的地区分布、国外专业观众的地区分布、专业观众行业分布、专业观众对购买/采购决策的影响力、专业观众的职位、参展频率、专业观众的公司规模、专业观众停留时间。而普通观众的评估指标包括：普通观众比例、普通观众的地区分布、年龄、职业、家庭净收入、购买或预定活动/展后采购活动。各指标具体统计含义请参见表 12-3。

表 12-3 观众评估指标及统计含义

项目	评估指标	统计含义
观众	观众的数量	（国内和国外的）观众的绝对数量是观众分析评估的基础。这些数据都能从组织者那里获得。观众人数也就是入场券的数量，一般可以通过观众入场系统或单天票数以及多天票数乘以最小使用频率来计算。在一些特殊的案例中观众数可以通过调查方式获得，对于一些并行举行的展览会，以联票形式出售。调查问卷的形式获得的观众数据是可比的，但是由于选择的方法不同，波动较大
	专业观众的比例	出于商业/专业目的参加展览的观众在观众总量中所占的比例
	国内专业观众的地区分布	国内专业观众在本地区和全国范围的分布
	国外专业观众的地区分布	国外专业观众在本地区和全国范围的分布
	专业观众行业分布	专业观众在各行业的分布
	专业观众对购买/采购决策的影响力	专业观众对所在公司/组织采购决策的影响力
	专业观众的职位	专业观众在所在公司/组织的职位
	参展频率	在一个已举办过的展览上，平均有 20%～40%的观众第一次参展。也就是说，参展商能有大量的机会和第一次参加展览的公司或者是经常来参加展览的公司的新员工建立联系
	专业观众的公司规模	指专业观众的公司规模，一般以公司雇员多少来表示
	专业观众停留时间	专业观众在展览会上停留的天数
	普通观众比例	一般的消费类展览会普通观众的比例超过 80%，在特殊的消费量展览会上这个比例可能会更低一些。还有些展览会会有两类观众参加：专业观众和普通观众。普通观众比例一般在 30%～70%之间
	普通观众的地区分布	普通观众在国内、外的地区分布
	普通观众的年龄	普通观众的年龄
	普通观众的职业	普通观众的职业
	普通观众的家庭净收入	普通观众的家庭中每个成员净收入的总和
	购买或预定活动或展后采购活动	普通观众在展览会上以及展览会后的购买/预定活动

4. 媒体评估指标及统计含义

展览会是企业营销的重要工具，而展览会的媒体宣传则进一步加强了展览会的营销功能，因此除了展位面积、参展商和观众外，媒体评估也是展览会评估体系中的重要组成部分。媒体评估指标主要包括：媒体的数量、国内媒体的比例和媒体所代表的国家数。各指标具体统计含义请参见表12-4。

表 12-4 媒体评估指标及统计含义

项目	评估指标	统计含义
媒体	媒体的数量	对展览会进行报道的媒体数量
	国内媒体的比例	国内媒体在媒体总量中所占的比例
	媒体所代表的国家数	媒体所代表国家数的总和

5. 满意度、目标实现度、持续参展率

从参展商、专业观众和普通观众三类不同参与者的角度出发，满意度项目包括三个指标：参展商满意度、专业观众满意度、普通观众满意度；目标实现度项目包括三个指标：参展商目标实现度、专业观众目标实现度、普通观众目标实现度；持续参展率项目包括三个指标：参展商持续参展率、专业观众持续参展率、普通观众持续参展率。各指标具体统计含义请参见表12-5。

表 12-5 满意度、目标实现度和持续参展率的评估指标及统计含义

项目	指标	含义
满意度	参展商满意度	对展览会不同满意程度的参展商占全体参展商的比例
	专业观众满意度	对展览会不同满意程度的专业观众占全体专业观众的比例
	普通观众满意度	对展览会不同满意程度的普通观众占全体普通观众的比例
目标实现度	参展商目标实现度	参展目标不同实现程度的参展商占全体参展商的比例
	专业观众目标实现度	目标不同实现程度的专业观众占全体专业观众的比例
	普通观众目标实现度	目标不同实现程度的普通观众占全体普通观众的比例
持续参展率	参展商持续参展率	继续参加展览的参展商在全体参展商中所占的比例
	专业观众持续参展率	继续参加展览的专业观众占全体专业观众的比例
	普通观众持续参展率	继续参加展览的普通观众占全体普通观众的比例

第三节　展览会评估方法

展览会评估方法按照不同的标准可以有不同的分类。按照评估的具体内容，展览会评估方法可分为单项评估法和综合评估法；按照评估是否涉及数据和数学模型，展览会评估方法可分为定量评估法和定性评估法。

一、单项评估法和综合评估法

1. 单项评估法

单项评估法是指对评估指标体系中每个单项分别进行评估。如可以对展位面积进行单项评估，也可对参展商进行单项评估。比如在同类展览会排名时，往往会选择单项指标进行排名。单项评估法在纵向比较以及同类项目的横向比较中有重要作用。

2. 综合评估法

综合评估法是根据各评估指标的重要程度赋予其一定的权重，并通过加权平均的方法计算各评估指标的综合平均值。相比单项评估法，综合评估法能够更全面、更综合地评估一个展览会的竞争力，并能够通过分析确定影响展览会综合竞争力的主要因素。

但综合评估法的计算存在着理论和技术的困难：

第一，不同指标的数值不具有可比性，加权平均首先必须把不同指标的数值标准化。例如，参展商的数量和观众的数量不能简单加权平均；再比如观众是一个绝对数，而专业观众的比例是一个相对数，也不能简单加权平均。应该采取统一的评分标准。而统一评分标准的选取以及如何给指标评分是一个非常困难的问题。

第二，确定各指标的权重在理论上存在着困难。理论上很难确定各个指标对展览会综合竞争力的影响程度，即使找到合适的理论模型研究展览会竞争力的影响因素，这也将是非常复杂而庞大的模型。

第三，理论上讲，不同类型展览会的评价指标的权重是不一样的，如何针对不同类型展览会调整指标权重也是难以解决的问题。

尽管综合评估法有以上理论和技术上的困难，但综合评估法依然是展览会评估的重要方法。接下来介绍一下综合评估法的主要步骤：

（1）获取各指标的原始数值。

评估指标体系中有些指标的原始数值可以直接获得，如出租的展位面积、总面积、参展商数量、观众数量等；有些指标的原始数值需要通过抽样调查获得，如满意度、目标实现度、持续参展率等。

（2）统一评分标准，为各指标评分。

可采取十分制或百分制（由评估者确定），可将同行业指标的最高值设为满分，将同行业最低值设为 0 分，将分值平均划分为若干阶段，然后根据展览会该指标的表现为其评分。

（3）为各评估指标赋予权重。

在理论上难以解决指标赋予权重问题的情况下，可以组建专家组，由专家组根据各指标的重要程度为指标赋予权重。

（4）通过加权平均计算综合评估值

将各因子的评分值乘以权重，得到各因子的最终得分，然后相加，即得到展览会项目评估的最终评估值（O）。（见表 12-6）

$$O=\sum_{i=1}^{n}W_iP_i$$

表 12-6　展览会项目评估指标体系及其计算方法

目标层	指标层 A_i	因子层 B_i	因子评分 P_i	因子权重 W_i	因子得分 W_iP_i
展览会项目评估值（O）	展位面积	出租的展位面积			
		特殊展位			
		总面积			
	参展商	参展商数量			
		外国参展商的数量			
		被代理企业数量			
		参展商所代表的国家数量			
	观众	观众的数量			
		专业观众的比例			
		国内专业观众的地区分布			
		国外专业观众的地区分布			
		专业观众行业分布			
		专业观众对购买/采购决策的影响力			
		专业观众的职位			
		参展频率			
		专业观众的公司规模			
		专业观众停留时间			

续表

目标层	指标层 A_i	因子层 B_i	因子评分 P_i	因子权重 W_i	因子得分 W_iP_i
展览会项目评估值（O）	观众	普通观众比例			
		普通观众的地区分布			
		年龄			
		职业			
		家庭净收入			
		购买或预定活动/展后采购活动			
	媒体	媒体的数量			
		国内媒体的比例			
		媒体所代表的国家数			
	满意度	参展商满意度			
		专业观众满意度			
		普通观众满意度			
	目标实现度	参展商目标实现度			
		专业观众目标实现度			
		普通观众目标实现度			
	持续参展率	参展商持续参展率			
		专业观众持续参展率			
		普通观众持续参展率			

二、定量评估法和定性评估法

定量评估法是依据统计数据，建立数学模型，并用数学模型计算出分析对象的各项指标及其数值的一种评估方法。定性评估法则是主要根据分析者的直觉、经验，根据分析对象过去和现在的延续状况及最新的信息资料，对所分析对象的性质、特点、发展变化规律作出判断的一种评估方法。

简单地说，定量评估就是用数学语言进行描述，而定性评估则是用文字语言进行相关描述。相比而言，定量评估方法更加科学，但需要较高深的数学知识；而定性评估方法虽然较为粗糙，但在数据资料不够充分或分析者数学基础较为薄弱时比较适用，同时也更适合于一般的投资者与经济工作者。

定量评估法与定性评估法是相互统一、互相补充的。定性分析是定量分析的基本前提，没有定性的定量是一种盲目的、毫无价值的定量；定量分析能使定性分析更加科学、准确，它可以促使定性分析得出广泛而深入的结论。前面所讲的综合评估法中既包含了定量评估法，也包含了定性评估法，是定量评估和定性评估的有效结合。

第四节　展览会评估报告

一、展览会评估报告

展览会评估报告是一定类型的载体，反映市场状况的有关信息并包括某些调研结论和建议的形式。展览会评估报告是展览会评估活动过程的直接结果。

二、展览会评估报告的基本要求

展览会评估报告必须具备以下基本要求：

1. 语言简洁，有说服力。

2. 报告必须以严谨的结构、简洁的体裁将调研过程中各个阶段收集的全部有关资料有效地组织在一起，不能遗漏重要资料，但也不能将一些无关资料统统写进去。

3. 注意仔细核对全部数据和统计资料，务必使资料准确无误。

4. 报告应该对展览会评估活动所要解决的问题提出明确的结论或建议。

三、展览会评估报告的组成部分

展览会评估报告因评估的具体内容而不同，但一般来说都应该包含以下几个部分：

1. 评估的背景和目的

在评估背景中，调研人员要对评估的由来或受委托进行该项评估的具体原因加以说明。说明时，最好引用有关的背景资料为依据，分析展览会存在的问题。

2. 评估方法

（1）选择评估方法。

根据具体的评估目的，可选择单项评估法或综合评估法，或者选择定量评估法或定性评估法。

（2）说明调研方法和过程。

对于不能直接获得的数据需要设计调查问卷通过抽样调查的方法获得相关数据。

① 评估对象。说明从什么样的对象中抽取样本进行评估。

② 样本容量。抽取多少观众作为样本，或选取多少实验单位。

③ 样本的结构。根据什么样的抽样方法抽取样本，抽取样本后的结构如何，是否具有代表性。

④ 资料采集方法。

⑤ 实施过程及问题处理。

⑥ 资料处理方法及工具。指出用什么工具、什么方法对资料进行简化和统计处理。

⑦ 访问完成情况。说明访问完成率及部分未完成或访问无效的原因。

3. 评估结果

评估结果是将评估所得资料整理出来。除了用若干统计表和统计图来呈现以外，报告中还必须对图表中的数据资料隐含的趋势、关系和规律加以客观描述，也就是说要对评估结果加以说明、讨论和推论。评估结果所包含的内容应该反映出评估目的。并根据评估标准的主次来突出所要反映的重点内容。一般来说，评估结果中应包含以下内容：展位面积、参展商的数量和质量、观众的数量和质量、不同主体的满意度、目标实现度和持续参展率等等。

4. 结论和建议

要用简洁明晰的语言作出结论。如评估结果说明了什么问题，有什么实际意义。必要时可引用相关背景资料加以解释、论证。建议是针对评估结论提出可以采取哪些措施以获得更好的效果，或者是如何处理已存在的问题，最好能提供有针对性的行动方案。

第五节　展览会总结

一、展览会总结的含义、作用

总结包括两层含义：一是工作总结，二是总结报告。总结工作贯穿于展览工作的全过程，资料的收集记录工作从展览筹备时就要开始，收集方式与评估资料相同，可以结合起来做，但总结所需要的材料比评估所需要的材料的范围更广泛。

展后总结的功能和作用是统计整理资料，研究分析在本届展览推广过程中已做过的工作，为未来展览推广工作提供数据资料、经验和建议。因此，一份客观公正的展后总结对办好下届展览会有着重要的意义。展后总结应着重从营销效果、展览会在市场同类项目中所占的市场份额、优劣势比较、竞争者情况等方面进行。

二、总结与评估报告比较

展后总结与展后评估报告的主要区别就是，前者主要用于内部交流或者呈报给上级领导作为业绩考核的参考，它是主办方、组展方、参展商对办展或者参展行为所作出的一个主观总结。相比展后评估报告，展后总结涉及的内容更广泛、更细化，可以说，它包含展后评估报告，主要侧重于对办展的各项组织工作或参展的工作安排等方面进行自查，较多采用定性描述和分析方法。而展览会评估报告主要是给外界的相关利益者看的，它多侧重于展览效果分析方面，多采用定量分析评估的方法，且应委托独立的第三方机构进行客观评估。

三、展后总结的主要内容

办展方展后总结主要用于展览主办单位、组展单位总结展览的策划、申办、组织、招展、招商、现场管理以及展后后续服务工作。它是展览会组织者对展览运作的全过程进行彻底自检的好形式。总结的重点要依照办展目标而定，如果展览还处于培育期，那么就不能只关注展位面积、参展商数量等指标，而要更多地关注展览会是否能吸引到知名企业参加，是否是参展商营销的有效工具，是否能成为参展商和观众（尤其是专业观众）交流、沟通的有效平台。

此外，办展方的展后总结还会涉及展览主题的选择是否符合市场需求，展览规模是否有成长性，展览时间、地点的选择是否合适，展览的招展、招商工作是否存在问题，展览的宣传与推广工作是否有效地覆盖到潜在人群，展览会相关活动等的参加者满意度怎样、展馆工作人员的服务水平等。

复习思考题

1. 什么是展览会评估？展览会评估有什么意义？
2. 展览会评估的指标体系主要包括哪些指标？各指标的统计含义是什么？
3. 展览会评估的方法有哪些？
4. 展览会评估程序是什么？

第十三章

展览会品牌管理

主要内容

本章主要是通过品牌管理研究展览会长期发展的问题，主要包括品牌战略管理和品牌危机管理。文章首先对展览会品牌管理进行概述，然后从展览会品牌战略管理和展览会品牌危机管理等方面进行阐述。

第一节　展览会品牌管理概述

展览会品牌管理有广义和狭义之分。狭义的展览会品牌管理是对已经建立起来的品牌进行有机管理，以使品牌在整个展览企业管理中起到很好的驱动作用，不断提高展览企业的竞争能力和品牌资产，造就百年品牌。这是品牌创造过程中最为重要的工作，承担着对品牌创造活动进行计划、组织、协调、控制的职能。其本质在于调动展览企业全部力量，以品牌为核心，实施对顾客购买认知与购买行为的全过程管理。

广义的展览会品牌管理指的是对品牌创建到品牌生命终结的整个品牌生命周期进行管理的过程，包括品牌调研、品牌创建、品牌定位、品牌推广、品牌维护、品牌检测、品牌更新和品牌终结等。本章主要是通过品牌管理研究展览会长期发展的问题，因此是狭义的展览会品牌管理，包括品牌战略管理和品牌危机管理。

一、品牌及展览会品牌

美国营销大师菲利普·科特勒对品牌作出了如下定义：“品牌是一种名称、名词、标记或设计，或是它们的组合运用，其目的是借以辨认某个销售者或某群销售者的产品，并使之同竞争对手的产品区别开来。”品牌（Brand）是一种识别标志、一种精神象征、一种价值理念，是品质优异的核心体现。培育和创造品牌的过程也是不断创新的过程，自身有了创新的力量，才能在激烈的竞争中立于不败之地，继而巩固原有品牌资产，多层次、多角度、多领域地参与竞争。

目前，理论界对于品牌的定义有多种，现列举如下：

（1）品牌是指组织及其提供的产品或服务的有形和无形的综合表现，其目的是借以辨认组织产品或服务，并使之同竞争对手的产品或服务区别开来。

（2）品牌是指公司的名称、产品或服务的商标，和其他可以有别于竞争对手的标示、广告等构成公司独特市场形象的无形资产。

（3）“品牌”是企业或品牌主体（包括城市、个人等）一切无形资产总和的浓缩，而“这一浓缩”又可以以特定的“符号”来识别；它是主体与客体、主体与社会、企业与消费者相互作用的产物。

展会品牌是指一个展会与其他展会相区别的某种特定的标志，它通常由某种名称、图案、记号、其他识别符号或设计及其组合所构成。[①]展会品牌是展览会无形资产的总和，物化可视的是展会的名称、标识、吉祥物等抽象、可感受的、好的联想和亲近感。展会品牌的实质是建立在满足参展客商需要、定位清晰、形象鲜明、卓有成效的基础上的差异化。

二、品牌展览会

品牌展览会是指具有一定规模，提供专业的展会服务，具有较强的权威性，能代表行业发展方向，能对该行业有指导意义并具有较强影响力的展览会。品牌展会在一定区域内具有较高的知名度和较大的影响力，普遍能得到业界的肯定和认可。

判断品牌展览会的标准主要有以下几点：

1. 具有一定规模。品牌展会具有强大的吸引力，能吸引众多参展商、专业观众的参与，使展位面积达到一定规模。

2. 提供专业的展会服务。专业的展会服务要求会展企业的整个运作过程科学高效、服务周到。从市场调研、主题策划、寻求合作、广告宣传、招展手段、观众组织、活动安排、现场气氛营造、展会服务，到会展企业对外文件、信函的格式化、标准化等，都须具备较高的专业水准，从业员工的处事态度也必须严谨。用国际标准来规范服务，实现服务流程的规范化、标准化。制作了会展服务手册，体现重实效和“以人为本”的思想。

---

① 华谦生：《会展策划与营销》，广东经济出版社，2004 年。

3. 具有较强的权威性。品牌展会具有一定的前瞻性和预见性，有明确的市场和专业观众，而且能提供几乎涵盖这个专业市场的所有信息，从某种程度上讲，它能代表该行业的发展方向，拥有较强的声誉和可信度。

资料 13–1：世界五大品牌汽车展

衡量某一车展是否为国际一流的主要依据是：参展商规模和级别，汽车展品的档次，首次亮相的新车，概念车的多少，展出面积，配套设施的先进性、完备性，主办方的服务质量，国内外媒体宣传报道量，观众数量和专业水平等。目前世界五大品牌汽车展包括日内瓦车展、北美国际汽车展、巴黎车展、法兰克福车展、东京车展。

日内瓦车展。日内瓦车展素有“国际汽车潮流风向标”之称，是欧洲唯一每年举办的车展。日内瓦车展创始于 1924 年，从 1931 年起，一年一度在瑞士日内瓦举办，多在每年的 3 月举行，以展示豪华车及高性能改装车为主，展品比较个性化。

北美车展。一年一度的北美国际汽车展的前身是原美国底特律车展，始于 1900 年，是美国创办历史最长的车展之一。由底特律汽车经销商协会主办。1907 年迁到底特律汽车城。1989 年底特律车展更名为北美国际汽车展，每年 1 月举办。

巴黎车展。巴黎车展起源于 1898 年的国际汽车沙龙，至 1976 年后每两年一届，在每年的 9 月底至 10 月初举行。巴黎车展始终围绕着“新”字做文章，同时也是概念车云集的海洋。

法兰克福车展。德国是世界上最早办国际车展的地方。法兰克福车展前身为柏林车展，创办于 1897 年，1951 年移到法兰克福举办，每年一届，一般安排在 9 月中旬开展，为期两周左右，轿车和商用车轮换展出。该车展是世界上规模最大的车展。

东京车展。东京车展是五大车展中历史最短的，创办于 1954 年，逢单数年秋季举办，也是亚洲最大的国际车展。日本本土车商生产的五花八门、千姿百态的小型汽车历来是车展的主角，同时，各种各样的汽车电子设备和技术也是展会的一大亮点。

三、展览会品牌具备一般品牌的必要特征

会展品牌首先具有一般品牌的特征。根据现有理论，品牌是市场主体进入市场过程中区别于他人的市场标志，实现品牌化，在于建立信任，让市场主体放心大胆地来选择自己，从而占有市场份额。品牌的价值是市场经验长期积累

的结晶，是值得信任的市场主体的识别符号。品牌凝聚了市场信任所必需的全部要素，包括产品的特性与功能、企业的理念与文化、交往的利益和体验、顾客的期待与情感、无形的资产与商誉，品牌成为市场竞争主体，已经成为现代市场全球化的秘籍。

品牌信任有两个来源。从历时态角度看，品牌信任来自市场经验，有赖于品牌与顾客坚持不懈的长期交往，是大量品牌实践日积月累的积淀。从共时态角度探讨，品牌信任来自品牌的功能结构，即它既是承诺，又是抵押。承诺明确信任的内容，抵押提供信任的依据。在市场交往各方的眼中，品牌由此成为市场信任的标志。

品牌承诺是市场活动的媒介，主要包括质量、信用和公平三个层次的内容。质量是品牌的生命线，体现品牌的效用价值；信用以质量为根据，是品牌的次生承诺，体现品牌与市场体系的负责任交往；公平是品牌的衍生承诺，体现品牌对市场环境相关利益诉求的尊重。

品牌抵押指的是品牌为履行承诺作信誉担保，用作抵押的企业资产被称作品牌资产，它主要由品牌经营长期积累起来的无形资产构成，大致相当于特定品牌的市场效益。

资料 13-2：展览会品牌的独有特征应当如何理解

会展品牌区别于一般品牌的特点，在于会展不同于一般的商品或服务，是一种面向规模化经营的以现场聚集为形式、以表达展示为手段、以主题化时空为核心的营销沟通服务。作为一种平台式服务，其意义是在参展方与观展方之间建立沟通了解、创新竞争与供需合作的关系。其品牌承诺通常并不针对某一特定产品或企业形象，而是为所有规模化经营的参展商和专业观众提供专业化服务，保证商情商机的沟通服务质量，激励竞争创新的方向和水准，维护服务平台的诚信与公平。其品牌担保不仅来自会展平台，而且来自组展方背后的支撑力量，包括政府、协会甚至场馆，来自参与会展活动的参展商与采购商共同的信誉和努力。因此，会展品牌建设，不是组展一方可以独立完成的。

由于参展商和采购商往往是代表行业实力的品牌企业，所以品牌会展既是会展的品牌，又是品牌的会展。基于这样一种特定的服务平台，品牌会展的营销沟通服务便具备了两个层次：第一层次是组展方面对参展商和采购商，第二层次是参展商面对采购商。这使得会展活动的服务对象通常不是面对终端消费者，而是规模化经营的参展商和采购商。他们拥有规模化特征和专业化身份，以及作为特定行业的市场品牌参与国际竞争的潜在可能性。

正是平台式服务的属性、专业化沟通的特点和服务对象不寻常的身份，对会展品牌提出了不同于一般市场品牌的要求，那就是更强的专业性、更高程度的国际化和更具境界水平的营销沟通服务，以及对品牌诚信与公平的更迫切更严格的要求。这需要会展品牌在常规服务经营之外，既为服务对象也为自身谋求发展采取一系列品牌维护策略，例如保护知识产权、保证公平竞争、维护会展品牌与参展方采购方之间的长期合作关系以及通过会展活动促成利益相关方的品牌资产不断增值等。

品牌会展有必要建立专门机构，专责管理自身与客户的品牌资产，健全其跟踪、收集与提供信息的机制，培训品牌维护人才，促进品牌维护的全面开展。相关机构需要聚集一批精通行业市场以及相关产品专利知识、性能特点、品牌经营和市场动向，又掌握行业法规、民俗习惯的专门人才。

对参展商和专业观众，应当鼓励他们把会展现场当作品牌推广的最重要阵地，勇于维护自身的合法权益，通过向组展方投诉，借助媒体与舆论力量帮助，或向法律部门请求咨询和争端调解，为品牌成长营造更好的条件。行业协会和政府相关机构则须提供必要的法律法规，形成会展产业的市场化运行机制，把会展活动纳入法制轨道，建立商标注册和品牌认证体系，依法保护会展知识产权。

只有针对会展品牌的具体特征展开上述工作，品牌会展才有可能与大规模、高效益和前瞻性联系在一起，体现出示范效应、聚集效应和可持续效应，一往无前地走向世界；也只有这样，品牌会展研究才有可能在问题导向和实证与量化方法支撑下，引导品牌会展开辟出一片崭新的天地。

三、展览会品牌管理的意义

实现品牌化经营是增强我国会展业竞争力的必由之路。目前，国内已初步涌现出一批具有知名品牌的会展企业或展会，但这些民族化的会展品牌与德、意等国家的国际性会展公司或展会相比，无论在品牌的知名度上，还是在品牌的无形价值或扩张程度上，均存在着巨大的差异。由此可见，品牌化将作为一项重要任务提上我国会展业发展的日程。

1. 品牌管理是提高展会竞争力的必要手段

伴随着我国加入世界贸易组织，展览业竞争将愈发激烈。品牌建设是提升展览会竞争力的必要且有效的手段。品牌本身所承诺的高水准的质量、高附加值服务以及高品位的文化，将成为吸引参展商和观众的一面旗帜，直接决定会展企业及以会展业为主要经济命脉地区的竞争实力和发展前景。会展经济发展的一个重要趋势是市场份额越来越向最有价值的会展品牌集中，因此会展经济的发展要特别注意树立品牌意识。随着各类会展数量的增多。会展市场由“卖方市场”向“买方市场”的转变，以及参展商和观展者的逐步成熟，品牌必将成为会展业发展的灵魂，只有品牌会展才能在会展市场中获得优势地位。

2. 品牌管理由展会活动自身特征所决定

品牌就是市场。品牌有助于展会享有高回报的经济和社会效率，展会要想一届一届地成功举办下去，离不开大量参展商的参展，参展商的参展费是展会的经济基础，而知名品牌展会，就能增强对参展商的感召力，获得较高的市场占有率。会展活动经济综合效益好，回报率高，利润率在 20%以上。“品牌”作为产品外在物理特征和内在文化价值的载体，本身就是一笔巨大的无形财富。科学、持续的品牌建设，对企业发展的意义是不可估量的。在企业内部，员工为这一卓越品牌而自豪，愿意在自己所热爱的企业里打拼、开拓，与企业形成命运共同体，产生 1+1>2 的效应；在企业外部，卓越品牌可为其开展网络化经营、特许经营、输出管理扫清道路，不仅能给展览企业带来强大的增值功能，而且本身也具有很高的价值。

3. 品牌管理有助于强化展览会的差异化程度

展会应在目标市场提供一种差异化的利益，创造差异化的竞争优势。这种差异化程度越高，展会赢得展商和专业观众的可能性就越大，排斥新竞争者的进入壁垒就越高，竞争优势和获利能力就越强。一件产品可以被竞争对手模仿，但品牌却是独一无二的。因此参展商和观众会根据自己的需求、目的、展会价格、方便程度和品牌因素选择自己中意的展览会。

4. 品牌管理有助于发展展会与参展商的牢固关系

品牌作为一种无形资产，一方面积累于展览会的质，另一方面也取决于展会规模。实力的高低，决定了品牌在市场中的竞争地位，从而决定了参展商对品牌的信任度，使客户一闻其名就联想到其提供的温馨暖人的优质服务，并对展览企业产生长期的信任，从而形成品牌忠诚。[①]

第二节 展览会品牌战略管理

要打造展览会的品牌，培育品牌展会，非常重要的一点就是要经营者与管理者树立牢固的品牌观念，认识到品牌现代化的发展才是中国会展业持续健康发展的唯一途径，并从场馆的设计、主题的选择、展会的规划、展会的组织与管理等具体方面来实施会展业的品牌化发展，把展览会品牌管理上升到战略管理的高度。

①刘丽君：《中国会展品牌问题研究》，《商业经济》，2007 年第 10 期。

一、展览会品牌战略管理的含义

在科技高度发达、信息快速传播的今天，产品、技术及管理诀窍等容易被对手模仿，难以成为核心专长，而品牌一旦树立，则不但有价值并且不可模仿，因为品牌是一种参展商和观众的认知，是一种心理感觉，这种认知和感觉不能被轻易模仿。战略的本质是塑造出企业的核心专长，从而确保展览企业的长远发展。

所谓展览会品牌战略管理就是公司将品牌作为核心竞争力，以获取差别利润与价值的企业经营战略。品牌战略管理是市场经济中竞争的产物，近年来，一些意识超前的国内外展览企业纷纷运用品牌战略的利器，取得了竞争优势并逐渐发展壮大。

二、展览会品牌战略管理的流程

展览会品牌战略管理的主要内容是制定以品牌核心价值为中心的品牌识别系统，然后以品牌识别系统统率和整合展览企业的一切价值活动，同时优选高效的品牌化战略与品牌架构，不断地推进品牌资产的增值并且最大限度地合理利用品牌资产。具体流程如下：

1. 提炼对消费者有感染力的核心价值，并长期维护品牌核心价值

展览会品牌的核心价值是品牌资产的主体部分，它让参展商和观众明确、清晰地识别并记住品牌的利益点与个性，是驱动参展商和观众认同、喜欢乃至爱上一个品牌展会的主要力量。核心价值是展览会品牌的终极追求，是一个展会品牌营销传播活动的原点，即展览企业的一切价值活动都要围绕展览会品牌核心价值而展开，是对品牌核心价值的体现与演绎，并丰满和强化品牌核心价值。

展览会品牌战略管理的中心工作就是清晰地规划勾勒出展览会品牌的核心价值，并且在以后的十年、二十年乃至上百年的展览会品牌建设过程中，始终不渝地坚持这个核心价值。久而久之，核心价值就会在参展商和观众大脑中留下深深的烙印，并成为品牌对参展商和观众最有感染力的内涵。

2. 规划品牌识别，使核心价值统帅的营销传播活动具有可操作性

提炼出个性鲜明、高度差异并对参展商和观众极具感染力的品牌核心价值，意味着展览会品牌战略管理迈出了成功的第一步。在完成展览会品牌核心价值提炼后，作为展览会品牌战略管理者的一项最重要的工作就是规划以品牌核心价值为中心的品牌识别。

品牌识别是指通过对产品、企业、人、符号等营销传播活动具体如何体现

核心价值进行界定从而发展出区别于竞争者的品牌联想。品牌识别体现品牌战略管理者期望要发展的品牌联想及品牌代表的方向，界定了品牌要如何进行调整与提升。品牌识别有效传达给参展商和观众后就形成了实态的品牌联想。一个强势品牌必然有鲜明、丰满的品牌识别。

科学完整地规划品牌识别后，核心价值就能有效落地，并与日常的营销传播活动（价值活动）有效对接，使企业的营销传播活动有了标准与方向。品牌识别担当全面统率与指导品牌建设的职责，除了众所周知的产品、企业、符号等识别外，责任、成长性、地位、品牌与参展商和目标观众的关系等都能成为打造品牌竞争力的有力因素。

3. 用以核心价值为中心的品牌识别系统去统帅企业的一切营销传播活动

提炼规划好以核心价值为中心的展览会识别系统后，就要以展览会品牌识别去统率展览企业的一切营销传播活动。由于广告传播对品牌的推动作用十分明显，不少人误以为只要广告栩栩如生、贴切到位地传达出品牌的核心价值，品牌核心价值就能水到渠成地烙在参展企业和观众脑海里，从而建立起丰厚的品牌资产。

品牌核心价值是品牌向参展商和观众承诺的功能性、情感性及自我表现型利益，如果仅仅在传播上得到体现，在营销策略如定位、功能上未能有效体现品牌核心价值或干脆背道而驰，参展商和观众就会一头雾水，无法建立起清晰的品牌形象乃至根本不信任品牌核心价值。

可见，在定位、功能等不同层面的营销策略、广告传播等所有向参展企业和观众传达品牌信息的机会都要体现出品牌核心价值，即用品牌核心价值统率展览企业的一切营销传播活动，才能使参展商和观众深刻记住并由衷地认同品牌核心价值。展览企业应不折不扣地在任何一次营销或广告活动中都体现、演绎出核心价值。

4. 展览会产品多样化后，展览企业需要优选品牌化战略与品牌架构

展览会品牌战略管理很重要的一项工作是规划科学合理的品牌化战略与品牌架构。在单一展览会产品的格局下，营销传播活动都是围绕提升同一个品牌的资产而进行的，而展会产品种类增加后，就面临着很多难题，究竟是进行品牌延伸，新产品应沿用原有品牌，还是采用一个新品牌？若新产品采用新品牌，那么原有品牌与新品牌之间的关系如何协调？展览企业总的品牌与各展会产品品牌之间的关系又该如何协调？展览会品牌化战略与品牌架构优选战略就是要解决这些问题。

5. 进行理性的品牌延伸扩张，充分利用品牌资源获取更大的利润

创建长寿强势大品牌的最终目的是为了持续获取较好的销售与利润。由于

无形资产的重复利用是不用成本的，只要有科学的态度与高超的智慧来规划品牌延伸战略，就能通过理性的品牌延伸与扩张充分利用品牌资源这一无形资产，实现企业的跨越式发展。因此，品牌战略管理的重要内容之一就是对品牌的延伸。

按下述各个环节进行科学和前瞻性规划：

（1）提炼具有包容力的品牌核心价值，预埋品牌延伸的管线。

（2）如何抓住时机进行品牌延伸扩张？

（3）如何有效回避品牌延伸的风险？

（4）延伸产品如何强化品牌的核心价值与主要联想，并提升品牌资产？

（5）品牌延伸中如何成功推广新产品？

6. 展览会企业要科学管理各项展览会品牌资产，累积丰厚的品牌资产

创建具有鲜明的核心价值与个性、丰富的品牌联想、高品牌知名度、高溢价能力、高品牌忠诚度和高价值感的强势大品牌，累积丰厚的品牌资产。

首先，要完整理解品牌资产的构成，透彻理解品牌资产各项指标如知名度、品质认可度、品牌联想、溢价能力、品牌忠诚度的内涵及相互之间的关系。在此基础上，结合企业的实际，制定品牌建设所要达到的品牌资产目标，使企业的品牌创建工作有一个明确的方向，做到有的放矢，并减少不必要的浪费。

其次，围绕品牌资产目标，创造性地策划低成本提升品牌资产的营销传播策略。同时，要不断检查品牌资产提升目标的完成情况，调整下一步的品牌资产建设目标与策略。

三、展览会品牌战略管理策略

1. 研究市场变化，满足客户需要

对展会运营机构来说，参展商是客户，对参展商来说，专业观众是客户。客户满意，展会才有可能持续发展和壮大。客户的需求是变化的，要做好服务，就必须尽最大努力满足客户的需求。此外，展会的外部宏观环境、行业环境、竞争环境都在变化，只有适应变化，不断创新，展会才有生机和活力。因此，市场调研尤其重要。设立高水平的研究机构，确保研究内容的科学性、时效性、针对性，是展会品牌战略制定和实施的前提和基础。

2. 展览会主题和内涵的不断创新

注意结合行业发展趋势和方向及时调整展会主题，包括增加扩充展览项目，分离展览项目单独办展，赋予原有展览项目时代特色，以此保持原有客户，吸引新客户，保持展会的长久生命力。德国很多行业展会都有几十年的办展历史，纵观其发展过程，几乎可以肯定每个展会在不同时期主题和内涵都有所侧重和

调整，有的甚至有大规模改革。

例如汉诺威展览公司拥有的品牌展会——汉诺威工业博览会，该展会有50多年的发展历史，但仍然不断调整外延和内涵，如随着物流业企业内部物流概念和技术的进一步加强和壮大，原来汉诺威工业博览会中的物流技术与运输系统部分已经从2004届展会中分离出来。另外，杜塞尔多夫工业自动化产品展会并入汉诺威工业博览会，科隆男装展并入历史更加悠久的杜塞尔多夫女装及时装展会，这些例子都是展会主题和内涵的不断调整和扩充。

3. 展会服务及营销方式的的创新

细致周到专业的展会服务可以帮助主办方培养客户对展会的忠诚度，这样的理念应该渗透到展会的各个过程中。展会营销工作做得比较出色的企业，总有一些共性存在。第一步就是根据展览企业的发展规划及营销目标，对展览企业的优势资源（产品、信息、技术、服务）或需求进行分析，之后再斟选出适时对路的展会推广方式，最后再从策划的角度考虑资源如何出奇制胜。

4. 致力专业化，展示最新成果

专业化是打造品牌展会的必由之路。专业化能够形成差异化，差异化可形成展会的竞争优势。专业化使展会运营机构在市场细分的基础上，更好地把握客户的需要，从而在招商招展和展览会现场管理等过程中更加准确、有效。专业化需要展会运营机构建立科学的管理体系，拥有专业化的人才队伍，实行完善的操作规范，形成优秀的企业文化。专业化要求展会专注于某一行业或某一市场的客户，努力把握行业或市场发展的脉搏，展示行业的最新成果，以新技术、新产品、新观念的不断推出占据同类型展会的制高点。

5. 发挥各方作用，有效整合资源

为打造强势品牌，展会运营机构还应充分利用各种相关资源，发挥不同利益主体，包括主办机构、承办机构、协作机构、参展商、专业观众、展会场馆、展会所在地等对展会项目各个运作环节的支持和配合。利用先进的技术手段分析、梳理、整合各种资源，并加以综合利用。在整合资源的过程中，展会运营机构必须努力寻求专业协会、行业内领导型企业、有影响力的媒体、政府等多方的支持。因此，展会运营机构应主动沟通，服务先行，强调互惠多赢合作，以最大程度地聚集资源、盘活资源，为展会项目的运营管理服务。

第三节　展览会品牌危机管理

一、品牌危机的含义和特征

品牌危机是指由于各类因素（包括企业自身、竞争对手、顾客或其他外部环境）的突变或品牌运营、营销管理的失常，而使得品牌形象受损，并造成社会对品牌产生不信任，进而威胁到品牌乃至企业生存的危机状态。

品牌对于企业的发展壮大起着巨大的作用，但由于企业所处的外部环境的动荡或企业自身的某些失误，在促进品牌发展的同时，品牌危机也会不期而遇。品牌危机是指由于企业外部环境动荡、品牌运营管理出现失误，对企业品牌形象造成不良影响，并在很短时间内波及社会公众，导致企业品牌价值大幅度降低甚至危及企业生存发展的窘困状态。

品牌危机的主要特征包括：突发、蔓延、危害和被害等。突发特征是其中的主要特征。

二、品牌危机管理的涵义和原则

品牌危机管理，就是企业对品牌的维护管理，包括预防危机的产生，危机产生时的解决行为，以及危机后期的对品牌形象的修缮行为。

有效的品牌危机管理必须遵循“6F”基本原则（图 13-1）：

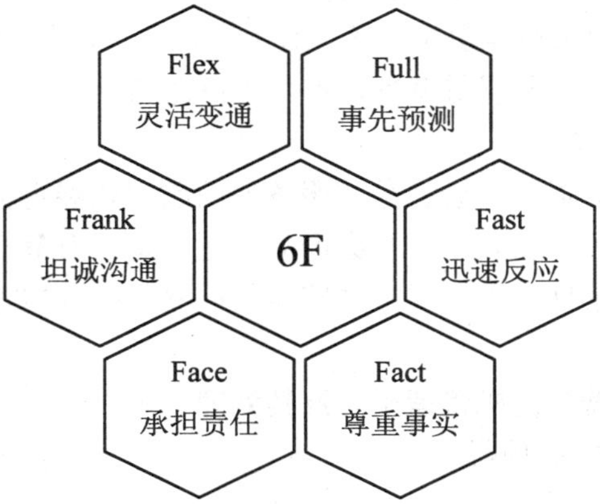

图 13-1　品牌危机管理“6F”原则

1. 事先预测原则

通过对市场环境的分析调查，要敏锐地捕捉信息，事先预测企业的运营是否良好，有没有出现品牌危机的迹象。

2. 迅速反应原则

一旦危机来临，就要迅速采取行动，积极有效地去解决危机。

3. 尊重事实原则

就是以事件发生的客观事实为依据，采取客观、务实、公正的态度解决危机。

4. 承担责任原则

即面对危机的来袭，企业要敢于真诚、坦然地面对，勇于承担因危机引发的各种责任。

5. 坦诚沟通原则

危机爆发已经是事实，最有效的方法就是采取坦诚、负责任的态度与公众进行沟通，以化解危机。

6. 灵活变通原则

根据事态的发展情况灵活掌握危机管理的时机和方法。

三、展览会品牌危机形成的主要原因

1. 企业的外部原因

它包括政府及行业的政策变化、市场竞争环境变化、市场竞争对手的恶意中伤及新闻媒体的报道揭露等。如在经济出现衰退时，参展企业的参展预算不足，会导致品牌展览会参展人数下降，产生品牌危机；当一种新形式展会出现，使得品牌展览会的吸引力降低，会使参展商和观众的购买发生转移，从而导致品牌危机；在激烈的市场竞争中，竞争对手往往会采用降价、加强促销等手段，使对方市场占有率、销售量等降低，产生品牌危机。

2. 企业内部原因

主要是展览企业提供展会产品和服务的问题，如展览会产品一成不变、缺少创新、形式单一等，而其中展览会产品问题更是引发危机的最常见原因。展览会产品要具有连续性，不断增加展览会的内涵，提升展览会的档次。

四、展览会品牌的危机管理预防及其处理

1. 展览会品牌危机预防

（1）树立危机意识。

在品牌危机管理中首先需要的就是树立危机意识。防患于未然，在危机产生前有足够的准备，在危机产生后能够有足够的勇气和信心来面对危机，化解危机。

（2）拟定危机应对计划。

展览企业应根据所处的行业特点预测可能发生的危机类型，并制定一整套应对危机的管理计划，明确怎样防止危机爆发，一旦危机爆发应如何应对。危机应对计划的主要目的是通过不断的规划活动使组织高层决策者将注意力集中于危机有关事宜，以及增强高层决策者应对危机的专业能力。

（3）建立危机预警系统。

危机预警系统是指企业为了能够事先感知危机的出现，而建立的一套感应体系。通过危机相关的参数来判断危机是否已经产生。品牌危机管理的预警系统应包括四个方面：

第一，组建一个由具有较高专业素质和较高领导职位的人士组成的品牌危机管理小组，制定和审核品牌危机处理方案，清理品牌危机险情，一旦发生品牌危机及时予以遏制，减少危机对品牌乃至整个企业的危害。

第二，建立高度灵敏、准确的信息监测系统，及时收集相关信息并加以分析、研究和处理，查漏补缺，全面清晰地预测各种品牌危机情况，及早发现和捕捉品牌危机征兆，为处理潜在品牌危机制定对策方案，尽可能确保品牌危机不发生。

第三，建立品牌自我诊断制度，从不同层面、不同角度进行检查、剖析和评价，找出薄弱环节，及时采取必要措施予以纠正，从根本上减少乃至消除发生品牌危机的诱因。

第四，开展员工品牌危机管理教育和培训，增强全体员工品牌危机管理的意识和技能，一旦品牌危机发生，员工具备较强的心理承受能力和应变能力。[①]

2. 展览会品牌危机处理程序

当品牌危机出现时，展览企业要主动积极地应对，要正视危机，而不是躲避。在这个过程中，要坚持“5S”原则，即速度第一原则（Speed）、系统运行原则（System）、承担责任原则（Shoulder）、真诚沟通原则（Sincerity）、权威证实原则（Standard）。（见图 13-2）

具体处理品牌危机的程序：

1. 隔离危机

危机就像危害人们健康的传染病，蔓延开来就不可收拾，危机管理者如只是急于平息危机而不先隔离危机，危机就有可能失去控制，造成更大的灾难。

2. 处理危机

危机爆发后会迅速扩张，处理时要当机立断，找出危机的症结，对症下药，及时采取措施，迅速处理危机。同时，在面临危机时，主管者要沉着镇定，努

① 李君，品牌危机管理研究，中小企业管理与科技，2010 年 02 期。

力不懈，注意与内部人员的团结，以强大的凝聚力渡过难关。

3. 消除危机后果

危机往往会留下极大的“后遗症”，它要求企业从物质、人身、心理等方面采取措施，消除危机所造成的消极后果。

4. 维护品牌形象

危机的发生会给企业的外部形象造成极大的伤害，对品牌的不信任情感迅速产生并蔓延开来，因此在处理危机时，要把企业形象放在重要地位并通过科学的方法挽回影响。

5. 危机总结

危机过后，企业应当对自己在危机中的行动进行评价和整理，汲取教训，以提高危机处理能力。

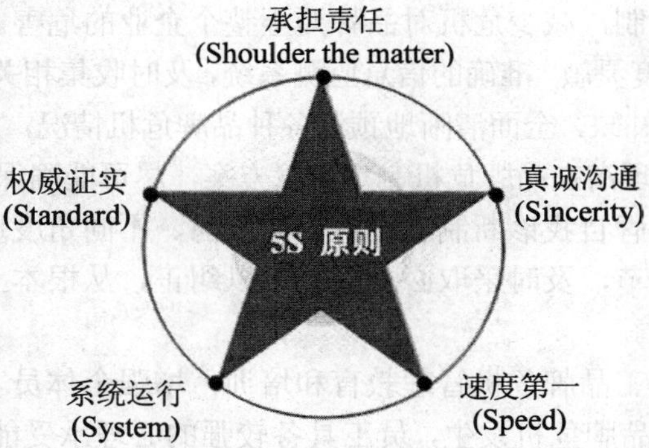

图 13-2 危机处理坚持的“5S”原则

总之，展览会品牌的危机管理是一个复杂的系统工程，展览会企业只有重视它，在品牌经营过程中不断探索危机处理的有效办法和手段，对品牌危机处理的能力才能逐步增强。

复习思考题

1. 简述展览会品牌和品牌展会的概念。
2. 简述展览会品牌管理的意义。
3. 简述展览会品牌战略管理的基本流程。
4. 简述品牌危机管理的主要原则。

第十四章

展览并购管理

主要内容

随着会展行业的发展，会展业也逐渐进入了并购时代。本章首先介绍了展览并购的内涵和动因，然后介绍了展览并购管理，如展览并购的程序、被并购展会的选择以及并购原则等，最后介绍了展览并购的风险及风险管理。

第一节　展览并购的意义和现状

一、展览并购的意义

在激烈的市场竞争中，企业只有不断发展壮大，才能在竞争中求得自身的生存。企业发展壮大的途径一般有两条：一是靠企业内部资本的积累，实现渐进式的成长；二是通过企业并购，迅速扩大资本规模，实现跳跃式发展。美国著名经济学家施蒂格勒在考察美国企业成长路径时指出："没有一个美国大公司不是通过某种程度、某种形式的兼并收购而成长起来的，几乎没有一家大公司主要是靠内部扩张成长起来。"并购已经席卷了全球经济的各个领域，成为国际市场的一大焦点，展览业也不例外，如美国的展览业巨头克劳斯公司用40亿美元购买了南美的品牌展会及其相关产业。

从企业成长的角度来看，与企业内部资本积累相比较，企业并购可以给企业带来多重绩效，如规模经济效应（生产规模经济效应、经营规模效应）、市场权力效应以及交易费用的节约。随着会展行业的发展，行业内的兼并收购也应运而生，并购将带来行业的整合和资源的优化配置，有助于实现行业的跨越式发展。展会本身就是一个资源整合的平台，可以让参展商对外展示产品和企业品牌形象。因此，主办方所能整合的资源越多，对企业而言，参展价值就越大。并购是主办方整合资源的一种非常重要的方式，通过并购整合优势资源做大展览会是会展业未来发展的趋势。

二、展览并购的现状

企业并购在经济发展的早期就已出现，但是在业主企业或家族企业时代，企业并购并不普遍。从19世纪60年代开始，伴随着企业制度演化为现代企业制度后，企业并购才开始活跃起来。在迄今为止的一百多年间，全球已发生了5次大规模企业并购浪潮。第一次并购浪潮发生在19世纪末至20世纪初，其高峰时期在1899～1903年。此次并购浪潮主要是在同行业内部把大量分散的中小企业合并为少数几家具有行业支配地位的大型企业，形成行业寡占。通过这次横向并购，在美、日、德形成了一批大型工业垄断企业集团。如美国钢铁公司，资本超过10亿美元，其产量占美国市场销售量的95%。第二次并购浪潮发生在1915～1930年，1928～1929年达到高峰。这次并购浪潮主要是一些已经形成的行业性支配企业，凭借其强大实力，采取“大鱼吃小鱼”的办法并购大量中小企业。此次并购另一重要特点是以纵向并购为主要形式；第三次并购浪潮发生于第二次世界大战后的整个五六十年，1967～1969年达到高潮。此次并购以混合并购为主要形式，被并购企业已不限于中小企业，而进一步发展为大垄断公司并购大垄断公司，从而产生了一批跨行业、跨部门的巨型企业。第四次并购浪潮发生于1975～1992年，1988～1999年达到高潮。此次并购呈现出形式多样化的趋势，横向、纵向、混合三种形式交替出现，并购范围日趋广泛，并购的目标也逐渐拓展到国际市场。第五次并购浪潮始于1994年，至今方兴未艾。

随着会展行业的发展，会展业也逐渐进入了并购时代。从国际上来看，国外买卖展览会项目相对成熟。例如，励展博览集团作为全球规模最大的展览会主办机构之一，在全世界举办高品质的大型国际展会，每年大约有三四百个，其中有相当多的展览会是通过购买得到的。据不完全统计，1995年至2004年，会展业发生了20次投资收购运作，发生在美国的有13次，英国4次，法国2次，在其他欧洲或亚洲国家仅1次，这表明目前会展业的资本运作活动主要还是在市场成熟的欧美国家。

另据JEGI（即总部设在纽约的The Jordan Edmiston Group，INC）透露，2005年上半年美国共发生了15次展览会和会议并购活动，交易总额高达18亿美元，这一数值与2004年同期的11次并购、5.05亿美元的交易额相比，增长了2.5倍。其中，比较有影响的并购包括T&F以14亿美元收购IIR Holdings

公司[①]，Hanley Wood 展览公司以 6.5 亿美元的价格卖给 JP Margan 等。

随着新兴市场如中国、东南亚及南美洲的会展业的蓬勃发展，会议、展览项目数量迅速上升，一些大公司也瞄准这些地区的会展作为并购的对象。金融危机以后，中国市场变得越来越重要，许多厂商都到中国寻找客户，使中国内地的会展并购步伐加快。以博闻为例，博闻是近年来在中国内地并购项目最多的国外展览公司。博闻公司 2006 年联手意大利博罗尼亚集团收购了广州国际美容美发化妆用品博览会；2009 年在深圳收购了一个光电展项目；2010 年又三度出手，分别并购了广州广告展，上海国际儿童、婴儿、孕妇产品博览会（简称 CBME）以及中国国际网络文化博览会三大展会。收购不同产业的展览之后，博闻相关展览面积在原来的基础上都有明显增长，增长幅度多在 30%～50%。博闻为并购的展会带来了国外参展商，观众也更加国际化。除了博闻之外，还有很多跨国会展公司在中国实施并购，如：广州光亚展览公司（简称光亚）与德国展览巨头法兰克福展览公司合资后，又并购了广州工业控制自动化展；励展集团也蛰伏待机，在中国加快合资并购步伐（见资料 14-1）。

资料 14-1：励展集团的合资并购之路

早在 1985 年，励展便进入中国市场，其后的十几年间发展趋于平缓。2003 年开始，蛰伏已久的励展进入了活跃期，在上海成立了第一家合资公司——上海励华展览有限公司，主要举办包装及纸品加工方面的一流展会。2005 年与国药集团共同组建国药励展展览有限公司，取得了 6 个国内医药品牌展会的经营权，在国内展览界首开国有企业与境外公司合作先河，成为中国医药健康领域最大的展览和会议主办机构。

2006 年励展集团快马加鞭，加快了合作并购的步伐。一是入主中国国际机床工具展览会，与中国机床总公司共同管理和运营该展会以继续扩大其规模，并提高其专业化和国际化程度；二是从澳州 G2E 器材制造商协会（AGMMA）手中接获了“亚洲 G2E 展览会”的举办权，将其更名为“亚洲世界 G2E 展览会”（G2EAsia）。

2007 年 6 月 26 日，英国励展博览集团与深圳市华博展览有限公司签署协议，成立合资企业——励展华博展览(深圳)有限公司。与深圳华博合资是励展集团继 2005 年 8 月以 50%的股权收购国药集团之后的又一次战略部署。

截至目前，励展的中国业务涵盖了以北京为中心的环渤海区域、以上海为中心的长三角区域以及以深圳为中心的珠三角区域。在中国设有 7 个子公司和办公室，分别位于香港、北京、上海、杭州、广州、成都和台北。目前，励展

① 该公司每年举办 400 多个会议和 10 个业内顶尖的展览会。

在中国市场的业务正以两位数速度增长，高于励展海外姊妹公司在世界范围内的平均增长水平。

除了欧美国家会展业的并购以及跨国公司对中国展览项目和会展企业的并购之外，国内会展企业也加快了并购步伐，其中不乏民营会展公司的积极参与，如大连北展集团一直把并购作为其发展过程中的重要战略（见资料 14-2）。

资料 14-2：大连北展集团的收购之路

大连北方国际展览有限公司目前拥有 6 个国际性展会的举办和所有权，年展览面积 20 万平方米，所举办的中国国际家具展、东亚旅游博览会、房交会等展会多数是中国北方同类展会中规模最大的。在大连北展集团的发展过程中，并购一直是其发展过程中的主要战略。1998 年大连北展收购了一个大连的房地产交易会，把该房地产做大做强；同年又以人民币 100 万元收购了一个酒店博览会，到 2000 年该博览会的收入就已经补偿了收购费用，2001 年开始大幅度赢利。2011 年 1 月 18 日，大连北方国际展览有限公司并购重组上海东博展览有限公司。上海东博展览有限公司拥有上海国际机床展的举办和所有权，年展览面积 10 万平方米左右，企业估值 1.5 亿元人民币，其核心展会上海国际机床展是全国数一数二的机床行业盛会。并购后，由大连北方国际展览有限公司在上海设立新公司“上海东博文化发展有限公司”，作为接受上海机床展的所有权及相关资产的载体，也是继续运营上海国际机床展的主体。此次并购重组意味着作为东北最大民营展览公司的“大连北展”开始布局全国市场。

第二节　展览并购的内涵和动因

一、展览并购的内涵和实质

1. 并购的内涵

并购的内涵非常广泛，一般是指兼并（Merger）和收购（Acquisition）。

兼并，又称吸收合并，指两家或者更多的独立企业、公司合并组成一家企业，通常由一家占优势的公司吸收一家或者多家公司。

收购，指一家企业用现金或者有价证券购买另一家企业的股票或者资产，以获得对该企业的全部资产或者某项资产的所有权，或对该企业的控制权。

在会展业中，收购的对象可以是单个展览会，也可以是会展公司。通过展览会项目（品牌）的买卖，从而达到整合和兼并的目的。在项目收购中，买方买项目，其他的资产和负债均不考虑。如德国汉诺威展览公司购买上海企龙展览公司的地板展览会，将其并入自己的地面装饰展览会。而在公司收购中，除了收购项目外，其他与公司相关的资产与负债也被收购。

展览会项目收购，是基于对会展资源（品牌）作为无形资产的承认，也是对知识产权的有效保护，这是会展业走向规范化市场运作的必由之路。通过对会展品牌等无形资产的评估、买卖，使各相关方面都获得了利益，也减少了以往会展项目协调时的种种阻力。随着会展经济的深入发展，这种形式也必将进一步得到发展。

与并购意义相关的另一个概念是合并（Consolidation）。合并是指两个或两个以上的企业合并成为一个新的企业，合并完成后，多个法人变成一个法人。

2. 并购的实质

并购的实质是在企业控制权运动过程中，各权利主体依据企业产权作出的制度安排而进行的一种权利让渡行为。并购活动是在一定的财产权利制度和企业制度条件下进行的，在并购过程中，某一或某一部分权利主体通过出让所拥有的对企业的控制权而获得相应的收益，另一个部分权利主体则通过付出一定代价而获取这部分控制权。企业并购的过程实质上是企业权利主体不断变换的过程。

二、展览并购的动因

1. 扩大规模、降低成本费用

通过并购，企业规模或展览会得到扩大，能够形成有效的规模效应。规模效应能够带来资源的充分利用，资源的充分整合，降低管理、生产等各个环节的成本，从而降低总成本。

2. 提高市场份额，提升行业战略地位

规模大的企业或展览会，伴随规模的扩大、销售网络的完善，市场份额将会有比较大的提高，从而确立企业在行业中的领导地位。

3. 实施品牌经营战略，提高会展企业的知名度，以获取超额利润

品牌是价值的动力，同样的产品，甚至是同样的质量，名牌产品的价值远远高于普通产品。并购能够有效提高品牌知名度，提高展览会的附加值，获得更多的利润。

4. 获得先进的管理经验、经营网络、专业人才等各类资源

并购活动收购的不仅是展览企业或展览会的资产，而且获得了被收购企业或展览会的人力资源、管理资源、技术资源、销售资源等。这些都有助于并购主体整体竞争力的根本提高，对公司发展战略的实现有很大帮助。

第三节 展览会并购管理

一、展览并购程序

1. 前期准备阶段

企业根据发展战略的要求制定并购策略，初步勾画出拟并购的目标企业或目标展览会的轮廓。如展览会所属行业、展览所处地点、展览规模、展览企业资产规模、展览市场占有率等，据此进行目标企业和目标展览会的市场搜寻，捕捉并购对象，并对可供选择的目标企业和展览会进行初步的比较。

如英国励展博览集团作为世界上最大的展览主办机构之一，目前在中国的并购并不是按一个模式来进行市场开发的，而是根据形势制定并购与合作计划。励展在中国的发展主要是基于两个轴：一个是产业轴。励展博览集团在全球52个行业具有优势，励展在并购前会评估哪些行业的展览在中国有潜力、有需求、有进入空间和平台；另一个是地域轴，即评估励展还应该或可以进入中国的哪些地区办展。励展一方面考虑自己的主观需要，即其在中国的地区布局；另一方面要考虑被并购主体的客观可能，即可以进入哪些地区办展，以便获得当地各方的支持和配合。

2. 方案设计阶段

方案设计阶段就是根据评价结果、限定条件（最高支付成本、支付方式等）及目标企业意图，对各种资料进行深入分析，统筹考虑，设计出数种并购方案，包括并购范围（资产、债务、契约、客户等）、并购程序、支付成本、支付方式、融资方式、税务安排、会计处理等。

3. 谈判签约阶段

通过分析、甄选、修改并购方案，最后确定具体可行的并购方案。并购方案确定后以此为核心内容制成收购建议书或意向书，作为与对方谈判的基础。若并购方案设计将买卖双方利益拉得很近，则双方可能进入谈判签约阶段；反之，若并购方案设计远离对方要求，则会被拒绝，并购活动又重新回到起点。

4. 接管与整合阶段

双方签约后，进行接管并在业务、人员、技术等方面对目标企业或展览会进行整合。并购后的整合是并购程序的最后环节，也是决定并购能否成功的重要环节。

二、被并购展览会特征

1. 具有市场需求

被并购的展览应有极强的市场需求，具有良好的发展前景。而展览的市场需求主要取决于展览所依托的行业是否有足够的参展商和观众，该产业是否处于生命周期的上升阶段。比如曾红极一时的电脑展，随着市场的变化，已经渐渐地失去了发展空间。因为电脑已经成为一种日常消费品而非奢侈品，人们已经非常熟悉电脑的特点、功能。电脑生产企业需要更多的社会媒体宣传自己的产品，而展览会在宣传电脑方面显然已经没有主导优势，所以像电脑这一类的展览会被收购的几率很小。而荷兰阿姆斯特丹 RAI 国际会展中心并购印度水展 Water Asia 则是因为水资源是印度极度缺乏的资源，因此和水有关的产品、设施、技术在印度有巨大的市场需求，RAI 并购 Water Asia 才有成功的基础和可能性，见资料 14-3。

资料 14-3：荷兰阿姆斯特丹 RAI 国际会展中心成功并购印度水展 Water Asia

作为目前世界上发展最快的国家之一，快速的经济增长和有限的水资源注定印度水行业充满挑战和机遇。目前印度拥有 12 亿人口，而经济持续保持 8% 的年增长率，政府计划在 2020 年将印度发展成世界经济五大强国之一。而与此对应，占据 16% 世界人口的印度仅拥有全球水资源的 4%，贫乏的水资源使得印度政府充分认识到大力发展水行业的重要性和必要性，并计划在以下领域大力投资：农业用水的有效化、海水淡化基地、老旧设施的重建以及商业和工业领域水处理系统的大力开发，一切充满了机遇和挑战。

为迎合印度水工业领域对一个真正整合行业资源的高品质水展的期盼，Aquatech 的主办方——荷兰阿姆斯特丹 RAI 国际会展中心通过成功并购由 Inter Ads Brooks 公司主办的 Water Asia，强强联手将世界品牌水展 Aquatech 带到印度，并购后的新展更名为 Aquatech India，注入 Aquatech 一贯的国际品质和成功理念。在 Water Asia 成功举办 12 年的扎实基础上，Aquatech India 将全面涵盖水工业各个领域，致力于将展会打造成印度第一高质量水展。首届 Aquatech India 于 2010 年 2 月举办。

Aquatech 荷兰水展始于 1964 年，拥有 40 多年的历史。品牌系列水处理展览会在欧洲、北美、南美、东南亚等世界各地成功举办，赢得行业盛誉。每届 Aquatech 水展全面展示世界各国的顶尖产品、技术和解决方案，并构建了强有力的知识交流平台，被全球行业领导者视为水工业的首选商贸平台，成为高品质成功专业水展的代名词。

2. 具有成熟的品牌

被并购展览会应具有成熟的品牌。与一般展会相比较，品牌展会具有四大基本特征：一是具有较高的知名度。品牌展会在一定区域内具有较高的知名度和较大的影响力，能得到业界的普遍认可。二是具有较大的规模效应。品牌展会具有较强的吸引力，能吸引许多参展商、专业观众的参与，实现规模经济。三是具有较强的权威性。品牌展会具有一定的前瞻性和预见性，有明确的市场和专业观众，提供市场的专业信息。从某种程度上讲，它能代表该行业的发展方向，拥有较强的声誉和可信度，能够指导行业发展。四是服务水平较高。展览会从本质上说是服务产品，展台只不过是一种物质表现，参展商和观众参与展览是因为展览可以提供交流、交易的服务。服务水平的高低是决定展览会品牌价值的重要因素。

3. 已发展一定时间

对于收购方来说，他们非常注重展览会的成长历史，据此，他们能够预算出未来展会的走向，所以 1 到 2 年刚刚起步的展览会不是并购的对象。而且一个品牌展览会的形成最少也需要 3 到 5 年的时间，如果想要收购具有一定品牌价值的展览会，也应该给收购对象足够的成长时间。另外，时间对于展览会的资源积累来说也至关重要，时间可以积累客户资源、管理经验、相关政府和行业协会的支持。收购刚刚举办的展览会，不如自己独立举办相关展览会。

4. 具有必要的资源

被并购展览会应该具备必要的资源：第一，客户资源。被收购展览会经过一定时期的发展，应该积累大量的客户资源（参展商和观众）。同时，被并购主体应该建立完善的便于管理的数据库。第二，伙伴资源。展览会应该具有可靠的供应商、支持展会发展的政府部门和相关行业协会、支持媒体等。第三，人力资源。被收购展览会应该具有一支相对完整的管理团队，尤其是应该有称职的项目经理，具有较高的管理水平。第四，财务资源。被收购展览会应该具有财务支持，有稳定的收入来源，包括展位销售收入、赞助等各方面的资金来源。

5. 具有适中的规模

被收购展览会应该具备合适的规模：一方面，被收购展览会的规模不能太小。太小的展览会一般来说发展时间太短，不具备品牌效应，缺乏时间积淀的资源，不具备并购价值。另一方面，被收购展览会的规模不能太大。规模太大的展览会一般来说发展时间较长，具有较强的品牌效应，时间积淀的资源丰富，并购价值虽大，但是并购成本过高。更重要的是，被并购展览会的主办主体很可能会激烈反抗。

因此，被并购展览会应该具备适中的规模，使被并购展览会的价值较大，且并购成本不至于过高，容易得到被并购展览会主办方的配合。另外，当展览会现有规模与最优规模存在差距，规模扩张还处于规模经济效应显著阶段。

三、并购原则

1. 整合并购双方资源

并购应该能够达到资源整合效应，实施并购的主体应该与被收购对象具有相关资源，能够使目标展览会在被收购之后获得更快的发展，同时也使并购主体的资源有更大的发展空间。如亚洲博闻有限公司（UBM Asia）收购 Rotaforte 国际展览及媒体公司就是因为博闻已经是多个著名珠宝展的主办者，并购 Rotaforte 国际展览及媒体公司的伊斯坦布尔珠宝展就是最大程度地整合了双方的优势资源，发挥了资源协同效应。UBM 凭借累积多年成熟的展览会组织经验，将进一步提升并购展会的商业价值，令其规模更大、更专业。此外，UBM 将利用其全球网络资源，为展会带来更多的国际展商及买家，令展览会更加国际化，具体见资料 14-4。

资料 14–4：亚洲博闻收购 Rotaforte 发挥资源协同效应

2010 年 10 月 14 日，联合商业媒体有限公司(UBM)正式对外宣布，同意其全资子公司亚洲博闻有限公司（UBM Asia）向土耳其最大珠宝展的主办者 Rotaforte 国际展览及媒体公司的拥有人收购该公司 65%的股权。Rotaforte 国际展览及媒体公司是每年 3 月及 10 月举行的伊斯坦布尔珠宝展的主办者。

亚洲博闻在世界各地举办珠宝业的展览会，包括在中国举行的中国(深圳)国际黄金珠宝玉石展览会、广州国际黄金珠宝玉石展览会、中国(上海)国际黄金珠宝玉石展览会，以及在香港举行的 3 月亚洲时尚首饰及配饰展、6 月亚洲时尚首饰及配饰展、9 月亚洲时尚首饰及配饰展、6 月香港珠宝首饰展览会；在印度举行的印度国际宝石和珠宝展览会及海得拉巴珠宝珍珠玉石展览会；在日本东京举行的日本珠宝展。亚洲博闻在香港、中国、日本及印度主办的珠宝首饰展览会都非常成功，此次收购伊斯坦布尔珠宝展，将与原有展会起相辅相成之效，进一步加强亚洲博闻在珠宝展览会主办商的地位。亚洲博闻收购 Rotaforte 国际展览及媒体公司不但能增加伊斯坦布尔珠宝展的国际参展商及访客数目，也能推动更多土耳其厂商参与亚洲博闻现有的珠宝展览会。

亚洲博闻多年来致力于了解参展商的营销需要，为珠宝业买卖双方提供便利的国际营销平台，让客户能从参展中便捷地获得目标产品、制造商和供货商。亚洲博闻积极与各地商会合作，邀请业内专家来为研讨会担任主讲、举办珠宝汇演，令展会更多元化。

2. 符合企业战略

企业战略是对企业各种战略的统称，既包括竞争战略，也包括营销战略、发展战略、品牌战略、融资战略、技术开发战略、人才开发战略、资源开发战略等。企业战略虽然有多种，但基本属性是相同的，都是对企业的谋略，都是对企业整体性、长期性、基本性问题的计谋。收购属于企业的重大决策，应符合企业整体战略，不能独立地作出决策。以亚洲博闻为例，其收购 Rotaforte 国际展览及媒体公司就是符合其进入土耳其、东欧、巴尔干半岛、俄罗斯、独联体国家及中东市场的整体战略的，见资料 14-5。

资料 14-5：亚洲博闻（UBM Asia）布局全球展览项目

收购行为与亚洲博闻（UBM Asia）在全球的展览项目布局有着密切的关系，随着全球经济重心向中国转移，亚洲博闻越来越注重在中国市场的开拓，通过资本运作进行并购与合作，并将旗下的品牌展会移植到中国。继 2006 亚洲博闻联手意大利博洛尼亚集团与广东省美容美发化妆品行业协会合作举办一年两届的广州国际美博会取得巨大成功后，亚洲博闻又成功并购了多个业内知名的展会，包括 2009 年 8 月购入全球最大型光电展——中国国际光电博览展会(CIOE)70%的股权，2010 年 3 月与信亚展览组成广州闻信展览服务有限公司，携手主办广东国际广告展（Sign China），7 月收购上海儿童、婴儿、孕妇产品博览会（CBME）等。

收购 Rotaforte 国际展览及媒体公司给珠宝产业增添了一项行业顶级盛事，Rotaforte 拥有的伊斯坦布尔珠宝展已举办了 25 年，每年两次的伊斯坦布尔珠宝展共吸引近 6 万名参观人士及 1600 家参展商，占地面积超过 28000 平方米。此项收购符合博闻在具重要增长潜力的地区优化及拓展国际网络的策略，也有助亚洲博闻把公司其他品牌及产品引入土耳其、东欧、巴尔干半岛、俄罗斯、独联体国家及中东市场。

3. 选择具有合作意愿的伙伴

并购需要取得被并购主体的信赖与合作，如果被并购方拒绝收购和合作，将会增大并购的风险并降低并购的收益，因此并购关键的一点是要找到良好的合作伙伴。合作主体可以是政府机构、行业协会或是商贸展会主办单位，收购对象可以是单项展会、系列展会或会展企业。因此，在选择到合适的并购对象之后，还要判断被并购主体是否有相似的商业理念，是否能与合作伙伴建立互尊互信的关系，双方承诺以诚实、透明的方式为新业务的成功而努力。

4. 追求长远利益

对于收购方来说，收购在短期内的财务表现是“增加成本，降低利润”。

收购方要收购某展会或会展企业的主要目的是从这项收购中获得更多更大的收益，而这种收益的取得需要持续投入，成本必然增加，造成短期内利润下降。收购方应该致力于发展壮大并购后的展览项目或会展企业来创造利润。如果只是维持现状，即使是一个正在赢利的展会，也会失去收购的意义。企业在并购时仅注重主办方即时投资回报，并不是建立真正高质持久展会的途径。对收购的成功与失败，必须有长远的眼光，不能拘泥于一时的得失。

第四节　并购风险及风险管理

多年以来，1200 家被列入标准普尔指数的企业都在进行着纷繁的收购，但执行之后 70%都以失败告终。IBM 商业价值研究院曾经作过一项研究，根据 1994～2003 年十年研究发现，不同领域和区域的 1200 家标准普尔指数企业中，仅有 400 家企业在营业收入和股东价值回报两项指标上，同时高于行业的平均水平。150 家入选的日本企业中，符合这两项标准的只有 2 家，亚洲则是 38 家。数据结果说明收购不是碰运气，风险很大，一旦收购过来的项目或企业消化不良，将会导致盘根错节的各类问题。因此，在并购之初一定要慎重审视收购风险，对并购过程中可能出现的风险进行控制和管理。

一、并购风险的内涵

并购风险广义上是指由于企业并购未来收益的不确定性，造成的未来实际收益与预期收益之间的偏差。但现实中我们主要研究的是狭义的并购风险，即企业在实施并购行为时遭受损失的可能性。这种损失可大可小，既可能是企业收益的下降，也可能是企业的负收益，其中最大的亏损是导致企业破产崩溃。界定企业并购的风险，目的是为了识别风险，了解风险发生的可能性、风险的性质，是分析风险形成机理的前提。

二、并购风险的内容

1. 并购实施前的决策风险

（1）目标不明确风险。

并购作为企业重大的战略决策，应该是根据企业发展的总目标，通过对企业所面临的外部环境和内部条件进行研究，在分析企业的优势和劣势的基础上，根据企业的发展战略需要形成的。但很多企业往往没有明确的并购动机，只是可能简单地了解并购可能带来的利益，或是因为看到竞争对手或其他企业实施了并购，就非理性地产生了进行并购的盲目冲动。这种不是从企业实际情况出发而产生的盲目并购冲动，从一开始就潜伏着导致企业并购失败的风险。

（2）信息不对称风险。

所谓信息不对称风险，指的是企业在并购的过程中对收购方的了解与目标公司的股东和管理层相比可能存在严重的不对等问题，从而给并购带来不确定因素。由于信息不对称和道德风险的存在，被并购企业很容易为了获得更多利益而向并购方隐瞒对自身不利的信息，甚至杜撰有利的信息。企业作为一个多种生产要素、多种关系交织构成的综合系统，极具复杂性，并购方很难在相对较短的时间内全面了解、逐一辨别真伪。一些并购活动因为事先对被并购对象的盈利状况、资产质量（例如有形资产的可用性、无形资产的真实性、债权的有效性）、或有事项等缺乏深入了解，没有发现隐瞒着的债务和诉讼纠纷、资产潜在问题等关键情况，而在实施并购后落入陷阱，难以自拔。

2. 企业并购后整合过程中的“不协同”风险

企业并购的一大动因是股东财富最大化。为了实现这一目标，并购后的企业必须要实现经营、管理等诸多方面的协同。然而在企业并购后的整合过程中，往往存在着诸多风险。

（1）资金财务风险。

每一项并购活动背后几乎均有巨额的资金支持，企业很难完全利用自有资金来完成并购过程。企业并购后能否及时形成足够的现金流入以偿还借入资金以及满足并购后企业进行一系列的整合工作对资金的需求是至关重要的。具体来说，财务风险主要来自几个方面：筹资方式的不确定性、多样性，筹资成本的高增长性，外汇汇率的多变性等。因此，融资所带来的风险不容忽视。

（2）企业文化风险。

企业文化是在空间相对独立、时间相对漫长的环境下形成的特定群体一切生产活动、思维活动的本质特征的总和。并购双方能否达成企业文化的融合，形成共同的经营理念、团队精神、工作作风受到很多因素的影响，同样会带来风险。企业文化是否相近、能否融合，对并购成败的影响是极其深远的，特别是在跨国、跨地区的并购案中更是如此。

（3）经营管理风险。

为了实现经济上的互补性，达到规模经营，谋求经营协同效应，并购后的企业还必须改善经营管理方式，调整资源配置，否则就会出现经营管理风险。

三、并购风险的控制管理

并购的各个环节、各个阶段都是相互关联的，针对企业并购风险产生的机理和具体环节，企业可以采取以下具有针对性的措施加以有效控制。

1. 并购前风险控制

（1）谨慎选择是否并购目标企业或展览会，保证并购符合企业战略。

企业并购的根本价值在于通过并购获得对方的核心资源，增强自身的核心竞争力和持续发展能力，这就要求企业注重战略并购。一个企业要进行扩张，首先需要制定战略规划，有了战略规划就有了选择并购对象的标准。符合战略布局，有利于企业长远发展的，即便其价格不菲，也值得收购；不符合战略布局，只有短利可图的，即便其价格低廉，也不可轻易涉足。

（2）全面搜索和分析目标企业或展览会信息。

在选择目标企业的时候，企业要大量搜集信息，包括目标企业或展览会的产业环境信息（产业发展阶段、产业结构等）、财务状况信息（资本结构、盈利能力）、管理者信息（能力品质）、管理水平、组织结构、企业文化、市场链、价值链等，以改善并购方所面临的信息不对称性。

2. 并购后风险控制

（1）严格制定并购资金需求量及支出预算，尽量降低财务风险。

企业应在实施并购前对并购各环节的资金需求量进行认真核算，并据此做好资金预算。以预算为依据，企业应根据并购资金的支出时间，制定出并购资金支出程序和支出数量，并据此作出并购资金支出预算。这样可以保证企业进行并购活动所需资金的有效供给。

（2）企业文化的整合风险的控制。

为了使目标项目或企业能按期望要求正常发展，可以使被并购方保持文化上的自主，并购方不便直接强加干预，但要保持“宏观”上的调控。

（3）经营管理风险控制。

并购后的企业还必须改善经营管理方式，调整资源配置，达到并购企业和被并购主体在管理上达到协同。

复习思考题

1. 什么是并购？并购的程序是什么？
2. 被并购展会应该具备哪些特征？
3. 并购应该遵循哪些原则？
4. 展览会并购有哪些风险？应该如何进行风险控制？

附录

国际会展组织、杂志和网络资源

一、国际展览组织

1. 国际展览联盟（Union of International Fairs，UFI）

1925 年 4 月 15 日成立于意大利的米兰，总部设在法国巴黎。现拥有 224 个成员组织，其中包括 191 个展会组织者和展览馆拥有者、33 个展览业行业协会。UFI 的成员在本国的博览会 / 展览会行业中均占据领先地位，一旦博览会展览会的名称与 UFI 联系在一起，即被认为是高品质的象征。

UFI 是一个中立机构，作为非政治性、非营利性的组织，旨在为其成员提供一个交流信息和经验、探讨同行业发展趋势以及加强合作、密切关系的机会。UFI 的主要任务是，提高全球展览会举办水平，促进跨越国界的产品交流，加强展览会服务业及展览会举办专门技能的相互交流。通过 UFI 的管理机制，可以了解到全世界的同类展会机构的丰富经验。独立展会组织者可以获得有关介绍类资料，并可集中向有关机构提出问题。

UFI 在其他国际组织中代表其成员的利益，它与欧盟委员会及其他与博览会/展览会及国际贸易有关的国际性组织都建立了良好的关系，包括 BIE（国际博览会管理局）、ICC（国际商会）、各国及博览会/展览会协会等。

目前有越来越多的展览公司及机构申请加入 UFI，特别是来自欧洲以外的国家和地区。迄今为止，来自欧共体国家的会员仍占会员总数的 70%。在获得 UFI 认可的展览会中，有 80%是在欧洲境内举办的。

网址：www.ufi.org。

2. 国际展览局（Bureau of International Expositions，BIE）

是一个协调和审批世界博览会事务的政府间国际组织，成立于 1928 年，总部设在法国首都巴黎，目前拥有 98 个成员（2005 年 11 月）。1928 年 11 月，31

个国家的代表在巴黎开会签订了《国际展览公约》。该公约规定了世博会的分类、举办周期、主办者和展出者的权利和义务、国际展览局的权责、机构设置等。《国际展览公约》后来经过多次修改，成为协调和管理世博会的国际公约，国际展览局依照该公约的规定应运而生。展览局行使各项职权，管理各国申办、举办世博会及参加国际展览局的工作，保障公约的实施和世博会的水平。

国际展览局总部设在巴黎，成员为各缔约国政府。联合国成员国、不拥有联合国成员身份的国际法院章程成员国、联合国各专业机构或国际原子能机构的成员国可申请加入。各成员国派出一至三名代表组成国际展览局的最高权力机构——国际展览局全体大会，在该机构决定世博会举办国时，各成员国均有一票。

国际展览局下设执行委员会、行政与预算委员会、条法委员会、信息委员会 4 个专业委员会。国展局的日常工作由秘书长负责，主席在国展局举行全体代表大会和必要时履行领导职责。国际展览局主席由全体大会选举产生，任期两年，可连任一届，不用坐班，没有薪金。

中国于 1993 年正式加入国展局。中国国际贸易促进委员会一直代表中国政府参加国际展览局的各项工作。

网址：www.bie-paris.org。

3. 国际展览与项目协会（International Association of Exhibitions and Events, IAEE）

成立于 1928 年，总部设于美国达拉斯，董事会成员由 17 人组成。该协会前身是国际展览管理协会（International Association for Exhibition Management, IAEM），被认为是目前国际展览业最重要的行业组织之一，是全世界培养会展专业人才首屈一指的专业机构。它与国际展览联盟（UFI）在国际展览界享有同样的盛誉，两者现已结成全球战略伙伴，共同促进国际会展业的发展与繁荣。

IAEE 经过多年的研究实践，从 1975 年起建立创造了一套系统完整的专业人才培养的计划和内容，分别通过课堂学习、工作实践、参与协会活动和考试等方式给予被培训人员各种机会，每完成一个专业测定就授予一定的分数，累积到一定分数后，协会将授予一个资格证书，称作注册展览管理人 CEM（Certified in Exhibition Management）。一般取得这个证书要花 3～5 年的时间，而有了证书就表明在展览业取得了一定的地位和名誉。

网址：http://www.iaee.com。

4. 独立组展商协会（Society of Independent Show Organizers, SISO）

总部设在美国芝加哥，现有 170 家会员，是国际展览业有影响的行业协会之一。SISO 是一个专为营利性组展机构的首席执行官和高级管理层提供服务的组织。该组织向会展业的企业家和高级经理们提供交流与合作的机会，通过行业合作、行业公关、行业培训、行业调研、信息交流等活动扩大会展企业的盈利和发展的空间。

结识业内人士是对 SISO 会员的最大吸引力。SISO 的会员或是企业的所有者或是营利性组展机构高级经理。会员之间就理念和经验进行相互交流直接有助于会展组织业务的扩大和发展。

网址：www.siso.org。

5. 国际展览运输协会（International Exhibition Logistics Association ，IELA）

总部设在瑞士，代表展览运输者的利益。1985 年有来自 5 个国家的 7 个公司发起成立，1996 年增加到 36 个国家和地区的 73 个成员。协会设标准和职业道德委员会、海关委员会、组织者委员会。该协会是在展览业不断发展、展会越来越专业的形势下成立的。协会的目的是使展览运输业专业化，提高展览运输的效率，更好地为展览组织者和展出者服务。此外，为展览运输业提供交流信息的论坛，向海关及其他部门施加影响。该协会发行了一种电子手册，登载着不同国家海关的有关规定，并定期更新。

网址：http://www.iela.org/iela/show_home.asp。

6. 国际展览及博览会协会（International Association of Fairs & Expositions, IAFE）

总部设于美国密苏里州斯普林菲尔德（Springfield）。协会通过“展览从业人员认证项目”（Certified Fair Executive Program，CFEP）对相关从业人员进行资格认证，并设立了若干奖励项目。

网址：www.fairsandexpos.com/。

7. 展览参展商协会（Trade Show Exhibitors Association，TSEA）

展览参展商协会是展览和活动营销专家。30 多年来，展览参展商协会一直为使用展览来营销和销售产品的营销和管理专家提供相应的知识。

网址：www.tsea.org。

8. 展商指定供应商协会（The Exhibitor Appointed Contractor Association，EACA)

EACA 是一个非营利的专业展览行业协会，有 100 多家企业会员，可在展览中为参展企业提供各种服务，包括视听、展览运输、鲜花、家具、安装和拆卸展台等。EACA 的宗旨是为了提高展览的服务水平，反对一些组展商向展商指定合同商（EAC）征收费用。

网址：www.eaca.com。

9. 展览服务和合同商协会（Exhibition Services & Contractors Association，

ESCA）

ESCA 是为展览、会议产业提供产品和/或服务的企业的专业组织，是会展服务产业，致力于会展产业服务水平的提高。通过教育、信息交流、会员和顾客之间专业知识的分享，ESCA 提高了会展产业各个领域之间的合作。

网址：www.esca.org。

10. 展览设计和生产协会（Exhibit Designers and Producers Association，EDPA）

EDPA 成立于 1954 年，是展览展示设计者和建筑商的国际专业协会，有来自 18 个国家的 400 多个企业会员。这些会员主要从事展览和活动产业的设计、制造、运输、安装和展览展示服务。EDPA 致力于制定展示标准，主要目的是为展览行业和会员提供教育、领导和网络关系。

网址：www.edpa.com。

11. 展览运营协会（Exposition Operations Society，EOS）

为事件运营和后勤的专家提供服务和信息。

网址：www.expoops.com。

12. 展览研究中心（Center for Exhibition Industry Research，CEIR）

通过统计研究和数据、信息和交流来提升展览产业价值的非营利组织。

网址：www.ceir.org。

13. 会议产业委员会（Convention Industry Council，CIC）

由 30 多个会展产业行业协会（会议、博览会、展览会、旅游行业等）组成。会议产业委员会为其成员提供很多工具和项目，支持该行业的发展，应对行业发展的挑战，使产业内信息和思想的交流更便利。

网址：www.conventionindustry.org。

二、杂志和网络资源

1. 公司活动（Corporate Event）

第一本完全关注 B-to-B 模式活动营销案例的杂志，主要针对财富 1000 公司和成长快的公司。

网址：www.eventmag.com。

2. 活动营销杂志（Event Marketer Magazine）

该杂志为品牌活动营销者提供信息，并代理一系列面对面营销服务，包括移动营销、购物中心营销、街头活动、展览、公司活动、私人活动、赞助、B-to-B 活动和媒体活动。

网址：www.eventmarketermag.com。

3. 参展商杂志（Exhibitor Magazine）

是企业展览和事件经理人以及营销专家非常重要的资源。

网址：www.exhibitoronline.com。

4. 博览会杂志（EXPO Magazine）

该杂志和相关网站包括产业新闻、教育性文章、研究调研、发展趋势等。

网址：www.expoweb.com。

5. 会议专家（The Meeting Professional）

国际会议专家组织（MPI）的月刊，关于会议和大会行业的新闻。

网址：www.mpiweb.org。

6. 展览执行官杂志（Trade Show Executive Magazine）

为展览和活动执行官提供新闻、观点和工具的月刊。

网址：www.tradeshowexecutive.com。

7. 展览周刊（Trade Show Week）

为公司展览经理、展览组织者和供应商提供行业趋势、新观点和新问题的周报。

网址：www.tradeshowweek.com。

8. 展览新闻网（Trade Show News Network，TSNN）

展览行业在线资源，提供展览日程、注册信息、供应商名录和资源。

网址：www.tsnn.com。